「非常時」の記録保存と記憶化

戦争・災害・感染症と地域社会

地方史研究協議会【編】

岩田書院

はしがき

地方史研究協議会会長　久保田　昌希

毎年一月十七日、三月十一日、六月二十三日、八月六日・九日そして十五日と、一国民として思いを新たにする日がある。慰霊はいうまでもなく、震災からの復興と不戦の誓いである。

今年はアジア・太平洋戦争終戦から七八年、戦後生まれは全国民の八五パーセントを越えているという。地球上での戦禍はあっても、国民の戦争への認識は大きく変わっていく。また阪神・淡路大震災、東日本大震災に代表される近年の国内の災害経験や、諸外国の震災についても心が痛む。

また二〇二〇年一月以降、国内感染が始まった「コロナ禍」の影響は社会・日常生活のさまざまな所にまで及んでおり、その終息後にはおそらく社会生活への変化もみられると思う。今、「現在」をこのように理解したとき、私たちのすべきことは何か、それは将来へ向けて「現在」を知ることの出来る歴史資料を伝える努力をすることであろう。

本会は一九五〇年の創立以来、地方史研究の促進と共に歴史資料の整理と保存・利用そして公開、さらには「資料の現地保存」を掲げ、それらを柱として地方史研究運動を推進してきた。こうした本会の存在は、戦後の我が国の歴史資料保存運動の流れを語る上で欠かすことはできない。

それと関わって本会は、他の関連学会と連携しつつ、これまで「国立資料センター」設置反対をはじめ、文部省史料館、公文書館法、公文書館やアーキビスト、資料館、地域博物館、史跡保存や文化財保護、生涯学習などをめぐる諸問題と積極的に取り組み、その向上に努めてきた。本会がそうした目的を遂行するに際して、これまで四四二号を数える（二〇二三年四月現在）会誌『地方史研究』では、さまざまな特集や関連論文・記事を掲載し、また資料保存・利用および博物館や文書館問題に関するシンポジウムを随時開催し、提言をしてきた。

本書は本会常任委員会の学術体制小委員会（当時は実松幸男小委員長）のもとに設置された文書館問題検討委員会（当時は宮間純一委員長）によって検討され、本会が実施したシンポジウム「非常時の記録保存と記憶化を考える―コロナ禍の〈いま〉、地域社会をどう伝えるか―」をもとに新たに編集したものである。

同シンポジウムについては会誌四一五号（二〇二二年二月）を参照されたいが、そこでの宮間委員長によるシンポジウムの「成果と課題」によれば、シンポジウムの第一目標がコロナ禍関連資料収集・保存活動に向けた議論のきっかけを作ることにあり、それはある程度達成され、戦争・災害・感染症（「非常時」）の記録収集・保存に関し共通点が見いだせたとする。しかし一方で、記録による「記憶」について、どのような記録を遺せば地域の歴史として記憶されていくか、将来的な記憶の変容・忘却ということをふまえた議論が今後必要であるとしている。

なお武田剛朗氏が同誌に「参加記」を寄せられているが、そのなかで「当事者にとっては、「非常時」は終わることがない。また歴史を研究する立場である私たちは、残されている資料やそこから読み取ることのできる情報から、〈いま〉を切り取り、後世に教訓としていかなければならないと強く感じた」とある最後の文章も印象に残っている。

本書には、シンポジウム当日の報告者・コメンテーター・司会と共に、新たに六名の方に執筆していただいている。一二論文はいずれも読み応えのある内容で、本会に相応しい一書とすることができた。各位に衷心より御礼を申し上げる。そして本書が多くの方々に読まれ、ここでの問題意識が広く共有されることを希っている。

最後に本書の出版をお引き受けいただいた、岩田書院（岩田博院主）に篤く御礼申し上げる。

「非常時」の記録保存と記憶化　目次

Ⅲ　感染症の記録保存

7　地域における「非常時」の記録保存と記憶化（宮間）

地域における「非常時」の記録保存と記憶化

宮間純一

はじめに

私たちは、二〇二〇年（令和二）春から始まった新型コロナウイルス（COVID-19）の感染拡大によって、慣れ親しんだ生活・文化が変わってゆく様子を目の当たりにしてきた。このパンデミックが、歴史上の重大事件になることは、もはや疑いようがないであろう。

そう考えた人びとによって、感染拡大後間もない頃から、将来の検証に耐えうる記録＝新型コロナウイルス関係資料（以下、「コロナ資料」という）[1]を残そうとする取り組みが始まった。世界的な規模でも記録保存を呼びかける動きは出てきているが、日本では地方自治体が設置する博物館・図書館・文書館の一部が、いち早くコロナ資料の収集・保存に向けて乗り出した。

まったなしの状況で感染症に関する記録の収集・保存が進められてきたが、その方法論をめぐる議論はいまだ成熟していない。新型コロナウイルスの感染がこれほど広範囲・長期間におよぶ前は、感染症の歴史研究はあっても、感染症関連の資料保存そのものが研究課題にのぼることは少なかった。最近でこそ関心が高くなったが、歴史学の分野でも、史料学・アーカイブズ学の分野でも、蓄積が十分とはいえない状態にある。

コロナ禍に入る前から、「医療アーカイブズ」についてハンセン病などを対象とした研究を重ねてきた廣川和花による一連の論考[2]や、歴史研究者の飯島渉が代表を務める「感染症アーカイブズ」[3]のような貴重な成果・活動もみられる。しかしながら、日本の地域に根ざした研究活動をしてきた歴史家や、学芸員・司書・アーキビストなど地域資料の保存・利用の最前線にいる担い手たちが、すぐさま活かせる実践例は見当たらないという状況であった。

そこで、一九五〇年（昭和二十五）の発足以来、地域資料の保存・利用運動に取り組んできた地方史研究協議会では、この課題を広く共有し、議論のとっかかりを作ろうと、二〇二一年九月十八日にシンポジウム「非常時の記録保存と記憶化を考える―コロナ禍の〈いま〉、地域社会をどう伝えるか」（主催：地方史研究協議会学術体制小委員会文書館問題検討委員会）をオンラインで開催した[4]。シンポジウムでは、コロナ資料の収集・保存に主眼をおきつつも、テーマを「非常時」と広くとることにした。本書は、このシンポジウムを基本として編集したものである。シンポジウムで出た意見を踏まえて内容の充実化を図り、執筆者を増やしたが、骨子は変えていない。

序章にあたる本稿では、まず、「非常時」というテーマを設定した理由を説明する。次に、地方史研究協議会の会誌『地方史研究』掲載の記事を用いながら、地域社会における「非常時」の資料に共通する点を抽出する。その上で、現在までの日本におけるコロナ資料収集・保存の動向と記憶化に関する課題を概観し、本書のねらいを示したい。

なお、シンポジウムは、地方史研究協議会の文書館問題検討委員会を中心に会で企画したが、筆者は開催にあたって運営上の実務を担当した立場から本稿を執筆した。ただし、本文の内容は会としての正式な見解ではなく、筆者個人の意見に基づくことをお断りしておく。

一　「非常時」の定義

「非常時」は「非日常」とも交錯する言葉である。戦争や災害によって「非日常」が訪れることもあるが、旅行や行事など普段経験しない出来ごとを体験した時のことも「非日常」と表現することがある。つまり、「非日常」は必ずしもネガティブな要因によってのみもたらされるわけではない。一方で、「非常時」は、人びとが安定した「平常時」から引き剥がされ、危機にさらされた時という意味合いが強い。一般的な辞書にもそのように記されている。小学館の『日本国語大辞典』を引くと、「非常時」は「(1)事変など非常の事態が起こったとき。(2)国家的または国際的に重大な危機に直面したとき。特に、戦争などの異常な事態にあるとき」とある。本書でいう「非常時」は、ここにある「重大な危機に直面したとき」「異常な事態にあるとき」に該当するが、戦争に限らず範囲を広めに設定して議論を進める。戦争のほか災害・感染症なども「非常時」とみなす。これ以降、本稿では「非常時」は括弧で括らずに使用する。

非常時というキーワードにたどりつくための入口は、コロナ資料の収集・保存に携わる学芸員らの発言にあった。コロナ禍と東日本大震災など過去の非常時を結び付ける認識が、複数の新聞記事や論文などでみられたのである。過去の非常時の経験をコロナ資料の収集・保存にも活かす、といった趣旨の発言である。

たとえば、福島県立博物館の学芸員筑波匡介は、「（コロナ資料収集の―宮間註。以下引用中の括弧内はすべて同じ）きっかけの一つは、大正期に流行したスペイン風邪の体系立った資料がなかったこと。たった１００年前なのに確かなことがわからない。東日本大震災以降、数々の「震災遺産」を集めてきた経験をコロナ禍にも生かした（傍点は宮間による)。ただちにコロナ企画展を開く予定はない。「100年後、200年後、あるいはもっと先の人が分析できるように。いまは色々と残しておくことが必要です」と、コロナ資料収集の意義を話している。[5]

山梨県立博物館の学芸員小畑茂雄も、「私たちの地域が100年前のスペイン風邪や関東大震災に関する資料をほとんど収集・保存してこなかった反省のもとに、同時代の東日本大震災や新型コロナウイルスの感染拡大に関する資料の収集の必要と実践について試行錯誤しているところである」[6]と述べている。図書館でも、千葉県の柏市立図書館のように、「図書館にも地域の記録を残す役割がある。東日本大震災後、市内で放射線量が高い地域があったという記録を十分収集できなかった反省もあり、幅広く(コロナ資料を)集めたい」という意識のもと、コロナ資料の収集を始めた館がある。[7]

コロナ資料を収集・保存しようとしている専門職の人びとが、関東大震災や東日本大震災といった過去の非常時における関連資料の収集と、コロナ禍のそれに共通項を見いだしていることは重要なポイントだと文書館問題検討委員会では考えたのである。

二 「非常時」の共通点

では、具体的にどのような点が非常時に共通する特徴なのだろうか。当然のことながら非常時の資料は、全般にわたって同じ性格をもっているわけではない。戦争・災害・感染症の資料には、それぞれ個性が見いだせる。だが、ここでは先述した学芸員・司書らの認識に則して、非常時の記録に関する共通点を四点ほどあげたい。

第一に、同時代を生きる人びとが、目の前で生まれた記録を保存しなければならない、という意識を、平常時と比べて強くもつことであろう。コロナ資料の収集を進めている専門職たちがみな口にするのは、一〇〇年後、二〇〇年後の研究資源となることを見据えてコロナ資料を収集・保存しなければならない、という動機である。小畑茂雄は、「100年前だけでなく、同時代の資料収集にも責任を負わなければならない[⑧]」と、同時代資料の収集に対する地域博物館の責任を語る。コロナ資料が、いずれ貴重な地域資料となることを期待しての発言である。コロナ資料の収集・保存は、現在を生きる人びとのためだけに行われるべきではなく、将来の住民のためだと認識されているのである。目的のベクトルが未来へ向かう傾向にある。

こうした意識は、一九九五年（平成七）の阪神・淡路大震災、さらには二〇一一年の東日本大震災などの大規模自然災害に際しても表出した。それは、日本近代史の研究者小田康徳による「今回の被災や復興過程の歴史を記録することも歴史家にとって重要な課題となっている。なんとなれば、被災体験はそのままにしておけば必ず風化するからである。（中略）こうした記述とあわせ、関係する災害資料の収集と保存も行い、将来の研究にゆだねる準備も怠ってはならない」との発言に端的に現れているであろう[⑨]。災害資料に関しては、阪神・淡路大震災以降議論が重ねられて、白井哲哉『災害アーカイブ[⑩]』のような体系だった学術研究も現れている。それらの成果の中には、コロナ資料の収集・保存にあたっても参照しうる点があると考える。

第二に、資料の生まれる範囲がきわめて広域におよぶことである。災害も、戦争も、感染症も、性別や年齢・職業などを問わず、同じ出来事を不特定多数の人びとが共有する。避けようとしても逃れる術がなく、本人の意思と関係なくだれもが否応なく当事者にさせられてしまう。経験のあり方は千差万別であるとはいえ、非常時には一つの出来事に対してさまざまな立場から大量の資料が発生するという特徴がある。

戦争の資料では、地域博物館の学芸員の立場から、小野英夫が「市域の戦時期の史料については、他にも工場・商店、さらには軍隊など調査しなければならないことが山積している。新史料発掘の可能性が高いのが当該期であり、また、今現在が最後の残されたチャンスだといえよう(11)」と述べている。第二次世界大戦には同時代を生きるすべての日本人がなんらかの形で巻き込まれたので、その人数に比例して大量の資料が発生するのは必然であった。小野の意見は、そのことを表しているといえよう。

ここで留意しなければならないのは、それらの資料が示す非常時の経験は一人ひとりに固有だという点である。阪神・淡路大震災の資料保存に携わった佐々木和子は、「人によって、立場によって、出合《ママ》った震災はさまざまであった。一様な震災はあり得ない。一体震災とは何だったのか、この街として、語り伝えるべき震災はどういうものなのか、簡単に答えられない問いかけに、専門家は専門家の立場から、市民は市民の立場から、知恵を出し合うことが求められている(12)」と論じている。

資料保存の担い手が、「専門家」だけではなく、市民にもおよぶという点には留意しておきたい。この点、「震災・まちのアーカイブ」で阪神・淡路大震災の資料保存に取り組んできた菅祥明による次の意見も紹介しておく。「直接の空襲体験を有さないながらも運動の先頭に立つ中田氏の講演(歴史資料ネットワークによって二〇〇三年に開催された講座「神戸の空襲・戦災史をさぐる」における中田政子氏による講演)は、現在行なわれている震災の記録をめぐる様々な営みにも重要な示唆を与えるものとなっていた。空襲や戦災の記録化は、出来事の体験や記憶とともに「運動体験」の継承と普遍化を目指すとき、あるいは「地域史研究と市民団体・市民運動の関係のあるべき姿」を考える上で、常に先行事例として存在すると考えられるのである(13)」。このように、戦災の記録化が災害の記録化の先行事例として役に立つという点も重要である。

第三に、人びととの固有の経験に基づいて生成される記録は、内容も形態も多様性をもつことである。

尼崎市の白石健二は、「震災誌に用いられた資料は収集された資料のほんの一部に過ぎない。編集に用いられなかったものも含めて、震災関係の行政文書・資料、写真、チラシ、広報、民間団体の資料などを合わせて活用することによって、初めて震災の全体像を浮かび上がらせることができるのである」と、阪神・淡路大震災関連資料の多様性とその保存の重要性を訴えている[14]。行政の判断・対応を跡づける公文書、民間企業が作成・取得した文書、被災地の写真、避難所に貼られたチラシ、掲示板の情報など、災害時に資料を生み出す主体は多様であり、さまざまな形態をとる。近年では、インターネット上のデータも重要な資料となる[15]。特に、SNSが発達した今日の社会では、一人ひとりが声を持つ主体となっており、より事態は複雑化している。Twitterなどには、コロナ禍の記録があふれかえっており、これらを地域の立場からどう拾って保存するのかは悩ましい問題である。

このような同時代に生まれる資料はもちろんのこと、非常時の資料には、後世に作成されたオーラル・ヒストリーも含まれる。

戦争体験者の聞き取り調査は、生存者の減少もあってここ二、三〇年ほどの間、特に熱心に進められてきた。東京都の多摩地域における戦争の実態を追いかけてきた齊藤勉は、「地域の現代史を調査・研究する際には文書資料のみに頼ることはせず、必要とあらば積極的に聞き書きをすべきであると考えていることである。また、情報収集にマスコミを利用するなどにも違和感がない。研究者が行動力をはじめとしてルポタージュに学ぶことはたくさんあるだろう。また、概説的な戦時下の日本の全体の歴史、象徴的な事例の羅列から類推された地域の歴史ではなく、地道な調査や聞き書きから得られる歴史の実像に目を向ける必要があると考えている[16]」と述べている。

また、東京大空襲や関東大震災の記憶継承をめぐる研究を推進してきた山本唯人は、すみだ郷土文化資料館の展示を批評する中で、「空襲から間もない時期に記された資料と、遺族によって提供された語りや資料が結び付けられることで、一般の鑑賞者に対して、「名前」という情報を単なる記号ではなく、具体的な顔や肉体を持った個人として感じさせる展示表現としての意義がある」と、資料（いわゆる「一次資料」）とともにリアリティのあるオーラル・ヒストリーを提供する意味を説く[17]。東日本大震災の被災者に対するインタビューのアーカイブ化も始まっているが、コロナ禍についても、今後歴史資料となることを見込んだ聞き取り調査が本格化することは十分に想定される。

第四に、非常時の資料は、〈わたし〉の身近に存在することである。非常時は、〈わたし〉の日常に割り込んで発生するため、だれしもが手の届く範囲に資料が発生する。これらは、身近な資料であるがゆえに、歴史資料となったあとも、一般の人びとに対する訴求力を強く有する。埼玉県の八潮市立資料館が戦後七〇年に開催した企画展「戦火に生きる」を見学した井上かおりは、「企画展「戦火に生きる」の展示のように、その資料が自分の馴染んだこの地域で、自分とあまり変わらない人々によって使われ、遺されたものだという事実は、文字や写真で得た知識をはるかに凌駕する。筆者も小学生に対する展示案内において、これは本物の資料であり、これを身に着けていた人が若くして戦死したことを告げると、子どもたちの表情が一気に引き締まるのを何度も経験した」と、戦争資料の実物がもつ、子どもへの影響力を強調している[18]。

一方で、身近な資料は、日常にもどると失われやすいものである。佐々木和子は、「（震災に関する資料の多くは）歴史資料として残そうと思って作られたものではない。あまりにも日常的にあるもので、資料と意識されていない場合が多い。震災に関するものは何でもといっても、具体的に説明しないと通じない[19]」と、保存の難しさを述べている。公文書や企業資料などの組織の記録を保存することも必要だが、こうした〈わたし〉の記録の保全は、とりわけ地域におけるコロナ資料保存の場面では重要な課題だといえよう。

以上のことをおさえた上で、コロナ資料の収集・保存の動向を概観したい。

三　コロナ資料収集・保存の動向と課題

1　政府

コロナ禍における記録保存の呼びかけは、世界的規模ではユネスコ（UNESCO）が主導した共同声明「新型コロナウイルスの危機を、記録物に対するより強力な支援の機会に変える」（Turning the threat of COVID-19 into an opportunity for greater support to documentary heritage）が、二〇二〇年四月五日に公表された[20]。また、同年五月四日付けで、国際文書館評議会（国際公文書館会議、International Council on Archives）と国際情報コミッショナー会議（International Conference of Information Commission）が、共同声明「COVID-19: 記録を残す義務は危機的状況下でも失われず、より不可欠となる」（COVID-19: The duty to document does not cease in a crisis, it becomes more essential）を発表している[21]。

一方で日本政府は、三月十日付けで「行政文書の管理における「歴史的緊急事態」について」を閣議了解し、「今般の新型コロナウイルス感染症に係る事態は、「行政文書の管理に関するガイドライン（平成二十三年四月一日内閣総理大臣決定）」に規定する「歴史的緊急事態」に該当するものとする」との見解を示した。「行政文書の管理に関するガイドライン」にある「歴史的緊急事態」とは、「国家・社会として記録を共有すべき歴史的に重要な政策事項であって、社会的な影響が大きく政府全体として対応し、その教訓が将来に生かされるようなもののうち、国民の生命、身体、財産に大規模かつ重大な被害が生じ、又は生じるおそれがある緊急事態」と定義されており、「将来の教訓」とするために「会議等の性格に応じて記録を作成するものとする」という。これにしたがって、内閣府大臣官房公文書管理課長から各行政機関副総括文書管理者に対して、①記録の作成等、②マニュアルの整備又は改正、③保存期間満了時の措置、④報告等が指示された[22]。

右の指示があったとはいえ、政府によるコロナ文書の管理の実態はいまだみえてこない[23]。一方で、地方公共団体(以下、「自治体」という)が設置する博物館・図書館・文書館などでは、コロナ禍に入ってまもない頃から具体的な取り組みが始まっている。

2 博物館

一部の地域博物館では、緊急事態宣言下で発行されたスーパーのチラシや、営業自粛を知らせる居酒屋の貼り紙、マスクを付けたゆるキャラの写真など、新型コロナウイルスに関連すると考えられる資料は、種類を問わずに積極的に収集している。

もっとも早い段階で、コロナ資料の収集に着手した地域博物館の一つに、大阪府の吹田市立博物館がある。学芸員の五月女賢司は、「約100年前に流行したスペインかぜに関連する吹田の地域資料は確認されていない。今は当たり前のものであったり、役割が終わったらごみ箱に捨てられる運命のものであったりしても、100年後には現在の新型コロナウイルス感染拡大の実態を知る情報源として貴重な歴史資料となる」という考え方のもと、収集を始めたと説明している。また、同館では、「展示された新型コロナウイルス関連資料から、来館者一人一人が自分自身にとってのコトをふりかえり、これからの世の中に大切なコトを考えるきっかけにしてもらうことを重要な展示メッセージ」として、ミニ展示「新型コロナと生きる社会─私たちは何を託されたのか」を二〇二〇年の夏に早くも開催した(会期：七月十八日～八月二十三日)[24]。収集・保存するだけではなく、リアルタイムに展示も行い、いまを生きる地域の人びとにメッセージを発した点が注目される。

また、北海道の浦幌町立博物館では、二〇二〇年の春から「〝コロナな世相〟を語り継ぐために」、町民へコロナ資料の寄贈を呼びかけた。呼びかけの内容は、「博物館では、こうした新型コロナウイルス感染症に対応する地域の様子（世相）を記録するため、ポスターやチラシ、文書などの関連資料を収集しています」というものである[25]。学芸員の持田誠によれば、当初は必ずしも順調に進まなかった。「『コロナ関係資料とはなにか？』という具体的なイメージ」を町民と共有するのが難しく、「『どちらかといえば、つらい歴史、早く忘れてしまいたいような嫌な時代のことを、あえて記録しようという考え方が不思議』という声もあった」という。そうした困難がありながらも、「地域博物館にはさらに、国や自治体が公文書や町史などで書き記した『公式の』記録ではなく、そこからは洩れてしまう市井の人々の『素の日常』を記録する役割がある」と、コロナ資料収集の意義を持田は主張する。実践の中から発せられた傾聴すべき声である[26]。

ほかにも、岩手県立博物館や、先に触れた福島県立博物館、山梨県立博物館、豊田市郷土資料館（二〇二四年に豊田市博物館（仮称）に改称予定）などで同種の収集活動が進められている。

3　図書館

図書館法（昭和二十五年法律第一一八号）の三条一項は、図書館が収集すべき資料の一つに「郷土資料」を掲げている。地域の公共図書館では、この規定に基づいて民間に残る古文書や公文書などを収集・公開している場合も珍しくない。コロナ資料も、「郷土資料」の範疇に含まれると考えられて収集事業が進められている。

たとえば、岡山県の瀬戸内市立図書館では、二〇二〇年六月にホームページで「瀬戸内市内で、新型コロナウイルス感染症に関連して起こった出来事を、資料として残すため、資料をご提供ください。コロナウイルスの影響で、イベントが中止になったことを知らせるチラシ、臨時休業のお知らせ、新たに始めたテイクアウトサービスのチラシなど、瀬戸内市内で起こったコロナ禍、感染防止の対策を示す資料となるものを収集します。市内の図書館にお持ちください。寄贈していただきましたら、図書館で資料として大切に保存し、活用いたします」と市民への呼びかけを開始した[27]。

瀬戸内市立図書館の活動で興味深いのは、物質としての地域資料収集のほかに、図書館のホームページにある「せとうちデジタルフォトマップ」への写真投稿を町民に促していることである。「せとうちデジタルフォトマップ」は、瀬戸内市内で撮影した写真をだれでも自由に投稿・ダウンロードできるサイトのことで、これがコロナ資料の収集にも利用された。公共図書館の収蔵スペースには当然ながら限界があり、紙やモノとして保存できるものは限られているが、データであれば場所をとらない。また、いつも持ち歩いているスマホで、撮った写真を気軽に投稿できるシステムは市民にとって敷居が低い。少しでも多くの記録を集めようと考えた時に、効率のよい現実な資料収集の手段といえる[28]。公共図書館ではないが、類似の仕組みをもつ「コロナアーカイブ@関西大学」もコロナ資料の収集活動として注目された[29]。

図書館と博物館の収集対象は、重なるところも大きいが、現物にこだわる傾向が強い博物館と、情報の収集・公開に重きを置く図書館の性格の違いに由来する方法上の相違があることも指摘できる。

4　文書館

新型コロナウイルス関連の公文書を、他の一般の公文書と区別して特別に扱う自治体が出てきている。

東京都では二〇二〇年十月に、新型コロナウイルス感染症対策に関する公文書について東京都公文書館への移管方針を定めた。文書館が設置されている自治体では、あらかじめ設定された公文書の保存期間が満了したのち、重要だと判断されたものだけが文書館に移管されて保存・公開される。東京都では、右の移管方針により、指定された新型コロナ関係文書は東京都公文書館へ適切に移管することが義務づけられた。東京都公文書館の元職員であった工藤航平によれば、「これまで〝受け身〟であったアーカイブズの公文書館が、積極的に文書の移管にまで関与できたのは、奇しくも新型コロナ感染症の感染拡大が始まった二〇二〇年四月に改正された公文書管理条例によるものであった」という[30]。

政府による「歴史的緊急事態」に関する文書の取り扱いと考え方としては近いが、非現用文書を扱う公文書館側が積極的に関与したという点は特筆に値する。公文書等の管理に関する法律（平成二十一年法律第六六号）の制定後、全国の自治体でも公文書管理のあり方に変化が生じているが、東京都でも公文書管理条例が二〇一七年に施行されている[31]。東京都の例は、それが、結果的に新型コロナ関係文書の移管につながった事例といえるだろう。

また、千葉県では、二〇二〇年五月から二〇二一年三月にかけて、「新型コロナウイルス感染症に関係する文書」の取り扱いに関する通知が、三回にわたって県庁の各部局へ発出された。三通の通知は、行政文書の管理を所管する政策法務課と千葉県文書館が中心となって行われた話し合いの末に出されたものである。これによって、コロナ関係文書は、歴史的に重要な文書（歴史公文書）にあたるので適切に作成・保管し、保存期間満了後は文書館へ移管しなければならないということが周知された。

千葉県では、戦争や大災害などに関わる公文書は、基本的にすべて文書館へ移管することがコロナ禍以前から定められていた。右は、コロナ関係文書にもそれを適用した措置だといえる。戦争・災害・感染症を県民にとっての一大事と捉え、関連文書を原則全量保存としている点が千葉県の特色である[32]。

東京都や千葉県のような対応を取っている自治体がどの程度あるのかは、今後の調査をまたなければならないが、コロナ関係文書を特別視して保存しようとする動きが出てきていることは確認できる。一方で、民間資料の保存・公開と公文書管理を両輪としてきた自治体の文書館から、民間にあるコロナ資料に関する収集・保存の目立った動きがないことは気になるところではある。

5 「非常時」の記録と記憶

ここまでみてきたように、自治体の博物館・図書館・文書館ではコロナ資料の収集活動が始まっている。実践によって得られたことも多いが、今後に向けて検討・改善すべき課題もあげられるだろう。具体的な成果と課題は、本書収録の各論文を参照されたいが、ここでは一つだけ地域史に取り組む歴史研究者の目線から課題を掲げておきたい。

地域のコロナ資料をどう残すのかという問題は、コロナ禍を地域社会にどう「歴史」として記憶するのかということと不可分の関係にある。したがって、いかなるコロナ資料を残せば、どのようなコロナ禍の「歴史」が地域に残るのか、ということを常に意識しながら記録の収集・保存を進めなければならない。これは、飯島渉による、「COVID-19のパンデミックが収束した段階で、歴史学が活動を開始するというわけにはいかない。記録と記憶と蓄積し、それを解釈する作業はただちに開始されるべきである。しかし、「誰が、何を、どのように保存するか」をめぐっての議論が決定的に不足している。これは、COVID-19のパンデミックをめぐる総合的な学知の確立のためには大きな問題だとしなければならない(33)」という指摘と類似する問題意識であろう。

非常時の記憶は、これまでも歴史研究のテーマとされてきた。その中では、共同体の集合的記憶をめぐる問題点も指摘されている。また、記憶を根拠づける資料のあり方も検討されてきた。

このテーマに関して近代日本の災害史研究の中でもっとも注目されてきたのは、一九二三年（大正十二）に発生した関東大震災である。日本近現代史の研究者成田龍一は、災害報道に現れた震災にまつわる「哀話」や「美談」などを通じて、個々人の被災経験が「われわれ」（国民）の経験として作り替えられてゆく回路を検討した(34)。また、山本唯人は、震災関連資料の収集・保存・展示を目的として設置された「復興記念館」（現東京都復興記念館）を題材にして、権力が帝都復興という「輝かしい時間」へと向かう物語を構成しようとしたことを明らかにした(35)。

兵庫県の尼崎市などで資料保存に取り組んできた森本米紀は、阪神・淡路大震災の展示のあり方について次のように述べている。

行政と一部の専門家によって形成された、「単一の震災像」が、一方的に市民（来館者）に提供されることの危険性も注意せねばならない。大震災が市民にもたらした被害は、決して一様ではなく、また、市民が大震災から得た教訓や、立ち直るまでのプロセスも、千差万別なのである。つまり、行政と一部の専門家によってのみ構想されたメモリアルセンター（阪神・淡路大震災　人と防災未来センター）の展示に、震災の真実、震災のすべてが表現され得るはずもなく、その意味で、一方的に繰り返される「いのちの大切さ」「共に生きる素晴らしさ」といった文句は、「震災を伝えるメッセージ」ではなく「道徳教育のための標語」のようなものにしか過ぎない(36)。

非常時の経験は、本来的には〈わたし〉の絶対的な経験でしかないはずだが、それが政府や自治体の手によって、〈わたしたち〉／〈われわれ〉の均質的な国民・県民の物語へと作り替えられてゆく。このことが、関東大震災でも、阪神・淡路大震災でも指摘されている。また、そうした場面では、収集された記録が記念館での展示を通じて記憶を裏付ける証拠物として利用された。いま、コロナ資料を収集するにあたり、こうした政治性・恣意性を極力排除し、個々人の経験をどのように記録として残せるのかが問われている。

すべての資料を残せばよい、という意見もあるかもしれない。たしかに、あらゆる資料を保存しておけば、多様な角度からの検証が可能となる。だが、全部を保存するのは、物理的に不可能である。また、仮にすべて残せたとしてもそれが正解とは限らない。一つの出来事に偏って記録が残っていれば、同じ時期にあったはずの他の事象はそれに押しつぶされて「歴史」の後景に追いやられてしまいがちである。たとえば、公文書の場合、都道府県のほとんどにおいて、公文書の移管率はわずか数％である。コロナ資料ばかり残すことは、結果的に他の資料との非対称性を生むことになり、それはすなわち「歴史」の重みに強弱を付ける危険性と背中合わせなのである[37]。

四　本書の目的と構成

コロナ資料の収集・保存はまだ始まったばかりであり、これから議論を深めていかなければならない。地域資料の場合、地域で活動する歴史家と実践者である学芸員・司書・アーキビストらが、共同で検討しなければならない。ただし、何か一つの正解を導きだすことは難しいし、そうする必要もないと考えている。それは、非常時・平常時を問わず、地域資料全般に言えることであろう。だが、記録は、残そうという意志をもって誰かが行動しなければ、失われていってしまうものである。唯一無二の答えが出ないとしても、何が正解なのかを考えながら手を動かし、実践の中で得られた成果と課題を共有していくことこそが重要である。

本書は、こうした問題意識のもと、非常時の資料保存を考える糸口を作るために編集した。そのため、一つの結論を結ぶよりも、各地における実践例の紹介や実践から見いだされた問題提起に重点を置いている。

「I　戦争の記録保存」には、第二次世界大戦の記録保存をテーマとした四本の論文を収録した（以下、副題は省略）。

井上弘「戦争体験の聞き取りと「戦争を伝えるもの」の記録」は神奈川県の小田原地方、楠瀬慶太「地域における戦争記録の継承を考える」は高知県、西村健「地域に残された戦後社会事業史関係資料の価値」は神奈川県横浜の「聖母愛児園」、高野宏峰「自治体に保存された戦争の記録」は東京都の東村山市を事例として扱っている。戦時中の記録ばかりではなく、戦後に引き継がれた戦争にかかわる問題に関する記録も取り上げている。

「Ⅱ　大規模災害の記録保存」には、大地震などの自然災害に関する記録収集・保存を扱う四本の論文を収録した。筑波匡介「東日本大震災の震災遺産からの「気づき」とこれから」、および吉野高光「原発事故による全町避難と震災資料保全」は東日本大震災、飯田朋子「図書館は非常時の記憶と記録をどう生かせるか」は「令和元年房総半島台風」、土田宏成「一九一〇年関東大水害の記録・記憶と地域」は一九一〇年に発生した関東大水害をテーマとする。学芸員・司書・近代史研究者それぞれの目線から、大規模自然災害の記録と記憶が論じられている。

「Ⅲ　感染症の記録保存」には、コロナ資料の収集を積極的に進めてきた地域博物館・文書館の事例を取り上げた三本の論文を収録した。小畑茂雄「日本住血吸虫症と新型コロナウイルス感染症」は山梨県立博物館、飯島渉「一九六四年のコレラと二〇二〇年のコロナ」は千葉県文書館、持田誠「地域博物館におけるコロナ関係資料の収集」は北海道の浦幌町立博物館の事例を紹介する。コロナ資料の収集・保存を進めてきた「現場」の実態を知ることができる論文である。

このうち、西村・吉野・飯田・小畑・飯島論文は、冒頭で紹介したシンポジウムでの口頭報告を基盤として成稿したものであるが、いずれも報告内容に加筆・修正を加えている。他の六名は、本書の内容を充実させるために、あらたに執筆者として加わっていただいた。執筆陣は、学芸員・司書・アーキビスト、自治体史編纂室の職員や大学教員など、多様なバックボーンをもつメンバーであるが、いずれも非常時の地域資料保存に関心を寄せてきた実践者・研究者たちである。

本書が、コロナ資料の収集・保存に関する議論を前に進めるための一助となれば幸いである。

註

（1）本稿において「記録」や「資料」という場合、文書やモノといった形態にかかわらない資料全般を指して使用する。「地域資料」は、地域固有の資料について特に言及する場合に用いる。文字資料に話題を限定する場合は、「文書」や「公文書」「古文書」と記す。

（2）廣川和花「近代日本の疾病史資料の保存と公開にむけて—ハンセン病史資料を素材に—」（『精神医学史研究』一六—一、二〇一二年）、同「医学史資料のアーカイブズ化の課題と可能性」（『生物学史研究』九一、二〇一四年）、同「医療アーカイブズ試論：研究倫理・医療情報・スティグマの観点から」（『歴史学研究』九五二、二〇一六年）、同「日本における医療アーカイブズの現状と課題」（『日本ハンセン病学会雑誌』八六—二、二〇一七年）、同「日本の医療アーカイブズとハンセン病関係資料の研究利用」（『精神医学史研究』二三—一、二〇一九年）。
廣川の仕事以外にも、「小特集　日本アーカイブズ学会二〇一二年度第一回研究集会〈医療をめぐるアーカイブズ〉」（『アーカイブズ学研究』一八、二〇一三年）、藤本大士「日本における医療アーカイブズの構築にむけて」（『国文学研究資料館紀要　アーカイブズ研究篇』一一、二〇一五年）などがある。

（3）「感染症アーカイブズ」のホームページには、「感染症アーカイブズは、感染症や寄生虫病、また風土病などの疾病に関するさまざまな資料を整理・保存し、この領域に関心のある方々に提供する試みです」とある（https://aidh.jp/　二〇二三年三月三日閲覧。以下、ウェブサイトの閲覧日はすべて同じ）。

（4）シンポジウムについては、「シンポジウム「非常時の記録保存と記憶化を考える―コロナ禍の〈いま〉、地域社会をどう伝えるか」―」（『地方史研究』七一一―一、二〇二一年）参照。
（5）「〈天声人語〉コロナ遺産」（『朝日新聞』二〇二〇年十一月十六日朝刊）。本書収録、筑波論文も参照。
（6）小畑茂雄「災害・パンデミックに関する資料収集に向けて―新型コロナウイルス感染拡大と緊急事態に際して―」（『山梨県立博物館研究紀要』一五、二〇二一年）。本書収録、小畑論文も参照。
（7）「モノで残す「コロナな世相」　飲食店チラシ・手作りマスク「未来の知恵に」　博物館・図書館・大学で」（『朝日新聞』二〇二〇年五月二十八日朝刊）。
（8）前掲、小畑「災害・パンデミックに関する資料収集に向けて」。
（9）小田康徳「地域・ふるさと、そして歴史資料」（「シンポジウム　災害と歴史資料の保存―何のため・誰のために遺すのか―」『地方史研究』六二―五、二〇一二年）。
（10）白井哲哉『災害アーカイブ―資料の救出から地域への還元まで―』（東京堂出版、二〇一九年）。
（11）小野英夫「千葉県市川市域の戦時期史料の現状について」（「特集　戦争と史料保存―戦後五〇年に考える―」『地方史研究』四五―六、一九九五年）。
（12）佐々木和子「阪神・淡路大震災を未来につなぐ―震災資料収集事業の経験から―」（『地方史研究』五二―五、二〇〇二年）。佐々木の見解については、「アーカイブズが生まれる―災害とひとが出会うとき―」（『アーカイブズ学研究』四、二〇〇六年）なども参照。また、阪神・淡路大震災関連は、奥村弘編『大震災と歴史資料保存―阪神・淡路大震災から東日本大震災へ―』（吉川弘文館、二〇一二年）ほか、奥村らによる一連の編著も参照。
（13）菅祥明「被災地と歴史意識の現在―史料ネット「市民歴史講座」から―」（『地方史研究』五三―四、二〇〇三年）。

(14) 白石健二「阪神・淡路大震災被災地における震災誌編さんと課題―尼崎市の事例―」(『地方史研究』四八―二、一九九八年)。

(15) 東日本大震災については、デジタルデータに関しても取り組みがある。今村文彦監修・鈴木親彦責任編集『災害記録を未来に活かす』(勉誠出版、二〇一九年)など参照。

(16) 齊藤勉「戦時下の地域史に関する調査研究について」(前掲、「特集　戦争と史料保存」『地方史研究』四五―六)。

(17) 山本唯人「空襲死者の「名前」が伝えるもの―すみだ郷土文化資料館「東京大空襲と失われた命の記録」展を見る―」(「博物館・資料館問題　戦後七〇年関連展示批評」『地方史研究』六六―一、二〇一六年)。

(18) 井上かおり「八潮市立資料館　戦後七〇年平和記念事業　企画展「戦火に生きる」を見学して」(前掲、「博物館・資料館問題　戦後七〇年関連展示批評」『地方史研究』六六―一)。

(19) 前掲、佐々木「阪神・淡路大震災を未来につなぐ」。

(20) ユネスコホームページ(https://www.unesco.org/en/articles/turning-threat-covid-19-opportunity-greater-support-documentary-heritage)。国立公文書館が仮訳を公開している。国立公文書館ホームページ(https://www.archives.go.jp/about/activity/international/pdf/covid19_unesco_statement.pdf)。

(21) 国際文書館評議会ホームページ(https://www.ica.org/en/covid-19-the-duty-to-document-does-not-cease-in-a-crisis-it-becomes-more-essential)。これも、国立公文書館が仮訳を作成している。国立公文書館ホームページ(https://www.archives.go.jp/about/activity/international/20200515_ica.html)。

(22) 内閣府ホームページ(https://www8.cao.go.jp/chosei/koubun/rekiren/index.html)。

(23) 新型コロナウイルスへの対応を検討する政府の専門家会議の議事録が作成されていなかったことや、国立公文書館の関与の仕方が不明確であるなど、今後も注視しなければならない。「(コロナ禍の日本と政治)非常時のいまこそ、保存を議事録未作成、再び問われる公文書管理」(『毎日新聞』二〇二〇年七月三日朝刊)参照。

(24) 五月女賢司「吹田市立博物館における新型コロナ資料の収集と展示」(『デジタルアーカイブ学会誌』五―一、二〇二一年)、同「コロナの記憶を残す―吹田市立博物館の取り組みとその課題・展望―」(『日本史研究』七〇五、二〇二一年)、同「コロナ禍の現代人対象の小さな新型コロナ展」(『博物館研究』五七―三、二〇二二年)。

(25) 『浦幌町立博物館だより』二〇二〇年五月号(浦幌町立博物館、二〇二〇年)。

(26) 持田誠「コロナ関係資料収集の意義と必要性」(『博物館研究』五五―一一、二〇二〇年)。他に、同「コロナ関係資料からみえてくるもの」(『デジタルアーカイブ学会誌』五―一、二〇二一年)および本書収録、持田論文参照。

(27) 瀬戸内市立図書館ホームページ(https://lib.city.setouchi.lg.jp/c1/bib/pdf10438.pdf?fbclid=IwAR0IY8YgTrgtXZBofMgXoubyHPCfvxG0xOEf_QYqZWSroE5mZftzH9t3Lzc)。

(28) 村上岳「コロナ禍に関する資料の収集について」(『ネットワーク資料保存』一二八、二〇二二年)。

(29) 菊池信彦「コロナ禍の記憶と記録を収集する「コロナアーカイブ@関西大学」の諸実践」(『関西大学博物館彙報』八二、二〇二一年)、菊池信彦・内田慶市・岡田忠克・林武文・藤田高夫・二ノ宮聡・宮川創「デジタルパブリックヒストリーの実践としての「コロナアーカイブ@関西大学」」(『デジタルアーカイブ学会誌』五―一、二〇二一年)。「コロナアーカイブ@関西大学」は、二〇二二年三月三十一日をもって運用を終了し、収集したデータは関西大学年史編纂室に引き継がれている。

(30) 工藤航平「コロナ禍における東京都公文書館の取り組み」(『地方史研究』七一―四、二〇二一年)。

(31) 宮間純一編『公文書管理法時代の自治体と文書管理』(勉誠出版、二〇二二年)参照。

(32) 飯島渉「非常時に作成された公文書の移管—千葉県文書館の場合—」(前掲『地方史研究』七二一—一)。ただし、原課からは「軽微な文書も廃棄してはいけないのか」という問合せもあるという。また、収蔵スペースの問題もあり、評価選別の方法を模索していることも述べている。本書収録、飯島論文も参照。
(33) 飯島渉「COVID-19の歴史化の課題と方法」(『日本文化人類学会研究大会発表要旨集』二〇二二、二〇二二年)。
(34) 成田龍一「関東大震災のメタヒストリーのために—報道・哀話・美談—」(『思想』八六六、一九九六年)。なお、大規模災害の記憶に関する先行研究は、最近、宮間純一「地域における関東大水害の記憶—茨城県を事例に—」(土田宏成・吉田律人・西村健編『関東大水害—忘れられた一九一〇年の大災害—』日本経済評論社、二〇二三年)にまとめたことがあるので、あわせて参照されたい。
(35) 山本唯人「関東大震災の記念物・資料保存活動と「復興記念館」—震災後における「公論」の場の社会的構築と「災害展示」—」(『社会学雑誌』二三、二〇〇六年)。
(36) 森本米紀「阪神・淡路大震災をどう伝えるか—メモリアルセンターの問題を考える—震災の記憶の発信と継承を巡って—」(『地方史研究』五一—五、二〇〇一年)、寺田匡宏『カタストロフと時間—記憶/語りと歴史の生成—』(京都大学学術出版会、二〇一八年)、大門正克「バーコードに閉じ込められた言葉」(『瓦版なまず』一三、二〇〇二年)も参照。
(37) 記録の非対称性と歴史学の関係については、檜皮瑞樹「歴史資料の非対称性と歴史研究」(『アーカイブズ学研究』三四、二〇二一年)参照。

Ⅰ　戦争の記録保存

戦争体験の聞き取りと「戦争を伝えるもの」の記録
―「戦時下の小田原地方を記録する会」の活動を通して―

井上　弘

はじめに

明治維新（一八六八年［明治元］）から敗戦（一九四五年［昭和二十］）までの七七年間は対外戦争に明け暮れたが、まがりなりにも戦争の当事国にならなかった戦後は、昨年（二〇二二年［令和四］）までで戦前と同じ七七年間になる。「戦争に明け暮れた」時代と「戦争の当事国にならなかった」時代の長さが、くしくも一致する。

戦後七七年が経過し、今日ではほとんどの日本人は戦後生まれとなり、満州事変、日中戦争、アジア・太平洋戦争と続く十五年戦争での体験を語れる人は少なくなっている。成人として戦時下を過ごした人から体験を聞くことが年々難しくなり、一昨年（二〇二一年）敗戦を五～六歳で迎えた二人の方に聞き取りをする機会があった(1)。

一人は、四歳十か月の時（一九四三年末）に出征した父親（後に戦死）を、母親や弟と駅に見送りに行った時の様子を詳しく話してくれた。もう一人は、五歳七か月で体験した長岡空襲（一九四五年八月一日）について、自宅の二軒隣まで焼けたことや、一緒に逃げた祖母が火傷したことなどを聞かせてくれた。

四～五歳といえば幼稚園児の年齢だが、七〇年以上経ってその頃のことを尋ねられたら答えられるだろうか。この二人が四～五歳の時の記憶を忘れることなく語ってくれたことをどう捉えたらよいだろうか。戦争の時代という非常時の状況下での衝撃的な体験だったからこそ、幼児であっても記憶に残っているのではないかと思う。

戦時中の体験を尋ねると、時間的にはだいぶ経っているのに、多くの方が昨日のできごとのようにその体験の様子を詳細に語ってくれる。戦争という非常時でのできごとであるから、しっかりした記憶として残っているのだろうと思う。筆者は聞き取った記憶を記録として後世に伝えていく重要さを感じながら、地域で戦争体験の聞き取りを行ってきた。

本稿では今までの戦争体験の記録活動を通して、戦争の記録をどのように保存してきたのか、さらにその記録を記憶として後世にどのように伝えていくのかを論じていきたい。

一　「戦時下の小田原地方を記録する会」の発足

一九七一年（昭和四十六）にいくつかの県庁所在地の都市に空襲や戦災を「記録する会」が誕生した。一九七一年は一九四五年の空襲から数えて仏事供養を営む一つの区切りの二十七回忌に当たり、二十七回忌を偲ぶ集いがきっかけで結成された「記録する会」も多い。

同年八月には、それら一一の都市を参加メンバーとして「記録する会」のゆるやかな全国組織である「空襲・戦災を記録する会　全国連絡会議」の第一回大会が東京で開催された。「全国連絡会議」は毎年八月に持ち回りで全国各地で開催され、それぞれの取組を報告し、課題等を話し合って交流を図ってきた、市民や研究者たちによる全国組織である。昨年（二〇二二年）の第五二回大会は東京で行われた。半世紀以上にわたって続けられてきた「全国連絡会議」

は記録運動の地域を越えた連携の役割を果たしている。

「全国連絡会議」が誕生する前年（一九七〇年）には「東京空襲を記録する会」、同年（一九七一年）には「横浜の空襲を記録する会」が結成され、行政をも巻き込み『東京大空襲・戦災誌』全五巻（一九七三年）や、『横浜の空襲と戦災』全六巻（一九七五～七七年）といった膨大な記録集を生み出す成果を上げた。戦後四半世紀が過ぎ、かつての戦争が忘れ去られようとしてきた時、戦争体験者が自らの体験を語り始めるといった形でこれらの運動は進んでいった[2]。また、早乙女勝元が自らの体験に基づいて一九七一年に出版した『東京大空襲』（岩波新書）がベストセラーになっていたことが記録運動の高まりをもたらした。

そうした全国的な動きを受け、筆者が事務局長を務める「戦時下の小田原地方を記録する会」（以降「小田原の会」）は一九七九年に発足した。四〇年以上にわたって地域の戦争体験を掘り起こし、記録し、地域に発信してきた市民団体である。他の多くの会が団体名に「空襲」の文字を入れて空襲被害を中心に記録活動を行ってきたのに対し、「小田原の会」は空襲体験は含めるものの、市民のさまざまな戦争体験を記録していこうとの方針で出発した。その意味で、あえて団体名に「空襲」の文字を入れなかった。

戦争体験を掘り起こし記録していく対象地域を、活動可能な範囲として神奈川県県西地域の二市八町（小田原市・南足柄市・山北町・松田町・開成町・大井町・中井町・箱根町・真鶴町・湯河原町）とした。人口は合わせて約三三・五万人である（二〇二一年五月一日現在）。

発足時の会員は筆者を含めて三人であり、一九七九年八月に「戦争体験を若い世代へ」と題したパンフレットを作成し、その中で「戦争の記録は掘り起こされることなく埋没されたままになっています。小田原に住む一市民として焦りを感じないわけにはいきません」と訴えた[3]。発足メンバーでは筆者のみが残り、何人かの入れ替えを経て、現在の会員は一九九八年から変わらずに五人であり、会員全員が小中高の教員（元も含めて）である。

二　戦争体験の記録化

1『戦争と民衆』の発行

戦争体験者への聞き取りで得られた証言は、「小田原の会」が年二回（三月と八月）発行する会誌『戦争と民衆』に掲載する。同誌はＡ５判・二段組みで一六〜二八頁である。今までに九〇号を発行している。毎回一〇〇〇部印刷し、定期購読者や県内の図書館・資料館・報道機関などに送ったり、小田原市内の書店や公共施設に置いたりして無料配布をしている。

他の多くの「記録する会」が手記という形で戦争体験を記録しているのに対し、「小田原の会」は可能な限り戦争体験者への聞き取りを行っている[4]。手記は戦争体験の記録化の一つの方法だが、いくつかの問題点がある。一つは、手記に自身の体験を書き表せる者は普段文章を書き慣れている者であり、文章を書き慣れていない者にとっては難しい。もう一つは、手記は自身の意図とは別に書き手の思い込みで事実誤認につながりやすい面があり、さらに歴史的事実を知っていることで、自身の体験を歴史的に位置づけてしまう恐れがある点である。そうしたことから手記を書くより、体験を話す方が証言する方にとっては取り組みやすく、その点からも「小田原の会」は聞き取りにこだわっている。

事実を記録することを最も大切に考えることから、聞き取りでは、①聞き取りの内容について事前に十分な下調べをしておく、②事前に尋ねる項目を決めておいて聞き取りに臨む、③話し手は原則一人とし、複数同席はなるべく避ける、④可能な限り、体験者の自宅で行う、⑤地図・年表・関連文献など、話し手が体験の記憶を思い出せるように資料を用意する、などの点に気をつけている。

③については、一、二度、体験者の強い要望で複数の体験者への聞き取りを行ったことがある。話し手が複数だとテープ起こしで発言者を特定しづらい問題の他に、同じ体験をもった仲間が同席することで、お互いを牽制しあって、本音を言わずに建前での発言に終始してしまう傾向があった。④については、自宅だと話し手が落ち着いて体験を語ることができ、記憶が呼び起こされて、自宅に残っていた写真などの資料が出てくる場合がしばしばあった。

聞き取りの録音については、一〇年前まではカセット録音機を使用していたが、最近ではＩＣレコーダーを用いている。聞き取った証言は、話し手が話した通りにテープ起こしをして、ノートに書き写す。当初は多くの時間がかかり大変な作業であったが、慣れてくると不思議なほどに手際よくできるようになった。

ノートに書いた証言を、パソコンを使って、内容を変えずに時系列に並べ直したり、内容別にまとめたりして、話した内容の順番を入れ替えることが多い。さらに聞き手による質問を、よりわかりやすいように変えたりすることもある。収録した証言は、あくまで読者に向けて作成するものであり、戦争体験として伝えていくものである。聞き取りをテープのまま資料として活用する場合はそのままでもよいが、会誌『戦争と民衆』に証言として掲載するには、この作業が不可欠である。

そうした作業を経て、できあがった証言の原稿は、『戦争と民衆』掲載前に必ず話し手に確認してもらう。その段階で載せたかった内容について削除されてしまうことがまれにあるが、あくまで証言は話し手のものであり、話し手の決定に従うことにしている。

こうして収集した戦争体験者から聞き取った「生の声」は、現在筆者の手元にカセットテープやディスクの形で二〇〇人近い方の証言として残っている。カセットテープは古いものは四〇年以上たっており、破損の恐れがあることから、順次ディスク化する必要がある。これらの「生の声」を後世にどう残していくのか、「小田原の会」だけでなく多くの「記録する会」においても悩み事であり、今後の大きな課題になっている。

ここで聞き取りの事例を二つ紹介したい。

一つの例としては、「従軍慰安婦」についての証言である。「従軍慰安婦」の存在自体は戦争に征ったことのある元軍人なら誰でも知っていることから、可能な限り尋ねてきた。多くの方は答えてくれなかった。一人だけ「従軍慰安婦」について赤裸々に語り、原稿化され、そのまま載せることができた。一九八〇年(昭和五十五)に聞き取りをした、工兵として中国戦線を渡り歩いたH氏の証言である。(5)「従軍慰安婦問題」は一九九一年(平成三)に三人の韓国人元従軍慰安婦が、日本政府へ謝罪と補償を求めて東京地裁に提訴したことから始まる。聞き取りをした一九八〇年では問題となっておらず、そうした時代背景が「従軍慰安婦」についての証言の掲載を可能にした。「小田原の会」にとって、一九九一年以降は記録として記されることはなかった。

もう一つの例としては、聞き取りで話した証言の原稿確認段階で『戦争と民衆』への掲載を拒否した方がいたことである。元小学校教員(男性)で、戦前の師範学校について軍国主義教育との関連で自身の体験を語ってくれた。掲載を拒否した理由については、はっきりしたことは述べなかった。「小田原の会」では会員全員が教員であることから、元教員から聞き取りを行うことがたびたびあった。教員への聞き取りについて民俗学者の香月洋一郎は、「いく人かの年輩の研究者から、教員の経歴をもっている古老からの聞き取りは細心の注意を払ってその話を受けとるように、とのアドバイスを受けたことがある」と指摘し、その理由として次のように述べている。(6)

近代の教育とは、位置づけこそが価値であるという発想を前提にしている。長い間そうした職場に関わっていると、自分の体験を話す折にもその姿勢が習い性となってぬけにくく、ときには実際にあったことと、それをどう位置づけるか、あるいはどう位置づけたいかということが渾然一体となってその人の口から表現されることがある。

2　どのような戦争体験を記録してきたか

満州事変、日中戦争、アジア・太平洋戦争と、足かけ一五年続いた、いわゆる十五年戦争の期間が聞き取りの対象である。無論、戦争体験者の生活は一九四五年の敗戦で終止符が打たれたわけではなく、戦争で被った負の影響は戦後まで引きずることになり、戦時中の体験とともに、戦後をどのように生きてきたのかを含めて聞き取りを行うようにしてきた。

聞き取りでは、体験を話してくれる方を探し出すことが最大の課題である。まれに本人からの申し出による場合もあるが、多くは戦争体験を話してくれる方を見つけることから始まる。会員の多くが地元に在住していることの強みから、人脈による知り合いからの情報で見つかることが多いが、新聞記事や地域で出版された書籍からたどり着くこともある。

なかには聞き取りの話し手から次々と同じ体験をした方を紹介され、同じ内容について多くの証言を得られ、『戦争と民衆』の特集号につながったこともある。その二つの例を取り上げたい。

一つは、箱根にやってきた外国人の話である。戦争末期の箱根には多くの外国人が滞在しており、その外国人に関わった方の証言を得ることができた。その結果、第二三号の「戦時下、箱根にやってきた外国人たち　その1」（一九八九年）と、第二五号の「戦時下、箱根にやってきた外国人たち　その2」（一九九〇年）と連続して特集が組まれた。

これは後に会員による『戦時下の箱根』(井上弘・矢野慎一共著、夢工房、二〇〇五年)の出版につながった。

もう一つは、敗戦間近の小田原地方に本土決戦部隊が陣地を構築して米軍上陸に備えたことについての話である。当地に駐留した元将兵や、それを目撃した方から多くの証言が得られて、第四〇号の「小田原地方における本土決戦～戦場になりえた足柄平野～」(一九九八年)と、第四一号の「続・小田原地方における本土決戦～戦場としての足柄平野～」(一九九九年)で続けて特集を組んだ。その成果は、会員・香川芳文の著作『小田原地方の本土決戦』(夢工房、二〇〇八年)として結実した。

次に「小田原の会」が聞き取りをしてきた戦争体験にはどのようなものがあるのか、体験の中身を取り上げてみたい。戦争体験にはどの地域にも共通したものがある。十五年戦争期の中でも、特にアジア・太平洋戦争は国家をあげて総力戦として遂行され、銃後としての地域は一律に国家総動員体制に組み込まれ、その結果、国内のどの地域も戦場を支える画一的な銃後社会の様相を呈した[7]。したがって、どの地域でも、町内会・隣組、学徒勤労動員、軍国主義教育(国民学校など)、兵士体験、家族の戦死、シベリア抑留などの戦争体験がある。

そのうちの一つ、兵士体験については今までに一三人への聞き取りをしてきた。その多くが戦地での体験であるが、いわゆる加害体験を語った方はいない。聞き手が積極的に尋ねなかった結果でもあるが、氏名の公表を前提とした聞き取りであることも、加害体験をあえて語らなかった理由であろう。兵士として戦場へ赴いた世代の多くがすでに亡くなっており、兵士としての加害体験を記録として残せなかったことは悔やむべき点である。

しかしながら、戦争の加害については、被害体験を通して戦争について考えることによって、他国へ攻め込んでいった十五年戦争の加害の本質にたどり着けるし、日本軍に侵略された側の怒りや悲しみに共感できると考えている。「横浜の空襲を記録する会」の中心メンバーだった歴史学者の今井清一は、被害と加害の問題について「国内の戦場の実情を知ることは、日本が外国で行った戦争のむごさも実感させ、民衆にとっての戦争の意味を明らかにしてくれます」と指摘している(8)。

また、共通した戦争体験の他に、その地域ならではの戦争体験がある。小田原地方においては、前述した本土決戦に向けての部隊の駐留、箱根にやってきた外国人の他、主なものとして、空襲体験、学童集団疎開の受け入れ、満州への分村移民、陸海軍病院の設置、傷痍軍人箱根療養所、風船爆弾の和紙作り、敵国人抑留所の設置などが挙げられる。

「小田原の会」による戦争体験の聞き取りは、一九八〇年から二〇一八年までの三八年間で一五〇回以上に及び(9)、現在も年二〜三回のペースで進めている。

3　箱根病院の元傷痍軍人とその家族への聞き取り

小田原地方ならではの戦争体験の一つとして、小田原市風祭に設置されていた傷痍軍人箱根療養所(10)を取り上げてみよう。傷痍軍人を収容していた東京の巣鴨にあった傷兵院が当時の足柄下郡大窪村（現小田原市風祭）に移転してきたのは、一九三六年である。一九三七年に始まる日中戦争では、戦線の拡大とともに多くの戦傷病者を生み出し、傷痍軍人を収容する療養所が全国各地に誕生した。その一つで、重度の脊髄損傷患者の治療を専門とした傷痍軍人箱根療養所が、一九四〇年に、大窪村の傷兵院内に併設される形で開所した。

傷痍軍人箱根療養所は敗戦後、新たに国立箱根療養所として発足し（一九七五年に国立療養所箱根病院と改称）、一般の脊髄損傷患者を受け入れた。戦前から家族とともに療養していた元傷痍軍人はそのまま同じ療養所で過ごし、一九六五年には元傷痍軍人とその家族専用の西病棟が療養所敷地内に新築された。

西病棟で四人の元傷痍軍人が療養生活を送っていることを「小田原の会」が知ったのは一九九四年である。さっそく西病棟を訪ねて、二人の元傷痍軍人への聞き取りを行い、『戦争と民衆』の第三二号（一九九五年）と第三七号（一九九七年）に掲載した[11]。それ以降、毎年のように西病棟を訪ねて、元傷痍軍人との交流が続いたが、二〇〇八年に最後の元傷痍軍人が亡くなって西病棟が閉鎖され、「小田原の会」の訪問もなくなった。

二〇一三年に東京オリンピック・パラリンピック夏季大会の二〇二〇年（令和二）開催が決定され、一九六四年の前回の東京大会への関心が高まるなか、一九六四年の東京パラリンピックに出場した日本選手団五三人のうち、一九人が国立箱根療養所に入所していた脊髄損傷患者であることがわかった。しかもそのうちの二人が元傷痍軍人で、その一人が選手代表として開会式で選手宣誓をしていたことが判明した[12]。

「小田原の会」として傷痍軍人箱根療養所のことを地域住民に知らせる絶好の機会と捉え、療養所で一緒に暮らした家族や、病院関係者への聞き取りに精力的に取り組んだ。『戦争と民衆』第七四号（二〇一五年）に元傷痍軍人の法要を行ってきた寺院の住職、第七八号（二〇一七年）に三人の元傷痍軍人を看取った前院長、そして第八三〜八五号（二〇一九〜二〇年）に療養所で元傷痍軍人の父親と一緒に過ごした三人の子どもへの聞き取りを行った。東京パラリンピックを目前にした二〇二〇年七月（開催は一年延期され二〇二一年）に、以前に行った二人の元傷痍軍人の証言を加え、戦前と戦後の病院の歩みの歴史を添えて、それらの証言を掲載し、一九六四年パラリンピック東京大会と国立箱根療養所の関わりをまとめたブックレット④『戦中戦後の箱根病院〜パラリンピックに出場した傷痍軍人〜』（二〇二〇年）を出版した。

三　地域で戦争を伝えるものを調べて

1「戦争を伝えるもの」

「小田原の会」では、戦争体験者への聞き取りによって得られた証言とともに、地域にある「戦争を伝えるもの」を通して、戦争の記録化に取り組んできた。「戦争を伝えるもの」というと一般的には「戦争遺跡」を指す。戦争遺跡とは『しらべる戦争遺跡の事典』によれば、「近代日本の侵略戦争とその遂行過程で、戦闘や事件の加害・被害・反戦抵抗に関わって国内国外で形成され、かつ現在に残された構造物・遺構や跡地のこと⑬」とされている。

この定義からすると、戦争遺跡は「構造物・遺構や跡地」ということになるが、小田原地方ではそうした定義では該当する「もの」は限定されてしまう。別な呼び方のほうが数多くの「もの」を取り上げられると考えて、「戦争を伝えるもの」という呼び方にし、さまざまな「戦争を伝えるもの」を探し出す取組をしている。具体的には、空襲慰霊碑、忠魂碑・忠霊塔などの戦争碑、本土決戦陣地跡、戦時中の戦争関連施設、機銃掃射弾痕など、調べ始めると予想以上に多くの「戦争を伝えるもの」が見つかった。「もの」を通して戦争を伝えていく可能性を見いだすことができた。

「もの」による戦争があったことの記録化に取り組んだのは、戦争体験者はいずれはいなくなり、「もの」に戦争を語らせる必要を感じたことによる。

一九九六年（平成八）発行の『戦争と民衆』第三六号から、「地域で戦争を伝えるものを調べて」の調査報告がスタートした。その第一回は「秘密兵器の実験場だった真鶴・三ツ石海岸」である。真鶴町の真鶴半島突端に戦時中に海軍が造成した、航空機による敵艦船攻撃のための雷撃・爆撃訓練用の標的跡が残っており、現地調査をしての報告である。

このシリーズは第五三号（二〇〇四年）まで続けて、一三か所の「もの」を紹介し、それらに新たな「もの」を加えて、二〇〇五年に市町別に二七か所の「もの」を紹介したブックレット②『小田原地方の戦争遺跡』を出版した。なお、書名には一般的に知られた「戦争遺跡」を用いざるを得なかった。

ブックレット②の出版後しばらくは「もの」の調査は行われなかったが、二〇一二年の『戦争と民衆』第六九号で、「続・地域で戦争を伝えるものを調べて」として再スタートさせ、二〇二二年夏に発行した第八九号までに、「続」として一四か所の調査報告を掲載している。

2　小田原空襲説明板の設置

「続・地域で戦争を伝えるものを調べて」の第一回は「小田原空襲説明板」である。これは残っていた「もの」ではなく、残っていなかったからこそ新しく「戦争を伝えるもの」を設置した例であり、その経緯について取り上げてみよう。

小田原空襲とは一九四五年（昭和二十）八月十五日の敗戦当日、深夜一時から二時頃にかけて二機のB29による焼夷弾空襲を受けて市街地の約四〇〇軒が焼失し、一二人が亡くなった空襲である。[14] 小田原空襲は、直前に行われた熊谷・伊勢崎への空襲を実行したB29による帰路での投弾であり、計画された空襲ではなかったので、当日の空襲を記録した米軍資料「作戦任務報告書」にも記載されていない。小田原空襲を体験した市民への聞き取りを行って多くの証言を得て、さらに「小田原の会」で実施した調査で、焼失地区を示した地図を作成し、死者が一二人だったことがわかった。しかしながら空襲があった痕跡を示す「もの」は、被災した古清水《こしみず》旅館が所蔵している被災写真二枚だけだった。

その二枚の写真を活用し、市民に小田原空襲があったことを知らせる「もの」の必要性を感じ、二〇〇七年の「小田原空襲説明板」の設置となった。設置場所は古清水旅館の敷地で道路に面した場所を、館主が提供した。館主は小田原空襲時には出征しており、その場にいなかったが、我が家が敗戦当日に空襲で焼失した事実に、「（復員してこの古清水旅館の被災写真を見て）古清水旅館がこんな状態だったと、父から見せられました」と語っている[15]。こうした想いから、写真と設置場所の提供に応じてくれた。

写真１　小田原空襲説明板

空襲説明板には、空襲で焼き尽くされた町並みを背景に古清水旅館の焼け跡を撮影した一枚の被災写真、「小田原の会」作成の被災地図、小田原空襲の解説が記されて、設置者は「小田原の会」と館主の連名になっている。また、雨風に朽ちることなく長く後世に残るように説明板の素材をアルミ複合板とし、かかった費用（約三〇万円）の半分は市民からのカンパで、残りを「小田原の会」で負担した。二〇〇七年八月十二日に行われた除幕式には二〇人近くが参加し、その様子が新聞やＮＨＫテレビで紹介された。

設置から一年近くたった二〇〇八年六月、館主のご子息から、旅館を取り壊して新たにビルを建てるため、説明板を撤去せざるを得ず、ビル完成後には再設置するとの連絡があった。二〇一〇年、古清水旅館は高齢者専用賃貸マンションに生まれかわり、約束通り建物入口に空襲説明板は再設置された（写真１）。

四　取り組んだ集会やフィールドワーク

1　戦争について語る八月集会

「小田原の会」の発足当初、毎年八月に戦争について考える集会を開催してきた。地域住民に戦争について考える場を提供したいと取り組んだ主催行事である。内容は映画上映・講演・座談会など次の通りである。

第一回（一九八〇年〔昭和五十五〕）　映画「学徒出陣」・講演　久米茂（日本戦没学生記念会常任理事）
第二回（一九八一年）　映画「ひめゆりの塔」　講演　長浜功（教育学者、東京学芸大学）
第三回（一九八二年）　映画「侵略」　戦争体験を語る会
第四回（一九八三年）　映画「大東亜戦争」
第五回（一九八四年）　戦時体験を語るつどい「銃後における女学生の体験」
第六回（一九八五年）　学童疎開を語る会　岸達志（東泉院住職）
第七回（一九八六年）　講演「師範教育とは何であったか」　湯山厚（都留文科大学）

集会は七回続いたが、参加者の固定や、「小田原の会」負担の大きさから、活動の重点を『戦争と民衆』の発行に傾けるべきだとの理由で、第七回をもって終了した。

2　「戦争を伝えるもの」を巡るフィールドワークの開催

二〇〇五年（平成十七）と二〇〇六年の八月に、「戦争を伝えるもの」を歩いて見て回るフィールドワークを実施した。二〇〇五年三月に出版したブックレット②『小田原地方の戦争遺跡』を活用しての実践活動である。

第一回（二〇〇五年）「小田原空襲被災場所を歩こう」参加者三一人

第二回（二〇〇六年）「新玉小空襲の爆弾投下跡を見ませんか」参加者二四人

二〇〇五年は戦後六〇周年であると同時に、小田原空襲被災六〇周年でもあり、小田原に空襲があったことを市民に知ってもらう絶好の機会であり、新聞各社の地域版や、テレビのニュースでも取り上げられた⑯。

五　戦争記録の保存

1　証言集の出版

「小田原の会」は、会誌『戦争と民衆』に掲載してきた戦争体験の証言などを収録した書籍の出版に力を注いできた。戦争の時代を生き抜いてきた世代の貴重な証言記録を戦争の記憶として保存し、後世に残すには、『戦争と民衆』という冊子より書籍の方が適していると考えた。しかも書籍の方がより多くの市民の目に触れ、教育現場でも活用しやすいと判断した。その意味で証言記録の書籍化は、戦争記録の保存の一つである。

今までに証言を中心とした五冊の証言集の出版は次の通りである（写真2）。

『焦げたはし箱～語り伝えよう戦時下の小田原～』（夢工房、一九九二年、三〇三頁）

写真2　小田原の会発行書籍

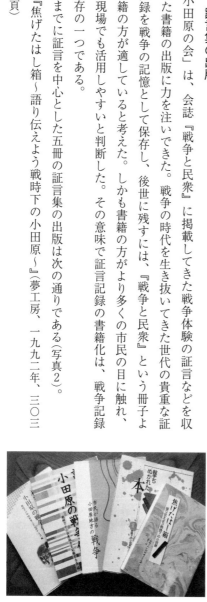

『撃ちぬかれた本』（夢工房、一九九五年、二〇二頁）
『市民が語る小田原地方の戦争』（小田原の会、二〇〇〇年、二〇三頁）
『語り伝えよう小田原の戦争体験』（小田原の会、二〇一二年、一八七頁）
『未来へつなぐ小田原の戦争体験』（小田原の会、二〇一八年、一八四頁）

しかし、書籍の出版は一、二冊目は地方出版社からの刊行で「小田原の会」の負担はなかったものの、三冊目からの「小田原の会」による自費出版は多額の費用を要することになった。三冊目の刊行以降、四冊目の刊行までは一二年の間隔がある。その間はブックレットという体裁で頁数を減らして、内容を一つのテーマに絞り、費用の負担を減らして次の三冊を出版し、二〇二〇年（令和二）には四冊目の発刊となった。

戦争と民衆ブックレット①『総合で地域の戦争を調べよう』（二〇〇三年、八二頁）
戦争と民衆ブックレット②『小田原地方の戦争遺跡』（二〇〇五年、八八頁）
戦争と民衆ブックレット③『小田原と風船爆弾』（二〇〇六年、九六頁）
戦争と民衆ブックレット④『戦中戦後の箱根病院～パラリンピックに出場した傷痍軍人～』（二〇二〇年、一三七頁）

その他に、二〇〇七年（平成十九）に「小田原の会」が今までの活動を評価されて「第二〇回神奈川地域社会事業賞」（神奈川新聞社・同厚生文化事業団主催）を受賞し、その賞金を活用して、それまでの活動をまとめた『戦時下の小田原地方を記録する会　三〇年のあゆみ』（小田原の会、二〇〇九年、一一九頁）を出版した。

2「戦争を伝えるもの」のリーフレット作成と動画化

二〇一七年、小田原市は、市内の「戦争を伝えるもの」一九か所を載せたリーフレット「伝えておきたい小田原の戦争と平和」を五〇〇〇部制作し、市内の小中学校に配布するとともに、誰でも見られるように市のホームページに掲載した。「小田原の会」が全面的に制作協力し、それぞれの「戦争を伝えるもの」には、その「もの」のカラー写真、解説、アクセス用の地図が記されている。このリーフレットは、まさに「小田原の会」が今までの活動で地域にある「戦争を伝えるもの」を調べてきた成果の一つであり、それらの存在が多くの市民に認知される機会となり、「戦争を伝えるもの」の記録が行政によって保存されたことを意味している。

さらに小田原市は二〇二一年度から二二年度にかけて、このリーフレットの動画化に取り組んだ。リーフレットに掲載された「もの」をそれぞれ約二分間の動画にした。この事業についても筆者が監修者として加わった。この動画「伝えておきたい小田原の戦争と平和」（約三八分間）は、ＹｏｕＴｕｂｅの小田原市公式チャンネルで公開している。

おわりに

「小田原の会」では、戦争体験の記録活動で得られた成果を活用して、特に若い世代に戦争の記憶を伝えていくことに力を注いでいる。会員で唯一の戦争体験者である代表の飯田耀子は、小田原市の「戦時体験講話」事業で市内の各小中学校を訪問し、自身が体験した小田原空襲について語り、平和の尊さを子どもたちに訴えてきた。

また、筆者は二〇一八年（平成三十）から小田原市が始めた、市内中学生とナガサキ・ユース代表団（長崎で平和活動をしている大学生）が一緒に宿泊学習をする平和施策推進事業「ワールドキャンプｉｎ　ｏｄａｗａｒａ」で、プログラムの一つ「市内戦争遺跡巡り」で案内役を務めている。また同時期にスタートした、一般市民対象の「市内戦争遺跡巡り」でもリーフレットで取り上げた「戦争を伝えるもの」から四、五か所を選んで訪ねるツアーのガイドをしている(コロナ禍のため二〇二〇〜二二年は両方の事業とも中止)。

さらに筆者は、若い世代を対象とした、戦争の記憶を伝える講演にも取り組んでいる。最近では二〇二〇年には小田原市在住の高校生・大学生からなる、小田原の活性化を目的としたグループ「ノンブラント小田原」の依頼で、オンラインによる小田原空襲についての講演をした[17]。二〇二一年には、県立小田原高校で一年生を対象に「小田原と戦争」と題して、本土決戦と小田原空襲について講演を行った[18]。

こうした個人の取組とともに、小・中・高の学校現場に於いて、戦争記録を授業等で児童・生徒へ示すことこそ望むべきことである。無論、教師による一方的な押し付けではない、児童・生徒による主体的な学習として戦争の記憶を学ぶべきである[19]。そのためにも、教員に地域の戦争記録に関心をもってもらうことが不可欠であり、収集してきた戦争記録を教員へ進んで提供することが必要である。

戦後七七年間、日本がまがりなりにも戦争の当事国にならなかった理由の一つとして、戦争体験を挙げることは誰しも否定しないだろう。戦争が終わって七七年が経過したことは、戦争体験者がいなくなることでもある。今後、戦争体験者が存在しなくなる時代に、どのように戦争体験の記憶を継承していくのかが問われている。各地の「記録する会」によって、戦争体験の記録化は、加害体験など不十分な面はあるが、進んできたことは疑いない[20]。今後はその記録を若い世代に伝えていくため、どのように保存していくのかが大きな課題になっている。

註

(1)　二人の証言は、『戦争と民衆』八八(二〇二二年)に掲載した伊倉昌宏「私の戦争体験と戦死した父のこと」と、徳茂貞雄「私の戦争体験」。

（2）全国的な「記録する会」の動向については、拙稿「空襲体験の記録運動」（粟屋憲太郎編『近現代日本の戦争と平和』現代史料出版、二〇一一年）を参照。

（3）この手書きのパンフレットは、『焦げたはし箱　語り伝えよう戦時下の小田原』（夢工房、一九九二年）二七七頁に掲載。

（4）聞き取りについては、拙稿「戦争体験の聞き取りとオーラル・ヒストリー」（『未来へつなぐ小田原の戦争体験』戦時下の小田原地方を記録する会、二〇一八年）を参照。

（5）H氏の証言は『戦争と民衆』四（一九八一年）に掲載し、その後に前掲註（3）『焦げたはし箱』に収録されている。

（6）香月洋一郎『記憶すること・記録すること―聞き書き論ノート―』（吉川弘文館、二〇〇二年）四四～四五頁。

（7）小田原地方の銃後社会の様相については、拙稿「戦争末期の市民生活―神奈川県小田原地方の昭和二十年の様相―」（『昭和のくらし研究』四、二〇〇六年）を参照。

（8）今井清一「「空襲と戦災を記録する会」三〇年の歩み」（『空襲通信』三、空襲・戦災を記録する会全国連絡会議、二〇〇一年）。

（9）一九八〇年から二〇一八年までに行ってきた、聞き取り（手記を含めた）の内容別一覧「今までの聞き取り一覧（151証言）」が前掲註（4）、『未来へつなぐ小田原の戦争体験』一三九～一四五頁に掲載。

（10）傷痍軍人箱根療養所については、戦前は矢野慎一「傷痍軍人療養所の歴史―特に箱根療養所を中心として―」（『小田原地方史研究』二〇、一九九七年）を、戦後は井上弘「傷痍軍人の戦後―国立療養所箱根病院西病棟の傷痍軍人―」（『小田原地方史研究』二一、二〇〇〇年）及び同「国立療養所箱根病院西病棟の元傷痍軍人」（『季刊戦争責任研究』三九、二〇〇三年）を参照。また箱根療養所を取り上げて、脊髄損傷医療を医療史の視点でまとめた坂井めぐみ『「患者」の生成と変容―日本における脊髄損傷医療の歴史的研究―』（晃洋書房、二〇一九年）で、療養所での傷痍軍人の一面を知ることができる。

(11) 浅木加壽義《かずよし》・浅木とき子「傷痍軍人箱根療養所」(『戦争と民衆』三二、一九九五年)、望月栄允《ひでちか》「傷痍軍人として―傷痍軍人箱根療養所のこと―」(『戦争と民衆』三七、一九九七年)。

(12) 一九六四年の東京パラリンピックに選手が出場した国立箱根療養所について、佐藤次郎『1964年の東京パラリンピック』(紀伊國屋書店、二〇二〇年)と、稲泉連『アナザー1964パラリンピック序章』(小学館、二〇二〇年)で取り上げている。

(13) 十菱駿武・菊池実編『しらべる戦争遺跡の事典』(柏書房、二〇〇二年)一頁。

(14) 小田原空襲については、拙著『小田原空襲』(夢工房、二〇〇二年)を参照。

(15) 清水伊十良「古清水旅館に残る空襲被災の写真」(『戦争と民衆』四九、二〇〇二年)。

(16) フィールドワークの詳細な報告については、『語り伝えよう小田原の戦争体験』(二〇一二年)の「Ⅱ戦争遺跡フィールドワーク」一六九〜一八五頁を参照。

(17) オンラインイベント「そうだったのか！小田原空襲」(『戦争と民衆』八六、二〇二一年)を参照。

(18) 「小田原高校での講演「小田原と戦争」」(『戦争と民衆』八八、二〇二二年)を参照。

(19) こうした授業実践例として、『戦争と民衆』八九(二〇二二年)で、鈴木遼輔「事実知り、育まれた「伝えていきたい」という想い」を紹介している。

(20) 各地の「記録する会」の活動、及び成果については、「空襲・戦災を記録する会全国連絡会議」の会報『空襲通信』に毎号掲載される「各地の会の報告」で知ることができる。『空襲通信』は一九九九年に創刊され、二〇二二年までに二四号が発行され、「戦時下の小田原地方を記録する会」の活動報告も毎号掲載されている。

地域における戦争記録の継承を考える
—高知県の実践活動の検証—

楠瀬慶太

はじめに

一九七〇年代以降、全国で行われた戦争体験の証言の収集は、資料と事実を重視し、運動と記録・研究が一体化したものであった[1]。一九九〇年代以降には、戦争遺跡や戦争資料[2]が加わり、地域で記録活動が行われた。この間に、体験者の語りによって戦争体験を直接聞く機会は極端に少なくなり、若い人たちや学校教育における戦争への意識も変わり、地域が体験した戦争を「語り継ぐ」ことが困難になっている。この状況を成田龍一は、「戦争体験が体験、証言、記憶の時期を経て、いよいよ歴史化されようとしている」と指摘している[3]。

語り（記憶）からアーカイブ（記録）の時代へ変化するなかで、テレビや映画などのメディアや平和博物館が継承[4]の「場や方法」として重要な役割を果たしている[5]。厚生労働省も二〇一六年（平成二十八）から戦後世代の語り部育成の事業を始めている[6]。一方、地域では戦争記録に関わってきた平和団体や遺族会・戦友会などが高齢化し、証言や資料の収集に積極的な自治体や博物館等は限られ、民間所在の戦争資料は寄贈・寄託を敬遠されて、行き場を失っている[7]。

こうした昭和・平成の時代に収集され、見いだされた証言や資料を次世代にどのように語り継ぎ、残していくかが課題となっている。

この点において、島根県の大学と郷土史団体が連携した戦争資料の収集[8]、鹿児島県の大学と市民ガイド・自治体による戦争遺跡に関わる証言収集[9]など、地域の歴史学者たちのアーカイブズ構築の試みは注目される[10]。戦争記録の継承には、戦争責任の捉え方や世代間の意識の違いなどが課題となっており[11]、地域における戦争の実情(事実)を客観的かつ学術的な見地で記録し、次世代が学び、語り継げる形にしていかなければならない。また、市民科学の観点で記録活動への市民参加を考えた場合、資料や証言を整理する際の偏りや精度の問題が課題となるため[12]、研究者の関与がより重要となってくる。今後、さまざまな市民参加の実践例を示すことで、地域が継承の主体となれる方法を模索していく必要がある。

高知県でも近年、市民と歴史研究者の協働による戦争記録の継承活動が進んでいる。本稿では、二〇一〇年代以降、高知県で新たな枠組で進む語り継ぐ会や資料保存ネットワークの活動を、中心的に関わる市民の目線から検証する。さらに、各団体の担い手の役割を分析することで、地域での「継承」を実現するための活動の在り方を検証したい。なお筆者は、後掲の高知地域資料保存ネットワークなど三団体のメンバーとして、結成以来活動を続けている。

一　高知県の戦争記録活動

まず、一九九〇年代以降の高知県における戦争記録に関わる主要団体の系譜(図1)と活動(表1)について簡単に整理し、継承の課題を考えたい[13]。

一九九〇年前後に県立歴史民俗資料館(歴民館)や高知市立自由民権記念館(民権館)が設立されるなかで、活動を牽

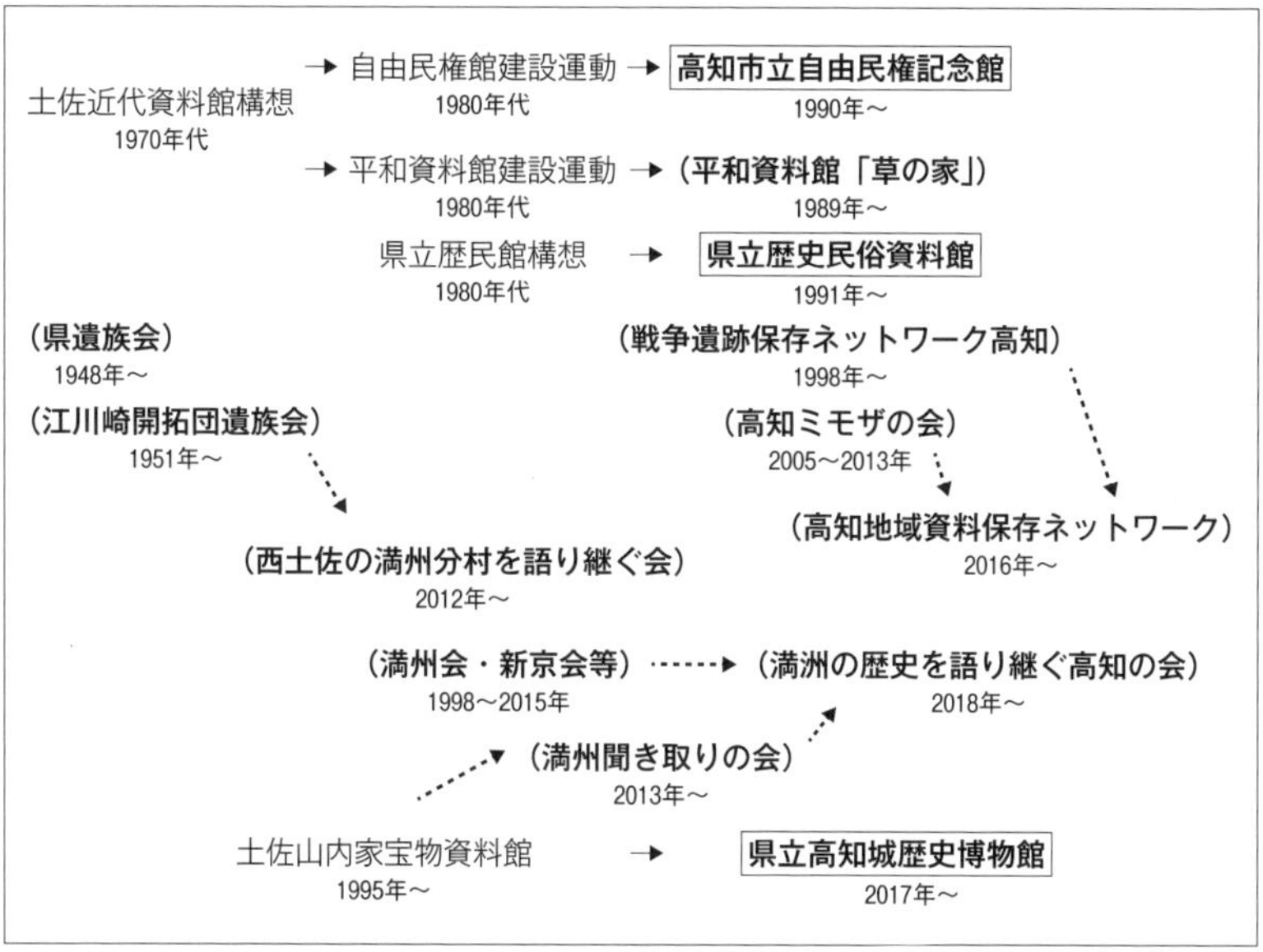

図１　高知県の戦争記録団体の系譜

引したのは、民間の平和団体が運営する高知市の平和資料館「草の家」（草の家）である。空襲資料や兵士の遺品・証言の収集、戦争遺跡の調査、反戦運動家の顕彰など、広範な記録活動を展開し、『高知の戦争　証言と調査』など五〇冊近い刊行物を発刊している。また、大学研究者や考古学者らも加わり、学術的な視点を加えて幅広い記録活動が展開された。さらに、草の家に関わるメンバーを中心とした戦争遺跡保存ネットワーク高知が各地で調査を展開、四四連隊弾薬庫跡など戦争遺跡の保存運動も行っている。二〇〇〇年代に入って、記録に関わってきたメンバーの高齢化が重なり、証言や資料等の記録活動は以前ほど活発ではなくなってきている[14]。

　また、県からの移民数が人口比で全国三位と多い満州移民の体験者でつくる満州会や新京会などが、一九九〇年代後半に相次いで結成された。体験者が思い出を語り合う活動が活発化したが、高齢化で一五年足らずで全て解散している。一方で、満州移民の子世代が参加する「西土佐の満州分村を語り継ぐ会」や「満洲の歴史を語り継ぐ高知の

表1　高知県の戦争記録活動年表

1989年	平和資料館「草の家」開館
1990年	高知市立自由民権記念館開館 県立歴史民俗資料館開館
1997年	掩体壕を文化財に推進する会結成
1997年	戦争遺跡保存ネットワーク高知結成 満州会結成
1999年	新京会結成
2000年	第4回戦争遺跡保存全国シンポ（南国市） 満州会解散
2003年	草の家『高知空襲写真集』刊行
2009年	高知ミモザの会『戦地から土佐への手紙』刊行
2010年	土佐市の忠霊塔建設資料発見 香南市の特攻隊員の漫画資料発見 戦争遺跡の学校授業での活用進む
2011年	44連隊弾薬庫保存運動始まる
2012年	西土佐の満州分村を語り継ぐ会結成 「幡多と戦争」展（四万十市） 香南市が「香南市戦争遺産」の取組開始
2013年	西土佐・満蒙開拓平和記念館と交流 「幡多と戦争」展（宿毛市） 満州聞き取りの会活動開始
2014年	「幡多と戦争」展（黒潮町）
2015年	新京会解散 西土佐・満州分村展示室拡充 中脇初枝『世界の果てのこどもたち』刊行 『ぼくの見た高知大空襲』刊行 県遺族会が県立歴民館へ遺品収集寄贈
2016年	葛根廟事件資料が西土佐へ寄贈 高知市が44連隊跡地の調査報告書刊行 高知戦争資料保存ネットワーク結成
2017年	第21回戦争遺跡保存全国シンポ（高知市） 宿毛市鵜来島の砲台跡の調査開始
2018年	満洲の歴史を語り継ぐ高知の会結成
	『高知の戦争資料を残す・伝える』刊行
2019年	第1回満洲の歴史を語り継ぐ集い 高知県の学校資料を考える会結成 『高知の歴史資料を残す・伝える』刊行
2020年	県・44連隊弾薬庫跡の購入決める
2021年	新高知県史編纂スタート 高知地域資料保存ネットワークへ改称 『高知県近現代資料集成Ⅰ』刊行 「一九四六　高知展」に2700人来場

会」が活動を開始している。

二〇〇〇年代には戦争資料に注目が集まった。県内の軍事郵便を活字化した「高知ミモザの会」の『戦地から土佐への手紙』刊行は、ちょうど軍事郵便の研究[15]が進んだ時期で、全国の動向と連動している。漫画家を目指した特攻隊員の資料や、忠霊塔の建設資料など、重要資料の発見も相次いだ。こうしたなか、「高知戦争資料保存ネットワーク」（資料ネット）が結成され、公的施設が受け入れできない資料の救済を始めている。

証言については多くの出版物や記録類が残されているが、全容把握は進んでおらず、今後島根県のようなアーカイブ化の作業を進め、研究成果も踏まえた県民の体験した戦争の全体像把握が必要になってくる。戦争資料については、高知大空襲で戦前の県の公文書が焼失し、博物館などの収蔵施設も数えるほどしかなく、民間所在資料や役場文書の把握が課題となっている。(16)戦争遺品の散逸やネット販売も全国と共通する課題である。

戦後八〇年が近づきつつあるなか、紙の劣化による破損や文字の消失、南海トラフ地震に伴う津波や浸水による資料散逸のリスクなど、保存の問題も顕在化している。草の家が収蔵する約二〇〇〇点の戦争資料は整理や保存が進んでおらず、水害のリスクがある川沿いの施設の立地も懸念材料となっている。近年は資料劣化や保存環境の改善が課題となり、資料ネットとの連携により整理・保存に力が入れられている。一方、戦争資料の収蔵先となる歴民館は、収蔵庫がほぼ満杯で、県遺族会の資料寄贈以降、積極的な資料受け入れが難しくなっている。(17)民権館や県立図書館、自治体なども同様の状況で、公的機関の対応体制からこぼれ落ちる歴史資料の散逸が現実化している。(18)

二　新たな継承活動の始まりと変遷—市民の目線から—

ここでは新しい枠組みの継承活動の詳細を紹介する。対象とする三団体は、体験者の語り部活動の継承や証言記録の継承、戦争資料保存といった県内の課題に対応するため、市民を中心に結成された。筆者は各団体に事務局として関わっており、そこで見聞きした組織の中心を担う市民の目線で活動を振り返り、これまでの継承活動との違いを明らかにしたい。(19)

写真１　旧満州への慰霊

１　子世代の継承活動―西土佐の満州分村を語り継ぐ会―

まず、廃校を利用した四万十《しまんと》市の民具資料館「権谷《ごんだに》せせらぎ交流館」内の満州移民資料の展示室整備に関わる「西土佐の満州分村を語り継ぐ会」(西土佐・語り継ぐ会)で会長を務める林大介(一九六二年[昭和三十七]生)を中心に、移民の子世代[20]の継承活動を整理したい。

西土佐地域(旧江川崎村・旧津大村)からは、戦前に三つの開拓団が農業移民として旧満州に入植した。なかでも県内初の国策「分村」を受け入れた旧江川崎村の開拓団は、最も県内で引揚者の死亡率が高かった。生き残った元開拓団員は戦後遺族会を結成し、慰霊祭や開拓団故地へ訪中慰霊を続けてきたが、子・孫世代を巻き込んだ組織にはなっておらず、林が活動に参加した二〇一〇年代には存続や慰霊の継続が難しくなっていた。

林の家族は江川崎の開拓団に参加し、帰国できたのは林の父のほか五人で、叔母にあたる四人が引き揚げ中に亡くなっている。定期的に行われてきた訪中慰霊には青年団や子世代が参加する機会もあったが、漁協職員の林は参加したことがなく、父の死後、二〇一二年(平成二十四)五月の七回目の訪中慰霊に初めて参加した。慰霊団には、八十代の元団員二人に加え、五十~六十代の子世代が八人加わった。慰霊団を組織したのは、自衛隊退職後に開拓団の記録誌執筆や展示室整備に関わり、遺族会副会長として慰霊や語り部の活動を担っていた武田邦徳(一九二九年[昭和四]生、故人)である。林の父は満州で武田と同じ集落に住んでおり、林は、慰霊中に父の体験を現地で武田を通して聞くことになる(写真1)。

林は、武田から聞いた戦争体験や満州移民の歴史を次世代に引き継ぐ役割を、子世代が担う時期に来ていると考え、帰国後自らの中国での慰霊の体験を伝える展示を企画した。戦前の開拓や戦後の訪中慰霊の様子を写した写真約二〇〇点を集め、地域中心部のホールで展示する「西土佐の満州分村を語り継ぐ写真展」を開催した。写真展は、満州移民を題材にした取組として注目を集め、約一か月間で五〇〇人以上が来場した。取組を通して、林は地域に残る戦争記録の収集・整理に関わり、戦後の慰霊や語り継ぐ活動を総括することができた。

活動には、移民の歴史に関心を持つ林と同世代の市民も加わっており、林は遺族会と異なる形での継承活動が必要と考え、子世代の十数人を中心とした語り継ぐ会を結成した。会には遺族会の武田も加わったが、企画や活動は林が会長として取り仕切った。二〇一三年には早速、写真展で使用した写真類を資料館に掲示して一部展示をリニューアルした。二〇一四年には、林が中心となって第八回の訪中慰霊団（一〇人）を組織し、開拓団故地などをめぐった。二〇一五年には、資料館の空き教室にパネルなどを自作して本格的なリニューアルを実施、訪中慰霊の写真に開拓団の分村計画書といった実資料など三〇〇点を展示した。

二〇一六年には、満州で起きた葛根廟事件(21)の県内遺族の縁で、戦後の調査記録や犠牲者名簿など福岡市在住の体験者の資料約六〇点を受け入れ、地域の道の駅でのパネルや資料の展示も行い、事件の遺族会の会長を招いてシンポジウムを開催した。二〇一七年には資料館所蔵の戦前の資料を撮影して目録を作成、黒潮町での企画展「世界の果てのこどもたち」への資料提供を行った。二〇一八年以降、会員の仕事が忙しく資料館を使った活動は行えていないが、今後展示室の保存環境改善や展示のリニューアルを計画している。

また、このような地域活動とは別に、四万十市出身の作家中脇初枝が、武田ら開拓団の体験を題材にした小説『世界の果てのこどもたち』（講談社、二〇一五年）を出版、翌年には本屋大賞三位となるなど、全国に西土佐の開拓団

写真2　崎山ひろみ

の体験が知られることになった。小説は二〇二一年には東京の劇団が舞台化するなど、新たな形での語り継ぐ活動へと発展している。また、二〇一九年には地域の木工作家が武田らのインタビューを行い映像で記録している。中脇は語り継ぐ会の活動を知ったことが小説執筆のきっかけになり、第八回の慰霊団にも参加している。

林は、武田が中心的に担ってきた小学校での平和学習の講師など、語り継ぐ活動や外部との橋渡し役を引き継いでいる。慰霊が中心だった活動は、資料保存や展示、他組織との交流など、新たな段階に入っている。現在、道の駅で駅長を務める林は地域のリーダーの一人となっており、今後の展開が期待される。

2　戦争体験者の模索―満洲の歴史を語り継ぐ高知の会―

次に、満州移民の体験の継承を行う「満洲の歴史を語り継ぐ高知の会」(満洲・語り継ぐ会)の副会長崎山ひろみ(一九三〇年[昭和五]生)の活動を整理する。満州生まれの崎山は定年退職後の一九九〇～二〇〇〇年代に満州会などの事務局を務め、三〇〇点にのぼる県関係の満州の歴史資料を収集し(歴民館に寄贈)、後世に歴史を伝える活動を続けてきた人物である(写真2)。その崎山が、林らの語り継ぐ活動に刺激を受け、八十七歳の時(二〇一八年)に結成したのが、満洲・語り継ぐ会である。

崎山は満州会など関連組織が次々解散するなか、体験者の証言を音声や映像で記録しておく必要性を感じ、二〇一三年から「満州聞き取りの会」(聞き取りの会)をスタートさせた。会は毎月一回高知市内で開催され、崎山が声を掛けた体験者から、ビデオと録音機を回して約二時間の聞き取りを行う。中心的な聞き役は、過去に満州会に参加していた県立高知城歴史博物館（城博館）の渡部淳館長で、満州に渡った経緯と生活、引き揚げの様子などを語ってもらう。なお、聞き取りの会では二〇二〇年（令和二）までに計六二人の県関係者から聞き取りを行ったが、二〇一八年以降は対象者を見つけるのに難渋し不定期開催となっている。また、記録は城博館にハードディスクで保存されているが、活字による資料化は実現できておらず、活用されていなかったが、後述のように活字化に向けた動きが出てきている。

このように、移民の歴史や証言が次世代に引き継がれていないことに危機感を持っていた崎山は、西土佐・語り継ぐ会の活動に部分的に参加するなかで、体験者のみでなく次世代を巻き込んだ継承活動や知識習得の場が必要と考えた。満州の関係者は県内に多く、西土佐という小さな地域にとどまらない県全体での語り継ぐ活動を目指して、聞き取りの会に関わる研究者や元教員らに声をかけ、崎山を含めた九人が実行委員となって語り継ぐ会が二〇一八年に結成された。会の目的は、年一回の「語り継ぐ集い」と、定期的な学習会の開催、活動の記録集の発刊と定めた。

二〇一九年に民権館で開かれた第一回の集いは、大学生や体験者の子・孫世代にターゲットを絞った活動であった。移民史研究の加藤聖文の基調講演や、四万十町の元開拓団員と崎山の体験談報告、TBSドラマ「遠い約束」の上映などが行われた[22]。参加者は計七〇人で、体験者やその家族、満州移民に関心を持つ市民が中心だった。一方で、高知大学の共通教育授業「平和と軍縮」と連携して、受講生が満州の歴史に関する知識を学び、集いに参加して理解を深めてもらうという取組も実施したが、受講生の参加は四人と少なかった。また、記録集の講演録や体験談のテープ起こしは、経済史を専攻する高知大生が担当した。

二〇二〇年に実施した第二回の集いは台風接近のため中止となり、報告予定だった内容を記録集[24]の形で活字化した。満州国の成立をテーマとし、歴史学者の川田稔・加藤聖文の報告のほか、厚労省事業の委託を受ける首都圏中国帰国者支援・交流センターと連携して中国残留邦人を祖母に持つ語り部の文章を収録した。内容の充実を図るため、聞き取りの会の証言記録（従軍看護婦の証言）のテープ起こしなども加えた。また会の活動で、聞き取りの会が記録した証言映像をデータ変換して全てDVD化し、証言者の基礎情報をまとめて目録化する作業も行い、活字化のめどが立った。

二〇二一年に実施した第三回の集いは、満州と高知の部隊をテーマに城博館で開催し、県内の在野研究者二人が、四四連隊と七三一部隊の満州での活動について報告し、五〇人が参加した。記録集には聞き取りの会が記録した開拓団員や看護助手ら三人の証言のテープ起こしも収録された(25)。

テープ起こしは東洋史・経済史を専攻する高知大生三人が担当したが、うち祖父から戦争体験を聞いていた二人の女子学生が満州移民の歴史に強い関心を持った。二人は二〇二二年に崎山が企画した日本人の満州からの引き揚げを描いた中国人画家の絵画展「一九四六」（高知市）で、広報を担当する学生実行委員会をつくった。テープ起こし終了後に、専門書や体験記を読み重ね、そこで得た満州移民に関する知識を若者向けのインスタグラムやフェイスブックでの広報ページに掲載する活動を行った。掲載した記事は半年で五九件にのぼり、若い世代の戦争を語り継ぐ活動として反響を呼んだ。

二〇二二年には第四回の集いが、満蒙開拓青少年義勇軍（義勇軍）をテーマに開催された。二〇二三年五月には記録集発刊が予定されており、聞き取りの会が記録した義勇軍出身者の証言を、崎山の次女がテープ起こしして掲載する予定である。

五年間の活動を通して語り継ぐ会の会員は六八人まで増え、体験者の子世代も参加するなど広がりを見せている。証言記録の活用に向けた整理作業は今後も大学生や子世代を中心に継続される予定で、ホームページでも公開されている記録集は、高知県の満州移民について学ぶ重要なテキストとなっている。また、会員らが中心になった絵画展は関連の取組で、八日間で約二七〇〇人が来場するなど反響があり、新たな聞き取り対象者や満州関係資料の掘り起こしにもつながっている。

これらは、さまざまな戦争記録の継承活動を主導してきた崎山の体験者としての継承への執念と模索がもたらした新しい展開で、今後、子世代や孫世代の大学生を中心とした活動への発展や、証言記録の継承・活用が期待される。

3　所蔵者との資料保存活動―高知地域資料保存ネットワーク―

二〇一六年、戦争体験の記録などに関わってきた元教員や郷土史家らの呼び掛けで高知大学の小幡尚教授（日本近代史）を会長に「高知戦争資料保存ネットワーク」が結成された。この会は、散逸の危機にある戦争資料救済に民間で取り組み、公的機関に資料保存を呼び掛けることを目的にしてスタートしたが、近年は対象資料が近現代資料や前近代の古文書に拡大し、二〇二一年に「高知地域資料保存ネットワーク」（資料ネット）に改称された。

資料ネットは、地域住民が中心となったボランティア団体で、寄贈寄託などの資料の受け入れはせず、全て所蔵者に返却している。所蔵者に記録保存の作業に参加してもらい、資料は公開を前提とした記録を了解してもらっている点が特徴的である。活動は月一回の定例会で、約二〇人のメンバーが所蔵者と資料の記録保存を図2のような活動モデルで行っている。定例会では、資料について大学教員らが解説しながら記録保存を行い、作業を通して家庭にある資料の歴史的価値を所蔵者に認識してもらい、家庭で大切に歴史資料として保存し、次世代に伝えていくことを期待している。また、保存用具で資料劣化を予防し、資料目録やデータで閲覧時の資料の劣化を防ぎ、調査レポートや資料目録によって所蔵者が次代に資料の価値を伝えることができる体制も整えている。このような所蔵者への啓発によって「資料継承のサイクル」をつくることを目的に、地域資料の現地保存を支援している。

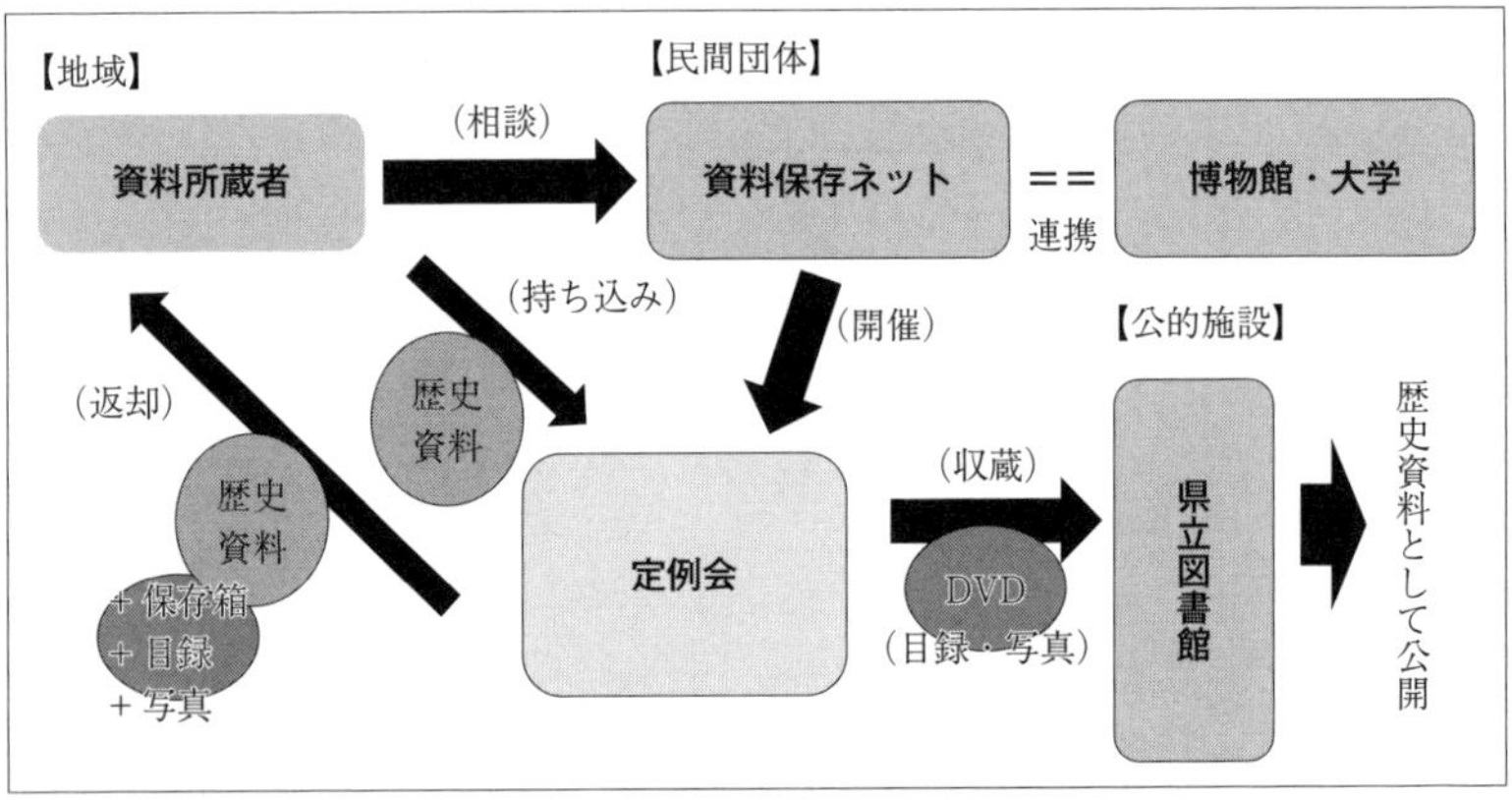

図２　資料ネットの活動モデル

近年では定例会に資料を持ち込んだ所蔵者が資料の継承活動に関わる事例が増えてきている。ここでは、現在資料ネットのメンバーとして活動する織田千代子（一九四七年［昭和二十二］生）と横山好史（一九五三年［昭和二十八］生）の継承活動を紹介する。

織田は二〇一六年、実家で父が参加していた義勇軍の生存者らが戦時中の写真を集め作成したアルバム類（前田定資料）を発見し、定例会に持ち込み記録を行った[26]。小幡教授から資料の解説を聞いた織田は、生前戦争体験を語らなかった父が残した資料の重要性を認識し、資料ネットに参加しながら義勇軍の資料調査を始めた。国立公文書館や県の資料を調査し、二〇二一年に父の資料や証言記録などを手掛かりに記した『鍬の戦士―前田定の闘い』を自費出版した。同書は日本自費出版文化賞の部門賞（個人誌）を受賞している。子世代の織田が父の戦前の歩みを所蔵資料から明らかにし、後世に歴史を語り継ぎたいと書籍まで出版した点は重要で、資料ネットの支援が影響を与えたと言えるだろう。

横山は二〇二〇年に出身地の津野町で、隣人から戦時期の常会記録（口目ケ市資料）を見せられ、重要な資料と感じて翻刻作業を続けていた。資料の位置付けを知るため、資料ネットに記録を持ち込み、小幡教授から資料の特徴や希少性を聞き、記録保存を行った。これをきっかけに記録に登場する人物の調査や解説資料の作成に着手し、町文化祭に資料を展示して地域の人に知ってもらう活動も始めた。また、その後地域資料に関心を持ち、別の民家で地元の新聞社や図書館などにも所蔵されていなかった一九三七～三九年の新聞など約二〇〇点（長山家資料）を発見し、資料ネットで記録保存を行った。この資料も町郷土資料館の学芸員と連携して内容を分析し、町文化祭で展示している。

このように高知では、家族や地域を切り口に、資料ネットの活動を通して所蔵者による戦争資料の継承活動が進んでいる。また市民が所蔵資料をもとに戦争の時代や地域と戦争の歴史に関心を持ち、地域の戦争記録活動の担い手となっている。資料ネットの活動モデルが単なる記録保存だけでなく、資料保存の担い手の育成や、地域史研究、戦争記録の継承にも寄与する可能性を示している。

三　地域での継承実現のプロセス―地域協働の検証―

1　地域協働の検証方法

先に見てきた戦争の記録活動では、市民と研究者が協働して調査研究（「記録」）に取り組むことで、市民が証言や資料の価値を認識し（「掘り起こし」）、記録の継承（「普及」）へと活動が進んだ。筆者は、文化資源ともなる歴史資料の継承には、研究者や愛好家のみでなく、継承に関わる市民の参加によって「記録」活動を進めることが重要と考えている。「記録」を通した知識の共有が価値意識の「掘り起こし」につながり、地域での継承を後押しする力になる。(27)

市民参加による調査活動は、自然史など理系分野では広範に行われ、市民科学として方法論が整理されている。(28)市民科学では、先に提示した「記録」「掘り起こし」「普及」と類似した「研究」「教育」「社会変革」という三つの段階

表2　市民科学の類型

段階	依頼型	貢献型	協働型	共創型	独立型
1,テーマの設定	×	×	×	○	○
2,情報収集	×	×	×	○	○
3,研究計画の立案	×	×	△	○	○
4,資料の記録	×	○	○	○	○
5,資料の整理	×	×	○	○	○
6,資料の分析	×	×	△	○	○
7,結果の公表	×	×	○	○	○

(小堀洋美『市民科学のすすめ』2022年、より)

的目標が掲げられ、調査研究の各段階における市民参加の状況から、「依頼型」「貢献型」「協働型」「共創型」「独立型」という五つの類型が提示されている(表2)。学問と市民をつなぎ、地域協働(市民と研究者の協働)を実現する有用な方法論ではあるが、理系分野のデータ収集と、歴史分野の調査研究では、対象とする資料や調査の担い手によって市民参加の在り方が異なってくることが予想される。高知での実践例を記録継承のモデルケースとしていくためにも、今回紹介した三団体が活動をスタートさせた時期に、市民と研究者でどのような役割分担があったのかを明らかにしておきたい。

ここでは、市民科学で整理された七段階(「テーマ設定」「情報収集」「調査計画の立案」「資料の記録」「資料の整理」「資料の分析」「結果公表」)に分けて記録活動の詳細を検討する。記録活動を担う団体には、専門的知識のない「市民」と、科学論文等の研究業績があり専門的知識を持つ「研究者」のほかに、科学論文等の研究業績はないが専門的知識を持ちながら地域に住む「市民研究者」が存在する。三つの担い手の各段階への関与度を「×」(全く関与しない)、「△」(部分的に関与する)、「○」(主体的に関与する)の三つに分類して質的に評価していく。㉙

2　三団体の地域協働の検証

まず検証する三団体の活動時期、記録対象、担い手を確認する。

西土佐・語り継ぐ会の活動時期は写真展を開催した二〇一一年（平成二十三）、記録対象は地域に残る戦時中の開拓地や戦後の訪中慰霊の古写真、戦中戦後の満州開拓団関係資料、担い手は市民（満州開拓の知識がほぼなかった林大介ら子世代の一般会員）、市民研究者（体験者で記録誌作成に関わった武田邦徳）、研究者（学芸員資格を持つ筆者）に分類した。

満洲・語り継ぐ会の活動時期は証言記録の整理を始めた二〇二〇〜二二年、記録対象は満州帰国者の証言（映像・音声）、担い手は市民（満州に関する知識が薄い大学生や子世代）、市民研究者（体験者で満州会事務局を担った崎山ひろみ）、研究者（日本史が専門の渡部館長と筆者、東洋史・経済史の高知大学教員）に分類した。

資料ネットの活動時期は資料所蔵者の参加が本格化した二〇二〇〜二二年、記録対象は写真・文書・モノ等の戦争資料、担い手は市民（所蔵者）、市民研究者（戦争資料整理に関わってきた資料ネット会員）、研究者（日本史が専門の高知大学教員・筆者）に分類した。

続いて、各団体における地域協働の検証表（表3〜5）から市民と研究者の役割分担を分析していく。

西土佐・語り継ぐ会の活動（表3）は、三つの担い手が展示（結果の公表）に向けたほぼ全ての準備作業に関わっている点が特徴的である[30]。担い手は西土佐地域に居住し、活動開始前に訪中慰霊で旅路を共にして結束が堅く、移民の歴史を地域で残したいという目標が共有される地縁型の組織だった点が大きい。また専門知識を持つ市民研究者と研究者が全体に重要な役割を果たしているが、これは活動開始の前年に筆者が武田への聞き取りを重ねており、互いの知識や役割が認識されていた点が大きい。研究者は調査や展示方法の検討、解説パネルの作成で専門知識を活かし、市民研究者は自身の体験や知識・人脈を活かして、資料の収集や展示資料のキャプション作成に役割を果たした。市民の思いと行動、市民研究者と研究者の専門知識が各段階で融合して地域協働が実現している。記録活動を通して企画展の開催など継承活動が拡大したことは前段に述べた通りである。

表3　西土佐・語り継ぐ会の記録活動の分析

段階	実施内容 【記録対象】古写真・文書類	関与度		
		市民	市民 研究者	研究者
1, テーマの設定	展示内容の設定	○	○	○
2, 情報収集	文献収集、教育委員会との調整	○	○	○
3, 研究計画の立案	調査・展示方法の検討	△	△	○
4, 資料の記録	聞取調査、古写真・資料の収集	△	○	○
5, 資料の整理	展示写真・資料の抽出、額装	○	○	△
6, 資料の分析	写真の年代や状況確認、キャプション・パネルの作成	△	○	○
7, 結果の公表	写真展での展示	○	○	○

表4　満洲・語り継ぐ会の記録活動の分析

段階	実施内容 【記録対象】証言（映像・音声）	関与度		
		市民	市民 研究者	研究者
1, テーマの設定	聞き取りテーマの設定	×	○	○
2, 情報収集	証言者の選定	×	○	△
3, 研究計画の立案	質問項目、記録方法の計画	×	△	○
4, 資料の記録	聞き取り調査、資料の収集	×	○	○
5, 資料の整理	テープ起こし、DVD 作成	○	○	△
6, 資料の分析	事実関係の確認、校閲	△	○	△
7, 結果の公表	記録集・ホームページでの公開	△	○	○

表5　資料ネットの記録活動の分析

段階	実施内容 【記録対象】写真・文書・モノ等	関与度		
		市民	市民 研究者	研究者
1, テーマの設定	調査内容の協議	○	△	○
2, 情報収集	関連文献収集	△	△	○
3, 研究計画の立案	撮影・保存方法の検討	×	△	○
4, 資料の記録	聞取調査・資料撮影・保存処理	○	○	○
5, 資料の整理	レポート・目録の作成	△	△	○
6, 資料の分析	資料翻刻、資料分析	△	△	○
7, 結果の公表	書籍、記録集、翻刻集	△	△	○

次に、満洲・語り継ぐ会の記録活動（表4）は、記録までを市民研究者と研究者が行い、資料の整理・分析・公表に市民が関わる点が特徴的である。子・孫世代の市民は活動前から移民の歴史に関心があり、テープ起こしの作業を通して、記録の重要性に気付く「掘り起こし」が起きている。満州の絵画展ではこのメンバーが展示の運営や広報活動を担っており、記録活動への参加が次の継承活動のきっかけになっている。市民研究者が主体となる活動で今後の体制維持に課題はあるが、市民が活動を通して知識を深めて市民研究者となっていくことで、次の記録や継承の担い手になっていくことが期待される。また、研究者や市民研究者による証言の事実関係の確認や市民のテープ起こしの校閲等が、記録活動の重要な段階になっている。専門知識が薄い市民は、地名や語彙の誤記があり、証言者の事実関係の誤認を見抜けていない場合もあった。正確な証言記録を作り、事実に即した注記を付ける作業は、今後の記録活用という点で研究者の関わりが求められる段階である。記録活動への部分的な関わりでも市民と研究者の役割分担で地域協働が実現できている。証言による戦争の記憶の継承が難しくなるなか、記録を活用しながら継承を模索していく取組として注目される。

最後に、資料ネットの記録活動（表5）は、記録対象の専門性の高さから研究者に主導的役割はあるものの、市民と市民研究者の積極的な活動参加が見られる点に特徴がある。記録の段階で研究者から資料の説明を受けた市民が、資料の重要性に気付き（「掘り起こし」）、資料の保存や次世代へ資料の価値を伝える事例が増えており、記録活動への市民の参加や研究者と市民が共に資料の記録を行うことの重要性が浮かび上がってくる。織田や横山らのように資料の整理・分析・公表まで自ら進めた事例もあり、市民が市民研究者となって戦争資料保存の担い手となっていく好例である。資料の整理・分析・公表は、専門性が求められる段階のため、市民の熱意に加えてスキルに左右される部分も大きいが、(31)戦争資料は前近代の古文書に比べて文字の判読も容易で記録活動に取り組みやすい。満洲・語り継ぐ会のように資料整理以降の段階への市民の関与を増やしていくことで、継承に役割を果たせる市民研究者を育成していきたい。

以上三つの事例は、市民科学の類型では一括して「市民」と定義される市民・市民研究者の関与度で見ると、「共創型」(表2)に分類される。市民参加の在り方には三団体で相違点も見られたが、記録活動への市民の参加が、その後の記録継承に大きな影響を与えることが確認できたのではないか。特に記録対象について専門的知識を持つ市民研究者が活動のなかで大きな役割を果たしており、その参画や育成が重要である点が浮かび上がってきた。また、地域協働の実現には研究者の関わり方も重要となってくる。

資料の記録や整理のみを市民がボランティア的に担い、他は研究者が担い結果のみを市民に示す「貢献型」(表2)の記録活動では、市民が継承の主体となる活動への発展は難しい。地域での記録活動には、地縁がない研究者だけでは実現できない段階や、市民や市民研究者の知識・経験や人脈が役割を果たす段階もある。その上で、記録活動に着手するテーマの設定の段階から市民や市民研究者に参加してもらい、役割分担を明確化しておく必要がある。記録対象や担い手の違いによって各段階の役割分担は異なると思うが、証言や資料といった戦争記録は市民の関心が高く、取り組みやすい素材であることも、市民の継承活動を後押ししているのではないだろうか。

おわりに

本稿では、二〇一〇年代以降、新しい枠組みで戦争記録に取り組む民間団体の実践事例を分析してきた。各団体で次世代の参画によって記録継承が実現され、その枠組みは従来の博物館や行政・メディアとは異なる市民を中心とした地域の記録活動として進められていた。戦争記録に直接関わる子世代や所蔵者が、地域で残したい記憶や継承したい資料を決めて活動していた点も注目される。また、専門知識を持つ研究者の関与も重要な役割を果たしていた。対象が生の証言から資料へと変わりつつあるなか、活字化された証言と資料の事実関係の照合作業や史料批判、資料整理や保存・展示のノウハウといった歴史学の方法論が、戦争記録の継承活動にも求められるようになっている。

すなわち、市民と研究者が地域で協働して記録活動を行うなかで、歴史学の知識や方法論を社会に実装していく必要がある。そのためにはさまざまな実践事例を分析して、資料や担い手の性格によってより効果的な社会実装の方法を探り、歴史学の社会貢献の在り方を検証していかなればならない。一方で、三団体で中心的な研究者としての役割を筆者が果たしているように、社会実装に関わる歴史研究者が限られている点も、記録継承を支援する上での課題である。

また、本稿では触れることができなかったが、多くの市民がパソコンやインターネット、ＳＮＳなどを扱う現代において、戦争記録の継承を進めるための記録の「可視化」を模索する必要がある。活字だけでなく、データやインターネットも活用して記録に触れられる環境をつくり、共有することで、継承の輪を広げていくことも考えなければならない。今回の活動の主な担い手はデジタル環境にそれほど強くない子世代だが、次の孫世代への継承を考えた場合、今後は記録のデータ化や地図化・映像化など「可視化」を意識した活動が求められてくるであろう。

本稿脱稿直前に、小学校教員として平和教育に関わり退職後もさまざまな戦争記録の継承活動を行ってきた満洲・語り継ぐ会実行委員（橋田早苗）が亡くなった。三団体の活動に関わってくれた戦後生まれのシニア層はここ一〇年で五人が故人となっている。各団体の活動も子世代から孫世代への継承を意識していく必要があると強く感じている。

註

（1）成田龍一「まえがき」（成田龍一他編『日常生活の中の総力戦』岩波書店、二〇〇六年）。

（2）日清戦争以後の戦争に関わる県関係の紙資料やモノ資料・映像資料・出版物・公文書等を戦争資料と位置付ける。戦争遺跡は遺構であるため、資料の範疇から外し、堺事件や戊辰戦争などは近代の戦争資料とは性格が異なるため対象外としている。

（3）成田龍一『「戦争経験」の戦後史』（岩波書店、二〇一〇年）。

（4）戦争の集団的記憶を引き継ぐ視点では、戦争未体験者が体験者から聞いた内容を第三者に伝える意味で「伝承」という言葉も使われるが（村上登司文「戦争体験を第四世代（次世代）に語り継ぐ平和教育の考察」『広島平和学』四〇、二〇一八年）、本稿では証言だけでなく資料の引き継ぎについても対象とするため、より広範な意味を持つ「継承」を使う。

（5）水島久光『戦争をいかに語り継ぐか』（NHKブックス、二〇二〇年）、蘭信三・小倉康嗣・今野日出晴編『なぜ戦争体験を継承するのか』（シナノ・パブリッシングプレス、二〇二一年）。

（6）事業は昭和館など三施設に委託され、知識を習得し、証言映像を見て体験者から話を聞くことで、講話ができる人材を育てようと取組が進められている。

（7）楠瀬慶太「地域で戦争を語り継ぐ」（『よど』一七、二〇一六年）。労働運動など市民運動に関する地域資料の現状調査でも、民間団体による資料保存が課題となり、大学や図書館・博物館などとの連携によって地域で継承していく必要性が提起されている（平川千宏『市民活動　資料の保存と公開―草の根の資料を活用するために―』日外アソシエーツ、二〇二〇年）。

（8）板垣貴志「歴史資料保存運動の観点からみた戦争記録の現在地」（『昭和のくらし研究』一九、二〇二一年）。

（9）佐藤宏之「地域の戦争の〈記憶〉をめぐる歴史実践」（『鹿児島大学教育学部研究紀要　人文・社会科学編』七三、二〇二二年）。

（10）「戦争資料の山」（福島幸宏「戦争資料の〈山〉をどう把握するか」『ＬＲＧ』三六、二〇二一年）と位置付けられた出版物や、施設・遺構、公文書、遺族会の資料、学校資料等の他にも、地域には民間所在の多様な資料が現存しており、中央だけでなく地方での資料の把握や収集、アーカイブズの構築にも目を向ける必要がある。

（11）前掲註（5）、蘭・小倉・今野編『なぜ戦争体験を継承するのか』。

（12）小堀洋美『市民科学のすすめ』（文一総合出版、二〇二二年）。

（13）筆者の十四年間にわたる高知新聞記者としての戦争取材の経験に基づき、主要団体の動きを整理した。

（14）草の家は近年、他団体とも連携して太平洋ビキニ環礁の水爆実験で被曝した元船員らの証言収集に力を入れている。

（15）新井勝紘『ケータイ世代が「軍事郵便」を読む』（専修大学出版局、二〇〇九年）。

（16）小幡尚「高知の戦争資料」（『資料学の方法を探る』一八、二〇一九年）。

（17）資料ネットの仲介で、日露戦争に従軍した四四連隊兵士の資料（高橋正樹資料）や、日清・日露戦争に従軍した軍医の資料（吉本其葉資料）など、重要資料の収蔵は実現している。

（18）楠瀬慶太「高知地域資料保存ネットワーク」（天野真志・後藤真編『地域歴史文化継承ガイドブック』文学通信、二〇二二年）。

（19）楠瀬慶太「高知県における住民主体の資料保存活動」（『全史料協会報』一一一、二〇二二年）。

（20）語り継ぐ視点での戦争体験に基づく世代分類（村上登司文「戦争体験を第四世代（次世代）に語り継ぐ平和教育の考察」『広島平和学』四〇、二〇一八年）では、第一世代・一九一六～一九四五年生、第二世代・一九四六～一九七五年生、第三世代・一九七六〜二〇〇五年生、第四世代・二〇〇六〜二〇三五年生となり、これに当てはめると、子世代は第二世代に分類される。

(21) 終戦前日の一九四五年八月十四日、チベット仏教の寺院「葛根廟」近くで興安総省興安街から脱出した日本人住民約一三〇〇人が旧ソ連軍の戦車隊に襲撃され、自決者も含めて約九割が犠牲になった事件である。

(22) 満州会などが会合後に発行した会報に投稿され記録された証言は重要だが、断片的な思い出話が多く、体験者の証言記録としては不完全なものであった。なお、新京会は記録誌『遥かなる満州　郷愁、そして悲惨な引き揚げへ』(二〇〇七年)を出版している。

(23) 満洲の歴史を語り継ぐ高知の会・高知大学人文社会科学プロジェクト「地域における平和学研究」編『第一回満洲の歴史を語り継ぐ集い記録集』(高知大学岩佐和幸研究室、二〇二〇年)。

(24) 満洲の歴史を語り継ぐ高知の会編『第二回満洲の歴史を語り継ぐ集い記録集』(満洲の歴史を語り継ぐ高知の会、二〇二一年)。

(25) 満洲の歴史を語り継ぐ高知の会編『第三回満洲の歴史を語り継ぐ集い記録集』(満洲の歴史を語り継ぐ高知の会、二〇二一年)。

(26) 前田定資料の資料目録や解説は、高知戦争資料保存ネットワーク編『高知県近現代資料集成Ⅰ』(高知大学小幡尚研究室、二〇二二年)に収録されている。

(27) 楠瀬慶太「地域再生の歴史学」(地方史研究協議会編『地方史活動の再構築』雄山閣、二〇一三年)。

(28) 前掲註(12)、小堀『市民科学のすすめ』。

(29) 検討する三団体では、筆者が詳細な活動実態を把握する事務局長(語り継ぐ会二団体)、事務局員(資料ネット)を務めており、担い手の活動への関わり方によって関与度を判定した。

(30) 前掲註(7)楠瀬「地域で戦争を語り継ぐ」。

(31) 織田は社会人大学院で学んだ経験があり学術的な分析能力があり、横山は元県庁職員で文書などの作成能力に長けていたことが背景にあったと推測される。

地域に残された戦後社会事業史関係資料の価値
―「混血孤児」を保護した横浜「聖母愛児園」所蔵資料より―

西村　健

はじめに

敗戦後、日本の占領と軍政を担う米国陸軍第八軍の司令部が置かれ、数万の占領軍兵士が駐留した横浜市の中心部には、空襲被害によって家や仕事を失った戦災者や、着の身着のままで帰国することを余儀なくされた引揚者に加え、戦争で家族を失った戦争孤児および、戦後混乱期の諸事情によって家出をして放浪する「浮浪児」など、多くの戦争被害者が存在していた。また、占領軍兵士と日本人女性との間に生まれ、「混血児」[1]と呼ばれた子どもたちが街に捨てられ、死亡する事態が生じていた。このような「非常時」に際し、彼らの保護は戦後社会事業における重要な課題であり、その解決のため、公的機関のみならず民間の社会事業団体が大きな役割を担った。

筆者は二〇一五年(平成二十七)より、横浜市内の戦争被害者救済に携わった社会事業団体に関する資料の調査を継続して行っている。本調査では、最初に自治体史や施設の記念誌に記載されている施設の情報と、横浜市内の社会福祉事業団体のウェブサイトに掲載されている情報を参考にして、現在も活動を継続している団体を抽出した。この後、各施設の担当者にコンタクトを取り、所蔵資料の調査を行った。その結果、戦後混乱期の活動を記録した資料を保存している施設が複数存在することを把握し、調査成果を筆者が在籍する（公財）横浜市ふるさと歴史財団所属の横浜都市発展記念館において開催した企画展で展示したほか、同館の紀要等出版物で継続的に資料の詳細を公開している。[2][3]

本稿の目的は、現在までの筆者の調査成果のうち、「混血孤児」の保護を担った聖母愛児園が所蔵する資料群の特性と資料から得られる情報の価値について明示し、戦後の「非常時」を記録した社会事業史関係資料の重要性を指摘することにある。筆者は、すでに複数の論文で同園の歴史を取り上げているが、同園資料群については、ごく一部しか触れていない。そこで本稿では、資料群全体の概要と活用の在り方に加え、資料群が持つ歴史資料としての価値について論じてゆきたい。なお、本稿では調査協力者以外の氏名について、敬称を略す。[4]

一　聖母愛児園資料群の概要と活用状況

筆者のこれまでの調査のうち、最も大きな成果の一つが、戦後混乱期において国内最大数の「混血孤児」を保護した歴史を持つ、聖母愛児園が所蔵する資料群との出会いであった。聖母愛児園設立の経緯は以下の通りである。[5]

一九四六年（昭和二十一）に、社団法人大和奉仕会（現・社会福祉法人聖母会）の運営する、外国人の専門病院である横浜一般病院（横浜市中区山手町八二番地）の玄関先に子どもが置き捨てられ、病院内で保護したことが契機となり、駅や道路に捨てられた「混血孤児」の保護を警察が依頼するようになる。このような棄児の数は多く、病院内での保護に限界が生じたため、同年九月に神奈川県の支援を得て、横浜一般病院の近接地である中区山手町六八番地に聖母愛児園が設立される。

同園は当初、乳児院として開園したが、成長した児童を保護するために一九五〇年に養護施設（一九九七年に児童福祉法の改正により児童養護施設となる）としての認可を受ける。この後、同園では一九六〇年までに、数百組の養子縁組を斡旋し、多くの児童が主として米国へと渡った。また、同園はカトリックの修道女によって運営された施設であったため、教義上、成長した男児と同居することが出来ず、一九五四年に、神奈川県大和町（現・大和市）南林間に男児専門の分園、ファチマの聖母少年の町（以下、少年の町）を設立し、一九七一年に閉園するまで保護を行う。

占領によって「混血孤児」の保護に関する諸問題が生ずることは、早い段階から危惧されていたにもかかわらず、GHQの方針により占領期間中は調査を行うことも許されず、公的な保護も否定されていた。[6]サンフランシスコ平和条約調印後の一九五二年に、はじめて厚生省によって実数把握調査が行われたが、[7]ここでは一〇人以上の「混血孤児」を保護している施設として、神奈川県の聖母愛児園（一三九人）、エリザベス・サンダース・ホーム（一〇二人）、北海道札幌市の天使之園（二四人）、宮城県仙台市の仙台天使園（一五人）、大分県別府市の小百合愛児園（一一人）の五施設が報告されている。

神奈川県大磯町のエリザベス・サンダース・ホームについては、創立者の澤田美喜[8]による著作をはじめ、メディアでも多く報道されていることに加え、上田誠二[9]による研究も進んでおり、全国的にもその活動が認知されている。しかし、聖母愛児園の戦後混乱期の活動については、『横浜市史Ⅱ』[10]や東野伝吉[11]の著作で紹介されているほか、小山景子[12]の研究でも触れられているものの、施設の果たした役割に比して周知されることが少なく、長らく歴史の影に埋もれた存在であった。

現在、聖母愛児園では、公式ウェブサイトにおいて園の沿革を紹介する詳細なページを設けており、複数の資料を掲載して積極的な歴史の発信を行っている。そこで筆者は、二〇一五年（平成二十七）六月に同園に対し調査を依頼したところ、施設に保存されている資料群を閲覧する機会を得、その価値の高さに驚かされ、以後定期的な調査を実施している。筆者の取り組みのほか、横浜を代表する作家の一人である山崎洋子(13)が同園を著作で取り上げたことを契機として、メディアでも同園と少年の町の歴史が取り上げられる機会が増えつつある(14)。

筆者は同園卒園生に対する調査も継続して行っているが、卒園生各位は同園の歴史の継承に積極的であり、聞き取り調査への協力や、数千点に及ぶ写真資料の寄贈など、さまざまな協力を受けている。本問題が個人情報の保護に最大限に留意しなければならないテーマであることを認識しているが、関係者との連絡を密に取りつつ、可能な限り情報を開示していきたいと考える。

聖母愛児園資料群の特徴は、単なる保存文書として施設に眠っているのではなく、現用文書として活用されていることにある。本節では、本資料群の概要と共に、資料がどのように活用されているのかについて、同園の施設長である工藤則光氏(二〇二三年四月より児童家庭支援センターみなとセンター長)への聞き取り調査記録をもとに紹介したい。

聖母愛児園は、二〇〇五年に創立団体の社会福祉法人聖母会から社会福祉法人キリスト教児童福祉会へ運営が移管されるが、現在も創立時と同じ場所で、児童養護施設としての活動を継続している。同園資料群の保存・活用に関し、大きな転機となったのが法人移管後の二〇〇七年より行われた同園施設の大規模な改装工事であった。工事に際し、当時同園の事務長であった工藤氏は、解体予定の倉庫に保管されていた、同園創立当時の資料群を発見する。工藤氏は本資料群が歴史的に貴重であり、保存すべき価値があると判断したため、廃棄を免れることとなった。

この後、海外に養子に出た同園の卒園生より、自らの出自を問い合わせる連絡があり、工藤氏はこのような質問の回答に対し、本資料群が極めて有用な情報を含んでいることを認識する。このような問い合わせは同園に定期的に届くため、本資料群は同園の資料庫から、閲覧のしやすい同園玄関ホールの鍵付き書棚に移され、問い合わせのたびに活用されることとなった(写真1参照)。同園に寄せられる問い合わせの概要について、工藤氏の証言を以下に記す。

写真１　聖母愛児園所蔵文書資料群

聖母愛児園では、戦後児童というか、戦争が終わった後の子どもたち、特にハーフの子ども達が、アメリカへ養子縁組にたくさん行きました。そういう子ども達は、自分のルーツを知りたいということで、色々とその記憶しているところを思い起こして。その中で聖母愛児園を何かの資料で見つけたりとか、記憶の中にあったりして。そこで問い合わせをします。

ほとんどの場合には、聖母愛児園のホームページの問い合わせフォームを使って質問が来ます。もう一つは、聖母愛児園のFacebookを通しても問い合わせがありました。十数年前は電話の問い合わせもありましたが、どうしても英語なので、電話を受ける者が英語堪能でないとやり取りができないので、当時はメールアドレスを伝えてメールをして下さいと伝えていました。英語の出来る職員が近くにいたら聞き取りをしてもらうこともありましたが、大体はメールでやり取りをしております。おかげさまで、メールでやり取りしていることによって、記録として残されました。

問い合わせをする人は、数年前はご本人が多くて、その数年後に、例えばお孫さんが問い合わせをするとか、そういうパターンもあったと記憶しております。そのほかに全く親族でもない、第三者が問い合わせをしてくることもあります。第三者はお友達ということになるのでしょうか。その人が日本人であり、英語が堪能であるという場合には、日本の話だから私が問い合わせてあげようかというような。そのようなパターンも何ケースかありました。〔中略〕このような場合は、実際に問い合わせしているのは全くの第三者なので、その第三者が真実の関係者かというのは、メールだけでは分からないのですけれど、本人しか知り得ない情報で、それを実際にうちで調査して、資料の情報と符合することを確認した上で情報を伝えております。

工藤氏の証言からは、自らのルーツについて少しでも情報を得たいと欲する卒園生がさまざまな方法で同園に問い合わせを行っていることに加え、これに対して個人情報の保護に留意しつつ、真摯に回答する工藤氏の姿勢がうかがえる。証言にもある通り、工藤氏は現在までに同園に寄せられた卒園生からの問い合わせメールを保存しているが、この情報も後々貴重な歴史資料になるだろう。問い合わせのなかには、母親についての情報を求めるものに加え、米国の市民権がなく困窮した卒園生から自らの出自を証明する文書の所在を問う、切実な内容のものもあることを工藤氏から伺った。

工藤氏は問い合わせ者の情報捜索のために、同園資料群を最大限に活用している。

後掲表2は同園資料群の概要を把握するために筆者が作成した一覧である。本資料群は大別すると、入所児童や職員の情報が記載された台帳類と、養子縁組に関する簿冊類に分けることができる。同園に問い合わせが来た際、工藤氏が最初に確認するのが「児童動静簿⑮」（表1№1・2）である。本資料は開園時からの入所児童の入所番号、姓名、霊名、生年月日、性別、入所年月日、受洗年月日、父の国籍、入所理由、退所年月日、退所理由が記されている基礎的台帳であり、問い合わせ者が伝える姓名や生年月日が本資料の情報と合致するかどうかを確認するために用いられる。

本人確認が取れた後、重要になるのが「児童動静簿」に記載された入所番号であり、工藤氏は本番号をもとに「児童台帳」（表1№3～9）に記載されている情報を確認する。本資料には、「児童動静簿」記載情報のほか、父・母の姓名・国籍・生年月日、母親の本籍地、収容時の親の現住所、当園に引き渡せし者、養子縁組台帳番号、行先、備考の項目があり、より詳細な両親の情報に加え、備考欄には出生時の状況等の情報が記載されている。

また、本資料に養子縁組台帳番号が記載されている場合は、「養子縁組台帳」（表1№12・13）の確認を行う。本資料には、児童の情報に加え、養父母の本籍地・現住所・氏名・生年月日が記載されており、養子先の情報が把握できる。この情報をもとに、年度ごとに綴られた養子縁組に関する簿冊内文書を調査する。

本簿冊内には、園児との養子縁組を希望する養父母の経歴・資産状況等が記載された文書や、養父母の身元を保証する保証人の文書、神奈川県知事による養子縁組の許可書等が綴じられている。簿冊内文書のうち、工藤氏が最も重視しているのが、問い合わせ者の実母が同園へ児童を引き渡したことを証明する文書である。児童が棄児である場合もあるため、すべての児童の書類が存在するわけではないが、本資料には、実母の署名と共に拇印が捺されている場合もあり、問い合わせ者にとっては、実母が確実に触れた唯一の痕跡となり得る資料であると工藤氏は考えている。

また、「写真台帳」（表1№14～17）も重要な資料であり、入所番号と共に入所児童の写真が貼付されている。本資料には写真のない児童も多いが、写真が存在する場合には、出生当時の写真を持たない問い合わせ者にとって、大きな意味を持つ資料になると工藤氏は語る。

このほか、工藤氏が重視しているのが、次節で詳述する「戸籍謄本綴」（表1№32）と神奈川県中央児童相談所が作成した調書綴（表1№33～35）である。前者には児童の戸籍のほか、児童福祉法施行以前に入所した児童の公的記録が含まれている。後者は、入所児童の出生の背景に関する最も詳細な情報が記載されている資料であり、実父母の情報と入所に至る経緯が把握できる。

工藤氏の調査は聖母愛児園資料にとどまらない。同園の入所児童が多く入学した横浜市立元街《もとまち》小学校では、同校の

表1　聖母愛児園所蔵文書資料一覧

No.	年代	資料名	資料概要・備考
1	昭和21年2月～昭和38年12月	児童動静簿1	年代は入所年月。入所番号第1～1324号の児童の記録。照会の回答書あり。
2	昭和38年12月～昭和39年1月	児童動静簿〔2〕	年代は入所年月。入所番号第1325～1842号の児童の記録。
3	昭和22年2月～昭和23年8月	〔児童台帳1〕	年代は収容年月。台帳番号第1～304号の児童の記録。
4	昭和23年8月～昭和29年10月	児童台帳2	年代は収容年月。台帳番号第305～608号の児童の記録。
5	昭和29年11月～昭和33年7月	児童台帳3	年代は収容年月。台帳番号第609～914号の児童の記録。書簡3通あり。
6	昭和33年7月～昭和37年3月	児童台帳4	年代は収容年月。台帳番号第915～1218号の児童の記録。
7	昭和37年3月～昭和41年9月	児童台帳5	年代は収容年月。台帳番号第1219～1519号の児童の記録。
8	昭和41年9月～昭和46年5月	児童台帳6	年代は収容年月。台帳番号第1520～1837号の児童の記録。
9	昭和46年6月～昭和56年6月	児童台帳7	年代は収容年月。台帳番号第1838～2137号の児童の記録。
10	昭和37年4月～平成16年3月	私的契約児童台帳8	台帳番号第1～2413号の児童の記録。
11	平成6年2月～平成17年3月	私的契約児童台帳9	台帳番号第2414～2476号の児童の記録。
12	昭和23年1月～昭和33年4月	養子縁組台帳1	年代は入所年月。台帳番号第1～306号の児童の記録。
13	昭和33年～昭和50年	養子縁組台帳2	年代は入所年月。台帳番号第307～415号の児童の記録。
14	昭和21～23年頃	Ⅰ〔写真台帳〕	台帳番号第2～304号の児童の写真台帳。
15	昭和23～28年頃	Ⅱ〔写真台帳〕	台帳番号第305～520号の児童の写真帳。一部番号の飛びあり。
16	昭和28～昭和30年代初期	Ⅲ〔写真台帳〕	台帳番号第523～764号の児童の写真帳。
17	昭和30年代初期	4〔写真台帳〕	台帳番号第766～873号の児童の写真帳。
18	昭和22～28年	在籍児童移動簿	各年度の事務費・措置費及び在籍児童移動数の月別一覧を記載。
19	昭和22年3月～昭和41年9月	児童退所名帳1	年代は退所年月。退所番号第1～1326号の児童の記録。
20	昭和41年8月～平成16年8月	児童退所名簿〔2〕	年代は退所年月。退所番号第1327～2446号の児童の記録。
21	昭和22年8月～昭和39年7月	死亡台帳	年代は死亡年月。140人分の死亡児童情報を記載。
22	昭和31～35年	教皇様のための子供台帳	年代は洗礼年月。45人分の児童情報が記載された名簿。

23	昭和21年4月～ 昭和46年4月	〔転入転出簿〕	年代は転入年月。児童のほか、職員の転入・転出記録を含む。
24	昭和28年3月～ 昭和35年8月	初聖体台帳	年代は初聖体年月。61人分の児童の初聖体情報を記載。
25	昭和22年8月～ 昭和48年6月	役職員名簿	年代は入所年月。職員情報が記載された名簿。
26	昭和13～30年	洗礼名簿	年代は洗礼年月。職員の洗礼に関する情報が記された名簿。
27	昭和16～49年	洗礼台帳	年代は生年。550人分の職員の洗礼情報を記載。
28	昭和22年4月～ 昭和33年6月	従業員洗礼台帳	年代は洗礼年月。51人分の職員の洗礼に関する情報が記された名簿。
29	昭和35～49年	洗礼台帳	443人分の洗礼情報を記載。
30	不明	住所控	聖母愛児園関係団体、関係者の住所録。
31	昭和29～31年	書式各種	養子縁組に必要な書類の各種書式のほか、アメリカ各州の養子縁組に関する法令が記載されている。
32	昭和20年代初期	戸籍謄本綴	本文参照。
33	昭和23年6月～ 昭和25年11月	自昭和二十三年六月　至昭和二十五年十一月　入所児童	本文参照。
34	昭和25年5月～ 昭和29年6月	自昭和二十五年五月　至昭和二十九年六月　入所児童	本文参照。
35	昭和29年7月～ 昭和32年3月	送致書綴　自昭和二十九、七、二十日　至昭和三十二、三、三十一日	本文参照。
36	昭和24年7月～ 昭和29年6月	自昭和二十四年七月　至昭和二十九年六月　退所	神奈川県中央児童相談所作成の退所関係資料綴。
37	昭和28～29年	〔養子縁組関係書類綴〕	年代は引渡証明書記入年。
38	昭和24年9月～ 昭和26年2月	〔入所児童関係書類一括〕	年代は書類記入年月。
39	昭和29年度	昭和廿九年度退所児童書類綴	養子縁組関係資料を含む書類綴。
40	昭和30年度	昭和参拾年度退所児童関係書類	同上。
41	昭和31年度	昭和三十一年度養子縁組関係資料	養子縁組に関する書類綴。
42	昭和32年度	昭和三十二年度養子縁組関係書類綴	同上。
43	昭和33年度	昭和三十三年度養子縁組書類綴	同上。
44	昭和34年度	昭和三十四年度児童送致書綴	横浜市児童相談所作成の児童送致書綴。

45	昭和34年度	昭和三十四年度退所児童書類綴(養子縁組関係)	養子縁組に関する書類綴。
46	昭和35年度	昭和三十五年度入所措置及解除書	横浜市児童相談所作成書類を含む書類綴。
47	昭和35年度	昭和三十五年度退園者記録	年代は退園年度。
48	昭和35年度	昭和三十五年度退園者書類	母子手帳あり。
49	昭和36年度	昭和36年度入退指令書	横浜市児童相談所作成書類を含む書類綴。
50	昭和36年度	昭和36年度退園者書類	同上。
51	昭和36年度	昭和36年度養子縁組書類綴	養子縁組に関する書類綴。
52	昭和37年度	昭和37年度養子縁組書類綴	同上。
53	昭和37年度	昭和37年度退所児童書類綴	横浜市児童相談所作成の入所措置解除書類を含む書類綴。
54	昭和38年度	昭和38年度退所児童者書類　養護部	同上。
55	昭和38年度	昭和38年度退所児童者書類　乳児部	同上。
56	昭和38年度	養子縁組書類　昭和38年度	養子縁組に関する書類綴。
57	昭和23～33年	〔BABY HOME〕	養子縁組関係資料を含む書類群のファイル。
58	昭和38年11月	家庭裁判所関係書類	
59	昭和31～32年	旧園児養子縁組その他身元確認他重要書類	養子縁組関係資料を含む書類綴。
60	昭和30年代	〔昭和30年代養子縁組関係書類綴〕	養子縁組に関する書類綴。
61	昭和30年代後半	退所児童書類綴　私契　聖母愛児園	入園児育成個人記録等の書類綴。
62	昭和40年代	退所児童書類綴　養護部	退所児童に関する書類綴。
63	昭和39～40年代	養子縁組綴	養子縁組に関する書類綴。
64	昭和30～40年代	退園児記録	養子縁組関係資料を含む書類綴。
65	昭和40年代	JSS関係及養子	養子縁組関係資料を含む書類群。袋入。

・資料のうち原題を欠く場合は適宜、〔　〕を付して仮題をつけた。また、原題から内容が分かりにくい場合も〔　〕内に適宜補った。

・年代は資料の作成年代ではなく、資料に記載されている情報の年代を記載した場合があり、その際は備考欄に詳細を記載した。

教員により「混血児教育」と題された『研究紀要』（第二号）が一九五九年に編纂されており、聖母愛児園入所児童に関する詳細な調査記録が記載されているため、工藤氏は本紀要にも目を通している。工藤氏はこれらの資料を丹念に当たり、資料に問い合わせ者の情報が含まれていた場合は複製を提供している。筆者も卒園生の親族を捜索する際に体験したが、番号が付されている台帳類は別として、簿冊内資料の調査は決して容易な作業ではなく、英文の資料も多いため、読解には時間を要することを実感した。また、親族の情報に触れた当事者の喜びが、筆者の想像をはるかに超えるものであることも目の当たりにした。

多忙で細心の注意を要する業務の合間に、時間を割いて卒園生のために資料の調査を行う工藤氏の取り組みは、特筆すべき善意の行為以外の何物でもなく、「混血孤児」の歴史を考える際に、後世に記録されるべき事績であると評価できる。

二　聖母愛児園資料群の歴史資料としての価値

聖母愛児園資料群は、当然ながら「混血孤児」の実態解明に資する歴史資料としても高い価値を持つ資料群である。本節では、同園開設直後の昭和二十年代に入所した児童の背景について、詳細を把握することが出来る資料を紹介したい。

聖母愛児園資料群のうち、最も古い文書を含む資料が「戸籍謄本綴」（表1№32）である。本資料には、児童福祉法施行前の一九四六年（昭和二十一）～一九四七年の間に棄児として保護された児童に関する資料が含まれており、棄児が同園に入所する経路が、複数あったことを把握できる。

一つは、警察が街で棄児を発見し、横浜市内の区役所を経由して同園に送致されるケースである。一九四六年十二月七日付で、中区の加賀町警察署長が作成した文書「捨子引渡の件」には、棄児として保護された女児について、本籍・住所等不明で引渡人のないため、中区役所に引き渡す旨の内容が記されている。戸籍法では、棄児を発見した警察官は二十四時間内にその旨を市町村長に申告し、申告を受けた市町村長は棄児の氏名を命じ、本籍を定め、各種情報を調書に記録する規定が定められているが、棄児の一時保護は市内の各区長が責任を負っていたことがわかる。

しかし、棄児は発見されると即時に横浜一般病院に送致されることが通例であったようであり、事後に棄児の証明書が発行されるケースが多かったことも同資料から把握できる。たとえば一九四六年七月に中区役所より発行された棄児の証明書には、「右者、昭和二十一年七月二十日、中区太田町宝塚劇場前ニ棄児トシテ発見シ、即時一般病院へ収容セン事ヲ証明ス」と記されており、区役所に一時保護されることなく、即時に一般病院に収容されたことが把握できる。本文書では中区長名義で棄子の証明と、配給の配分のために必要な異動証明が発行されているが、方面事務所長名で棄子の証明がなされ、異動証明を区長名で発行した文書も複数存在する。

また、神奈川県厚生課長が発行した「要保護児童証明書」も二点あり、棄児となった児童たちが、さまざまな経路で同園に送致されていたことがわかる。保護された児童の多くは半死半生の状態であり、即時の治療が求められた。このような状況が一般病院への即時入院という措置につながったものと考えられる。

本資料は、制度の整わない戦後混乱期のなかで棄児が続出するという「非常時」に、行政がどのように対応していたのかを知る、貴重な資料といえるだろう。

一九四八年に児童福祉法が施行されると、棄児および養育不能児童の一時保護は、各都道府県に設置された児童相談所の役割となる。神奈川県では、児童福祉法施行以前より、「主要地方浮浪児等保護要綱」（一九四六年九月十九日付厚生次官通牒）によって、一九四六年十一月に神奈川県児童相談所を横浜市保土ヶ谷区に創立する。翌年横浜駅東口に第一児童保護所を増設し、保土ヶ谷区の施設を第二児童保護所とする。一九四八年の児童福祉法施行により、第一児童保護所を同法に基づく神奈川県中央児童相談所とし、一九五〇年三月には第二児童保護所を廃止する。(16) 設立当初の同所の役割は、横浜市内に多く存在した戦争孤児や「浮浪児」の保護が主体であったが、児童福祉法施行以降は、「混血孤児」の対応も同所が担うこととなり、聖母愛児園と協働して保護に取り組むことになる。

神奈川県中央児童相談所では、街で一時保護した児童や児童を養育できなくなった母親に対して調書を取り、そのうえで児童を適切な施設へ送致する措置を取っていた。これらの調書は各施設で保管されることになっており、現在も施設に保存されている場合、保護児童の詳細を知る貴重な資料となる。

聖母愛児園では、三点の調書綴（表１№33～35）が保存されている。調書には、児童氏名・生年月日・性別・本籍地・現住所、保護者氏名・住所、履歴（家庭環境、生活史、学歴）、性行（知能・知能指数、性格及問題行為、その他特性）、健康状態（体格、疾病）、指導上の要点、その他参考事項の各欄が設けられている。履歴欄には同園の入所児童の詳細を知る貴重な情報が含まれており、同園の工藤施設長が、卒園生からの問い合わせの際に重要視している資料である。筆者はこのうち、最も早い段階で作成された「自昭和二十三年六月　至昭和二十五年十一月　入所児童」の内容をまとめた表２を作成した。本表をもとに、同園入所児童が入所に至る背景について考察してゆきたい。

表２の情報からは、児童相談所経由で一九四八年から一九四九年に入所した児童の多くが棄児であったことがわかる。本表において棄児及び棄児と思われる詳細不明の児童は七六人に達しており、そのなかには日本人の両親から生まれた児童も含まれると考えられるが、非常に多数の児童が当時街に捨てられていたことを実感できる。また、表２には、二一人の児童が死亡したことが記されている。聖母愛児園では先進的な治療を施していたにもかかわらず、命

を落とす児童が続出していた。過酷な状況下に置かれた多数の児童を、同園が懸命に保護していたことを本資料から把握できる。

こうした棄児が生まれる背景を、資料から明らかにすることは困難であるが、聖母愛児園職員のマリア・アロイジオは、一九四九年四月号の『食生活』[17]誌のインタビューのなかで、初期の入所児童が「パンパンさんの子供」であったと証言している。「パンパン」とは、主として占領軍兵士を相手に商売をする女性を指す言葉であるが、表2では、母親がこのような職業の女性であったと明記されているケースは三例（表2No.28・96・105）のみである。そのうちの一例を以下に記す。

【資料1】（表2No.96の事例）

実母〇〇の一族は精神病者が多く〇〇の祖母も精神薄弱である。無籍者で名字もなく、本年三月二十六日火事を出し、近隣の人や児童委員の世話でバラックを建ててもらっていた。この様な訳で〇〇は就学もせず、昨年九月家を出て曙町の喫茶店で女給をしていたが、本年一月より外人相手の淫売をはじめた。屛風ヶ浦病院には一五回も行っており、妊娠したので、主家を追ひ出された。実家のバラックに帰り、児童委員の世話で七ヵ月の時に優生保護法の手続きにより中絶したが五時間後に泣き出し、其後発育良好となりたるものであるが、母親は精薄にて養育不能なるものである。

本事例では、名字も戸籍もなく、就学もできないという家庭環境に置かれた知的障害のある女性が、外国人相手の商売をする女性となり、児童を出産したという経緯が記されている。屛風ヶ浦病院とは、一九四七年に横浜市磯子区に設立された県立の性病専門病院であり、短期間に何度も性病に罹患する状況に女性が置かれていたことが把握できる。この女性に限らず、本来公的扶助を受けるべき女性が放置されていたために、このような悲劇が生じていた可能性を指摘できよう。本記述の後半部分の内容は不明瞭であるが、優生保護法の手続きによって中絶がなされようとするも、女性が拒否したために本児が誕生したと読み取ることが出来る。

一九四八年に成立した優生保護法が、差別的な優生思想に基づいて「混血孤児」問題の解決を図ろうとした側面を持つ法律であったことは、上田誠二の研究によって明らかになっているが、先述のマリア・アロイジオも、同園に入所する児童が戦後直後と比べて減少した理由として「パンパンさんが減ったということではなくて妊娠を中断する方法をおぼえたためだろうと思います」と証言している。女性に多大な負担を強いる中絶の普及が「混血孤児」問題の根本的な解決策にならないことは明白であるが、表2において、同法施行後、徐々に棄児の減少がみられる一因となった可能性は考えられる。(18)

表2における棄児以外の入所児童の入所理由として多数を占めるのが、主として占領軍兵士である実父の失踪（表2No.37・78・86〜90・98・100・101、105）である。このうち最も早いのが一九四八年十一月に措置された児童（表2No.37）の事例で、羽田でハウスガールをしていた実母が、一九四七年十月頃、横浜へ出て実父と知り合うも、翌年八月に帰国したために児童を預けたことが簡潔に記されている。同様の事例について詳細に記されるようになるのは、一九五〇年以降のことである。以下に二例の事例を記す。

【資料2】（表2No.101の事例）

実母は七才の時に父の実家埼玉県川口市〇〇町〇〇方にひきとられた。その後、亡父の弟が継いだが、その妻がつらくあたるので十七才の時に家出し、横浜の野毛カストリ横丁〇〇に住込んだ。四カ月後座間の〇〇部隊のクラブのダンサーとなり、クラブ内の寮に移転。二四、一〇、二二黒人に強姦され、すてばちとなって黒人〇〇〔筆者註：実父〕と座間新道〇〇に同棲間借。二五、四、一八〇〇が木更津に転勤のため南町に転居。八月二十六日〇〇朝鮮に出征のため、友人の東京都〇〇方に転居。十月原町田の〇〇病院にて分娩。（立川市〇〇に費用を依頼）十一月一日に退院、その後、〇〇方に居たが、何時までも面倒を見てもらうわけにいかないため。

【資料3】（表2No.100の事例）

実母は終戦直前に愛知県豊川市の〇〇病院に勤務していた。終戦後入院患者に頼まれて始めは名古屋の方で患者の元海軍軍人と一緒になって楽団に入り、歌謡曲などをしていた。〇〇劇場に勤めていた。二十一年十月頃名古屋市で〇〇（筆者註：実父（黒人・軍曹））が出張してきたのと知り合って交際が始まり、同時に横浜に来ていた。実父は黒人ではあったけれども頭もあり容貌も黒人らしくなかった。母は父の跡を追って横浜に来たものであり、弘明寺の家を借りて〇〇がそこに通った。二十二年八月本児を出産し母の籍に入れた。昭二十二年三月弘明寺で結婚式を挙げた（母の両親の反対を押切って結婚した）。ところが〇〇は麻薬患者であり、今年二月麻薬のことが部隊に知れ父は送還された。月五〇ドル送るといった約束は一度もはたされたことがない。手紙さえ来ない。母は持物を売ったり手伝いをやったりして生活したが、八月から通信補給部隊の診療室に勤めることとなった。本児を預けて勤めをつづけたい。

資料2は、占領軍兵士の性暴力を受けたため「すてばちとなって」別の兵士と同棲し、国内の転勤に同行したが、朝鮮半島に出征したため友人宅に転居して出産するも、何時までもいられないために児童相談所に来所した女性の事例である。一九五〇年六月に勃発した朝鮮戦争によって、日本国内に駐留していた占領軍兵士の多くが朝鮮半島へ異動することになる。この戦争は、特定の占領軍兵士をパートナーとする女性たち（当時「オンリーワン」と呼ばれた）にとって大きな転機となるものであった。

戦後、神奈川県婦人相談所に勤務して多数の女性たちの実情を記録した高橋芙蓉(19)は、「殊に一九四九年後期の朝鮮事変の進展は、日本の外娼にとって驚喿の秋であった。相手の渡鮮によって胎児や携帯児の措置、所謂オンリーワンからバタフライえ《ママ》の転落等、未来に描いた夢が一朝にして破綻」したと記し、子どもを抱えた女性たちが兵士に置き去りにされたことについて言及している。

朝鮮半島への異動以外にも、資料3の事例のように、麻薬使用による懲罰のため本国に送還された兵士の音信が不通になり、子どもを抱えた女性が困窮した生活を強いられた事例も存在する。

本事例では、結婚式まで挙げていた女性が裏切られたことが記載されているが、米国内に家族がいるにもかかわらず、日本人女性との間に家庭を持つケースも他の聖母愛児園資料に散見する。このような不誠実な占領軍兵士の対応が、「混血孤児」問題の根底にあったことを指摘できるだろう。

資料2には、性暴力を受けた女性の事例が記載されているが、この他にも性暴力によって子どもを出産した事例が以下のように存在する。

【資料4】（表2 No.103の事例）

本児は現住所〔筆者註：横浜市南区〕で出生。実母は本年一月二十五日祖父の用件で長者町一丁目停留所付近で祖父を待合せて居たところ、顔見知りの黒人が通りかゝって、実母を無理に自動車内に押込み関係した、帰り際に三〇〇円くれた、その後、実父の消息は不詳、三月末店が閉鎖され、勤めをやめ家に居た、実母の妊娠を祖父母共に知らなかった、七月になって祖母が気付き、実母を叱責したところ、それを苦にして服毒自殺をはかったが未遂に終った、この時人工中絶をしようとしたが、母体が弱って居たためやめた、〔中略〕家庭では実母のことで不和である、本児の籍は祖母の籍に入って居る。

本事例は、表2のなかでも特に悲痛な事例である。ここでは知人の占領軍兵士による性暴力を受けた女性は、自ら

表2　神奈川県中央児童相談所聖母愛児園入所措置児童一覧（1948年〔昭和23〕～1950年〔昭和25〕）

No.	措置年	月	性別	年齢	履歴
1	〔昭和23〕		女児	1歳	
2	〔昭和23〕		女児	不明	※昭和24年1月21日〔死亡〕。
3	〔昭和23〕		女児	1歳	
4	〔昭和23〕		女児	1歳	※昭和25年5月27日米人養女。
5	昭和23	1	男児	2歳	1月10日夜9時30分横須賀駅（省線）公衆便所の裏手に捨てられてあったもの。
6	昭和23	6	男児	1か月（推定）	神奈川区管内棄児。
7	昭和23	6	女児		棄子。※昭和23年10月3日生母者引取。
8	昭和23	7	女児	2歳	7/8棄子。※昭和23年9月20日札幌天使院行。
9	昭和23	7	女児	1か月弱	母親生活に窮し、7/8聖母愛児園へ。
10	昭和23	7	女児	生後約10日	西区高島町空地内に棄児。※昭和23年8月24日〔死亡〕。
11	昭和23	7	女児	推定1か月	小田原市○○方表玄関口で発見。※昭和24年9月19日札幌天使園行。
12	昭和23	7	男児	1.6歳	小田原市箱根登山鉄道乗合自動車車庫で発見。※先天性梅毒により両眼視力ないものと思われる。
13	昭和23	7	男児	1歳	棄子。
14	昭和23	8	女児	1歳	棄子。
15	昭和23	8	男児	1歳	棄子。
16	昭和23	8	男児	1歳	棄子。※昭和23年9月8日生母者引取。
17	昭和23	8	女児	1歳	棄子。
18	昭和23	8	男児	1歳	棄子。
19	昭和23	8	女児	1歳	棄子。※昭和24年9月19日札幌天使園行。
20	昭和23	8	男児	1歳	棄子。※昭和23年8月19日〔死亡〕。
21	昭和23	8	男児	1歳	棄子。
22	昭和23	8	男児	1歳	棄子。
23	昭和23	9	女児	1歳	棄子。※昭和24年9月19日札幌天使園行。
24	昭和23	9	女児	1歳	棄子。
25	昭和23	9	男児	1歳	棄子。※昭和23年10月10日死亡。
26	昭和23	9	男児	1歳	
27	昭和23	9	女児	1歳	棄子。※昭和23年10月11日札幌天使院行。
28	昭和23	9	男児	1歳	実母は妊娠中一般病院へ入院し（特殊婦人）一般病院にて入院前特殊婦人であった為、養育できない。※昭和24年4月5日生母者引取。
29	昭和23	10	女児	1歳	棄子。※昭和23年12月29日〔死亡〕。
30	昭和23	10	男児	1歳	棄子。
31	昭和23	10	男児	1歳	棄子。※昭和23年10月18日退園。
32	昭和23	10	女児	1歳	棄子。
33	昭和23	10	男児	1歳	棄子。※昭和23年10月21日〔死亡〕。
34	昭和23	11	男児	1歳	昭和23年12月15日〔死亡〕。
35	昭和23	11	女児	1歳	棄子。昭和23年9月8日、野毛山公園より戸部署を経て植松病院入院。8日に生れ10月13日母逃亡の日まで○○氏の養育する所となる。母逃亡後、勤め先及本籍地を捜査するも不明。11

					月1日体重900匁、栄養不良。
36	昭和23	11	男児	1歳	棄子。
37	昭和23	11	男児	1歳	母親は3年前に働きに行くと云って東京へ出てきて羽田でハウスガールをしていたが、昨年10月頃横浜へ出て来て実父と知り合ったものであるが、実父は本年8月帰国したもの。※ 昭和23年11月20日〔死亡〕。
38	昭和24	1	男児	1歳	昭和23年12月31日午後6時35頃、横浜駅構内に棄児。駅前交番よりの届出により収容。
39	昭和24	1	男児	1歳	実母は薬剤師、元聖母病院勤務、聖母病院より廻さる（昭和24年1月20日）。実父アメリカ兵（イタリア系）。
40	昭和24	10	女児	2歳	昭和24年1月24日横浜市中区宮川町に於いて生後１ヶ月位の子が発見されたもの。
41	昭和24	1	女児	1歳	一般病院にて生まれる。実父アメリカ兵。
42	昭和24	1	男児	1歳	保証人より当園へ引き渡す。実父アメリカ兵。
43	昭和24	2	女児	1歳	※ 昭和25年9月23日アメリカ人家庭へ養女。
44	昭和24	2	女児	1歳	一般病院にて生まれる。実父アメリカ兵（白人）。
45	昭和24	2	男児	1歳	父親は二世（ハワイ）なり、一般病院にて生まれる。
46	昭和24	2	男児	1歳	実父アメリカ兵なり。
47	昭和24	2	男児	1歳	両親兄弟もありしがダンスホールに務める右の者を得、聖母愛児園に務める。実父アメリカ兵。
48	昭和24	2	女児	1歳	※昭和24年7月9日〔死亡〕。
49	昭和24	3	男児	4歳	※昭和25年12月29日入籍（予定）。
50	昭和24	3	男児	1歳	※昭和25年5月23日生母者引取。
51	昭和24	3	女児	1歳	※昭和24年7月9日〔死亡〕。
52	昭和24	3	女児	1歳	棄子。実父アメリカ兵。
53	昭和24	4	男児	1歳	南区上大岡〇〇方に本児を置いたまま、実母が行方不明となりたるもの。軍政部ステンプン課長からの指示に依り中央児童相談所経由で入所す。
54	昭和24	5	男児	1歳	実母は26年に他の外国人と結婚。実父アメリカ兵。
55	昭和24	5	女児	1歳	本児一般病院にて生まれる。実父アメリカ兵（白人）。
56	昭和24	5	女児	1歳	両親とも不明なり（黒人）、生母者代理の女性が当園に引き渡す。
57	昭和24	5	女児	1歳	加賀町警察より廻されし棄子（黒人）。
58	昭和24	5	男児	1歳	生後3ヶ月に実父が知人に預けて帰国したまま音信不通。
59	昭和24	5	男児	1歳	実父アメリカ兵。
60	昭和24	6	男児	1歳	6月12日午後8時頃聖母愛児園玄関庭先に発見されし棄子にして山手町警察署より引渡さる。
61	昭和24	6	女児	1歳	横浜駅港北区篠原町先の笹山の中にこもに包んで遺棄されてあったもの。
62	昭和24	6	女児	1歳	山手一般病院にて生まれる。実父アメリカ兵。
63	昭和24	6	男児	1歳	※ 昭和 24年7月8日生母者引取。
64	昭和24	7	女児	1歳	一切不明。※ 昭和 25年4月23日〇〇家養女。
65	昭和24	7		1歳	生母が一週間ほど預かって欲しいとのことで預かったが3ヶ月以上になったもの。※ 昭和24年7月2日生母者引取。
66	昭和24	7	男児	1歳	※ 昭和24年10月26日生母者引取。
67	昭和24	7	男児	1歳	日米混血（黒）児　棄子。※ 昭和24年7月17日〔死亡〕。
68	昭和24	7	女児	1歳	鎌倉市大町〇〇産婦人科病院前路上に遺棄されてあったもの。

					鎌倉保育園に一時収容されていた。
69	昭和24	8	男児		
70	昭和24	8	男児	1歳	実父アメリカ兵。
71	昭和24	9	女児	3か月	中区石川町医師方で分娩し後当方に依頼す。実父アメリカ兵(白人、不明)。
72	昭和24	9	男児	1歳	実母は○○高女を21年に卒業。しばらく遊んで、22年より519部隊のルームメイドをしていたが、厚木航空隊に働き実父と知り合った。24年 1月下旬で厚木はやめたが、実父との交際は家に隠して続けてきた、性病を実父に移したとの理由で栃木の刑務所に6ヶ月入り7月に出て出産したが養育不能のもの。
73	昭和24	9	男児	1歳	昭和23年9月29日札幌市天使ノ園に収容さる。昭和24年9月16日聖母愛児園に収容さる。
74	昭和24	9	男児	1歳	昭和23年12月8日札幌市天使ノ園に収容さる。21才に達する迄との事。昭和24年9月16日聖母愛児園に収容さる。実父アメリカ兵(白人)。
75	昭和24	9	男児	2歳	昭和22年2月7日札幌市天使園に収容され、昭和24年9月16日聖母愛児園に収容。実父アメリカ兵(白人)。
76	昭和24	9	女児	2歳	昭和22年2月7日札幌市天使ノ園に収容され、昭和24年9月16日聖母愛児園に収容さる。実父アメリカ兵(白人)。
77	昭和24	9	女児		不詳。※ 昭和24年9月24日〔死亡〕。
78	昭和24	9	男児	1歳	実母は一家の生計を支える為に伊勢佐木町の土産物売店店員となり、2年ほど働いていた。その中に実父との交際が始まり、2年位続いた。妊娠したことが分かり、本年2月にやめた。実父は4月に黙って帰国した為にその後音信なし。※昭和25年8月3日〔死亡〕。
79	昭和24	9	女児		不詳 ※ 昭和24年11月生母者引取。
80	昭和24	9	女児	不詳	不詳 ※ 昭和24年10月20日〔死亡〕。
81	昭和24	10	男児	1か月	一般病院にて生まれる。※ 昭和26年1月23日アメリカ人家庭に養子。
82	昭和24	12	女児	1か月	一般病院にて生まれる。
83	昭和24	12	女児	1歳	棄子。中区進駐軍の専用バス停留所に遺棄されてあったもの。※ 昭和25年7月29日(死亡)。
84	昭和25	1	女児	1か月	中区山手町81セントジョセフ学園門通路上に遺棄されているもの。※〔昭和25年7月27日〕死亡。
85	昭和25	2	男児	2週間	実母1家は山梨に疎開する、終戦後実母だけ単独で上京、日赤看護婦養成所に入るも、学費つまりたる為、2年修了後、ダンサートなる、その中に上記の兵隊と知りあい、同棲するも、ふとしたことから、兵隊との交渉たへる、その時はすでに妊娠7ヶ月位であり、実母は、将来の望みを失ひ、フラフラ家出、来横、自殺未遂のところを助けられ、一般病院に入院、出産し今日に至る。
86	昭和25	2	女児	3か月	実母の母は画家で昭和ベースにつとめ壁画等をかいていた関係から同じところにつとめていた。当時実父と知り合ひ、親しく交際する様になり本児出生した。しかし本年3月に父が帰国することになった為、本児を手放して働きたいとのことで聖母愛児園においていったものである。
87	昭和25	2	男児	1か月	実母は23年1月頃より軽井沢にて maid をしていた、4月休みになって帰郷した時パーティで実父と知り合う。余り交際していなかったが、妊娠したため、24年9月に maid をやめ、1ヶ月程家にいたが、聖母愛児園を紹介され11月から働き25年1月27日に出産する。母親は本児を入籍し、母親が独立すれば引き取る予定である。実父は昭和 24年5月帰国。※〔昭和25年8月2日〕死亡。

88	昭和25	4	男児	1か月	実母は本厚木の喫茶店につとめていた。一緒につとめていた同僚と部屋を借りて米人のOnly oneとなった。二度目の相手が実父で24年6月から25年4月迄一緒にいて青森に移住した。月々2万円位貰っていた。その後仕送りをしてくれないので困っているもの。※アメリカ人家庭養子。
89	昭和25	4	男児	3か月	実母はhouse keeperとして働いていた。クリスチャンで教会に通っている中に実父と知り合い、本児をもうけた。実父は24年4月に帰国してその後音信不通である。
90	昭和25	5	男児	2か月	〔前略〕終戦後マーケットの手伝いをして24年4月横須賀に来て喫茶店○○に働いていた。そして実父と知り合い関係を続けていたが帰国してしまう。出産の費用等借財あるために働きたい希望のものである。
91	昭和25	5	男児	1か月	〔前略〕本児の母は祖母(母の母)の所に来て、1ヶ年進駐軍に勤務し、米兵との交際が始まり、妊娠した直后、夫○○がシベリヤより帰還、宇都宮市○○に帰った(昭和24年9月25日)。夫の帰還日より算へて出産が早く然も目の色も違ふので混血児と判り離縁の話も出た、祖母は通知より引取って来て現住所にて養育して居るが養育不能で収容希望来所してきたもの。
92	昭和25	5	男児	4か月	昭和25年5月22日午後6時磯子区○○町の道路に棄てられてあったもの。※昭和25年10月13日死亡。
93	昭和25	5	男児	2週間	終戦後、母は叔母の洗濯屋に手伝いをしていた。ここは進駐軍の洗濯で本人は店の会計をしていた。実父は毎日洗濯の事で来店、馴染になって交際をした。わづかで別れたが、妊娠した事は3ヶ月位たって気付き家出して2ヶ月位外の黒人兵と交際したが母の申出で別れた。○○〔日本人男性〕は近所の青年で幼い時より知っている。25年1月から同棲しているが○○も年少であり、生活能力なきため、本混血児を収容する事を希望している。
94	昭和25	6	男児	2歳	昭和25年6月2日札幌市天使院を退院。
95	昭和25	9	女児	3歳	養父○○は石屋をしていたが終戦後仕事がなくなり税関に日雇として勤めた。その折進駐軍物資の持出して6ヶ月の刑を受け三ヶ月服役帰宅す。その間実母は二人の子供を抱へ生活に困り兵隊と関係した。その黒人との間に出来たのが本児である。生後一年間は養父の子供と思っていたが、そのうち混血児である事がはっきりしたので、夫婦の間がもめ出し藤棚のonly oneをしている女のところへやったが、結局本児を利用していた為、兵隊が帰国した事を理由に帰してよこしたが、養父が承知しないので、又三春台の女のところへやったが、兵隊との間が上手くいかなくなった為、養父の許へ戻ってきたが、その後は夫婦の間は勿論、子供の間もうまくいかないので、預けたい。
96	昭和25	9	男児	3か月	本文【資料1】参照。
97	昭和25	10	女児	4歳	昭和18年母親は26才で最初の結婚をしたが、翌日に出征、朝鮮で戦病死す。〔中略〕昭和20年に京都の寺に納骨に行った時、実父と関係したが、21年12月軍政部へいって話をしたが、不成功に終わり別れた。以後舞鶴で貧しい生活を送っていたが、22年12月生活のために○○〔日本人〕と結婚し(内縁)た。妻の生活の保障は出来ず妻の働きまで取上げて使用する始末であった。23年12月20日母は母子寮に入所、職業安定所の世話でextraをしたり飴屋の手伝等をしていたが、new grandの雑役の話があり本児を預けたい。

98	昭和25	10	男児	5か月	実母は昭和23年6月頃より、スーベニア(喫茶店)に昼3時より夜10時迄勤めていた。昭和24年6月の始めから、実父○○と交際を始めた。祖父○○肺結核にて病床にありたる為、24年11月にスーベニアをやめた。祖父は12月26日に死亡した。○○は犯罪を犯した為に12月以後会うことが出来ず2月に○○は九州に転勤。人の話によると朝鮮動乱に出掛けたらしい。現在叔父○○の収入が唯一の収入であり、生活苦しき為、施設に養護委託希望するものである。
99	昭和25	11	女児	不明	中区山手町貿易商○○方便所際にて発見されたものである。
100	昭和25	11	女児	3歳	本文【資料3】参照。
101	昭和25	11	男児	10日	本文【資料2】参照。
102	昭和25	11	女児	4歳	昭和15年から本児の母は京城にいた。〔中略〕昭和20年終戦となり、京城で同年10月頃から本児の父○○と知り合ったが、彼は昭和21年1月仁川から帰還した。父は本児の出来ていることを知らない。母は21年5月14日朝鮮から引揚げた。本児を妊娠していたので実家には帰れず、片瀬の知人をたよって行ったが不在。そこで川崎に出21年7月頃から知人(日本人男性)を頼り、後、夫婦となった。昭和21年10月出生。ところが24年2月15日に○○は精神分裂症にかかり、母と本児を殺害せんとした。後、離婚、○○はどうなったか分からぬ。〔中略〕本児もやはり頭蓋を強打され、骨折、当時4時間しかもたないと云われたが、不思議に命をとりとめ、今だに左頭蓋骨は割れたまゝである。本児精神状態に異常を来しているかどうか今の処分からぬ。
103	昭和25	11	男児	1か月	本文【資料4】参照。
104	昭和25	11	男児	1か月	昭和25年11月20日午後2時50分頃、横浜市神奈川区台町地先焼跡に遺棄されたものである。着衣 白ネル肌着2枚、赤白毛セーター2枚、升模様ゆかた他、おしめ4枚、他牛乳一瓶。※死亡。
105	昭和25	12	男児	1か月	本児の母は埼玉県比企郡から14才頃家を出て横須賀に行ってすぐ千葉県館山に売られ当分は子守をして居た。終戦後、館山神戸の○○屋で進駐軍の接客婦になり、母は商売をした事がないので出血、1ヶ月入院した後○○に囲われていた。2児を生んだが最初の子が死産した。1昨年9月頃横浜に来て横浜野毛の○○屋(酒屋)に留守番をしている人に世話されてパンパンを始めたが病気になって○○屋を出され、義理の親に返された。その後部屋を借りて臨月になったので家を出された。(その前に堕胎しようと努力したが、成功しなかった)友達の知り合○○の家〔西区〕で世話になり、夜は浮浪した。民生委員により西区で世話を受けて入院出産したもの。実父は朝鮮航路になり横浜に寄港しなくなった。※26年2月24日死亡。

・「自昭和二十三年六月　至昭和二十五年十一月　入所児童」(聖母愛児園所蔵)を基に作成。
・原資料は年代順に綴じられていないため、年代順に配列した。
・本表では原資料の情報のうち、実父の人種が判然としない棄児情報および外国人が実父である事例についてはすべて記載し、実父が日本人であることが明確な事例については、紙幅の都合で割愛した。
・履歴欄情報は、原資料の表記を基本とし、個人情報が含まれている場合は伏字「○○」を付したほか、父母の名前を「実父」「実母」と表記する等、適宜修正をした。また、片仮名表記は平仮名に改め、筆者による補足事項は〔　〕内に記した。
・履歴欄情報の ※ 印以下には、欄外に聖母愛児園職員が追記したと考えられる情報を記載した。ここで記載されている死亡情報については、原資料に年月日のみが記されている場合は、「死亡台帳」(表1 No. 21)と照らし合わせて合致したものについて〔死亡〕と記載した。
・原資料の年齢表記は、満年齢と数え年が混在しているが、本表の年齢欄には原資料の表記通りに記載した。

に何ら罪が無いにもかかわらず、家族からも責められ、自殺未遂を図るという極限状況に至る経緯が記録されている。この児童は実母の母の籍に入っていることが記されているが、未婚の「混血児」の母という事実を隠そうとする家族の意図を推測できる。「混血児」に対する偏見が強かったこの時期には、世間の無理解も母親にとって大きな負担となっていたことが推察される。

以上のように、聖母愛児園資料群には、「混血孤児」の入所時の状況や出生の背景を知る貴重な資料が多く含まれている。資料からは、占領軍兵士から捨てられ、あるいは危害を加えられた母親たちが、子どもを手放さざるを得ない悲痛な状況にあったことが把握でき、本問題が占領に伴う悲劇であることを改めて実感することが出来る。本節で紹介した以外の資料にも、「混血孤児」問題を考察するうえで有意義な資料は多くあり、引き続き調査・研究を進めていきたいと考える。

おわりに

本稿では聖母愛児園資料群が持つ価値の一端を紹介したに過ぎないが、現在でも活用されている資料であることに加え、戦後横浜における「混血孤児」と母親たちが置かれた過酷な状況を知る貴重な資料が多く含まれていることを明示できたのではないかと考える。一九五二年（昭和二十七）に行われた厚生省の調査では、当時二〇万人以上存在すると想定されていた「混血児」の数が大幅に少ないことが判明したために、「混血孤児」の保護に対しても通常の児童養護施策の範囲内での措置を継続することが決定され、特別な対応が取られることはなかったが、本来、手厚い公的支援が行われるべき事例であったことは明白である。現在でも貧困や偏見に苦しむ当事者は多く存在するが、聖母愛児園は戦後期の活動のみならず、現在でも卒園生へのケアを同園資料の活用を通して継続している点で特異な存在であり、公的機関に代わり「混血孤児」問題に対し大きな役割を果たし続けている施設であると評価できる。

聖母愛児園の事例と同様に、「非常時」であった戦後混乱期の横浜で社会事業に従事した歴史を持つ団体の施設に保存されていた資料には、戦争被害者の実態解明に関する貴重な資料が多く含まれているが、まだ筆者が把握していない資料も多く存在する事が想定される。今後は市外の施設にも目を向け、調査を継続していきたいと考える。横浜市以外の事例では、現在、戦争孤児研究において民間施設所蔵資料の発掘が進みつつあり[20]、先述したエリザベス・サンダース・ホームでも、所蔵資料の公開・利用に向けたルールの策定が進められている[21]。また、社会事業史学会史資料問題委員会が編纂した『社会福祉史・社会事業史研究のための史資料ガイドブック』[22]内の諸論考において、施設所蔵資料の調査・研究に関する原理原則や資料収集・整理の方法などが詳細に記されているが、このような知見に則り、より多くの地域で、戦争被害者を救済した施設所蔵資料の発掘と調査・研究が進むことを期待したい。

本稿の執筆にあたり、社会福祉法人キリスト教児童福祉会 児童家庭支援センターみなとセンター長の工藤則光氏と、國學院大學大学院生の出口颯涼氏に、多大なご協力を賜りました。末尾ながら厚くお礼申し上げます。

註

（1）「混血児」の語は差別的用語として「国際児」「アメラジアン（Amerasian）」などの言い換えが進められているが、本稿では戦後期に公的にも使用されていた歴史的用語として括弧つきで「混血児」と表記し、「混血児」の孤児を「混血孤児」と表記する。また、本稿の引用文中には、今日の人権意識から見て不適切な表現があるが、資料が成立した時代を表す歴史的資料として、原文のままとし、引用文章に個人情報が含まれている場合は適宜伏字「〇〇」を付した。

（2）本展示の概要は、横浜都市発展記念館編『焼け跡に手を差しのべて―戦後復興と救済の軌跡―』（企画展示図録）横浜市ふるさと歴史財団、二〇一六年）、横浜都市発展記念館編『奥村泰宏・常盤とよ子写真展　戦後横浜に生きる』（企画展示図録）横浜市ふるさと歴史財団、二〇一八年）を参照されたい。

（3）筆者の現在までの調査成果の詳細については、拙稿ａ「戦後横浜の社会福祉事業―引揚者、浮浪児・戦争孤児、「混血孤児」の保護を中心として―」（『横浜都市発展記念館紀要』一二、二〇一六年）、ｂ「戦争被害者を救った横浜の人々」（『横浜都市発展記念館館報　ハマ発Newsletter』二七、二〇一六年）、ｃ「戦後横浜の戦争孤児を保護した民間児童養護施設」（『横浜都市発展記念館紀要』一三、二〇一七年）、ｄ「横浜の戦争孤児を保護したボーイズホーム」（『横浜都市発展記念館館報　ハマ発Newsletter』二八、二〇一七年）、ｅ「資料紹介　聖母愛児園・ファチマの聖母少年の町記録写真」（『横浜都市発展記念館館報　ハマ発Newsletter』三三、二〇二〇年）、ｆ「写真家・常盤とよ子が写した戦後神奈川の婦人保護事業」（『横浜都市発展記念館紀要』一六、二〇二〇年）、ｇ「焼け跡に手を差しのべた人々の記録―地域に残る戦後社会事業団体資料の価値―」（地方史研究協議会編『日本の歴史を原点から探る　地域資料との出会い』文学通信、二〇二〇年）、ｈ「戦後横浜における戦争孤児・「浮浪児」の実態―日本厚生団ボーイズホーム資料群の分析より―」・ｉ「戦後横浜の「混血孤児」問題と聖母愛児園の活動」（『横浜都市発展記念館紀要』一七、二〇二一年）を参照されたい（ｇ以外は全て横浜都市発展記念館公式ウェブサイトで閲覧可能）。

（4）拙稿前掲論文ａ・ｉ。

（5）聖母愛児園設立経緯の詳細に関しては、拙稿前掲論文ａ・ｉを参照されたい。

（6）加納実紀代「「混血児」問題と単一民族神話の生成」（恵泉女学園大学平和文化研究所編『占領と性―政策・実態・表象』インパクト出版会、二〇〇七年）。

（7）厚生省の調査に関する詳細は、拙稿前掲論文ｉを参照されたい。
（8）澤田美喜ａ『歴史のおとし子　エリザベス・サンダース・ホーム十年の歩み』（読売新聞社、一九五八年）、ｂ『黒い肌と白い心―サンダース・ホームへの道―』（日本経済新聞社、一九六三年）、ｃ『黒い十字架のアガサ』（毎日新聞社、一九六七年）、ｄ『母と子の絆―エリザベス・サンダース・ホームの三十年―』（ＰＨＰ研究所、一九八〇年）など。
（9）上田誠二ａ「占領・復興期の「混血児」教育：人格主義と平等主義の裂け目」（『歴史学研究』九二〇、二〇一四年）、ｂ『「混血児」の戦後史』（青弓社、二〇一八年）、ｃ「戦争孤児としての「混血児」―エリザベスサンダースホームと聖ステパノ学園の実践―」（浅井春夫・川満彰編『戦争孤児たちの戦後史』第一巻総論編、吉川弘文館、二〇二〇年）。
（10）前田一男「「混血児」の児童への対応」（横浜市総務局市史編集室編『横浜市史Ⅱ』第二巻（下）第六編第三章四、横浜市、二〇〇〇年）。
（11）奥村泰宏（写真）・東野伝吉（文）『敗戦の哀歌―ヨコハマ・フォト・ドキュメント―』（有隣堂、一九八一年）。
（12）小山景子「戦後神奈川県における「混血児」教育問題」（『年報　首都圏史研究』二、二〇一二年）。
（13）山崎洋子『女たちのアンダーグラウンド―戦後横浜の光と闇―』（亜紀書房、二〇一九年）。
（14）筆者が関係者や関連資料の紹介等で協力した番組として、「ＡＢＣテレビ　ドキュメンタリースペシャル　戦争が生んだ子どもたち」（朝日放送テレビ、二〇二〇年十一月二十三日放送）、「ハートネットＴＶ　ぼくらは〝戦友〟だった～ボーイズ・タウンの子どもたち～」（ＮＨＫ　Ｅテレ、二〇二一年八月九日初回放送）、「ＥＴＶ特集　ずっと、探し続けて～〝混血孤児〟とよばれた子どもたち～」（ＮＨＫ　Ｅテレ、二〇二一年十一月二十七日初回放送）がある。
（15）本資料についての詳細は、拙稿前掲論文ｉを参照されたい。
（16）神奈川県中央児童相談所の詳細については、拙稿前掲論文ｃ・ｈ・ｉを参照されたい。

(17) 奥平「天使と遊ぶ孤児たち—横浜聖母愛児園を訪う—」(『食生活』四七九、一九四九年)。マリア・アロイジオについての詳細は、拙稿前掲論文 i を参照されたい。
(18) 上田前掲書 b、三一～三五頁。
(19) 引用文の出典は、高橋芙蓉「既婚売春婦の実態調査」(一九五二年、『性暴力問題資料集成〈編集復刻版〉』第七巻、不二出版、二〇〇四年所収資料)。高橋芙蓉についての詳細は、拙稿前掲論文 f、i を参照されたい。
(20) 近年の特筆すべき成果として、浅井春夫・艮香織・酒本知美編『戦争孤児関係資料集成 第Ⅰ期 愛児の家史料』(全五巻、不二出版、二〇二〇～二一年)および本庄豊『児童福祉の戦後史—孤児院から児童養護施設へ—』(吉川弘文館、二〇二三年)がある。
(21) 阿久津美紀『私の記録、家族の記憶—ケアリーヴァーと社会的養護のこれから—』(大空社出版、二〇二一年)。
(22) 二井仁美「社会福祉施設所蔵資料の保存と調査—社会福祉史研究者の役割と課題—」、菊池義昭「社会福祉実践史研究における史資料の収集と活用方法」社会事業史学会史資料問題委員会編・発行『社会福祉史・社会事業史研究のための史資料ガイドブック』(二〇一〇年)。

自治体に保存された戦争の記録
―東京都北多摩郡東村山町を事例として―

高野　宏峰

はじめに

非常時を戦争にあてはめると、日本国においてはアジア・太平洋戦争が連想される。その際の記録保存にあたり、戦時中の役場職員が公文書をどのように扱ってきたのか、という問題がある。また、現在の文書館・図書館・博物館・自治体史の職員が、今日まで残されてきた「戦争の記録」（公文書・私文書・新聞・雑誌・書籍・映像・証言など）をどのように収集・整理して後世に記録を残すのか、また、戦争の事実を風化させずに記憶化することで平和を作る思考と行動へどのように結びつけることができるのか、という課題がある。(1)

本稿はアジア・太平洋戦争の際の市町村の持つ戦時公文書に焦点をあてる。その地域として東京都北多摩郡東村山町（現・東京都東村山市）を中心に述べていきたい。すなわち、自治体における戦時公文書の活用の概要や、地域と軍隊に関わる戦時公文書、および戦時中の兵事関係書類の管理を示す資料について紹介する。

一　戦争の記録と自治体の役割

1　自治体史と戦時公文書

平成から令和にかけて、「第二次」の自治体史編纂が東京都多摩地域で行われ、本年（二〇二二年［令和四］）でも狛江市・羽村市・府中市・立川市・清瀬市で事業が進められている。昭和期の「第一次」では不十分だった近現代史に力を入れているところが共通している。

この中で、アジア・太平洋戦争期の資料をどう扱うかが、各自治体の課題であった。資料の中核となるのは、各自治体の所有している公文書であるが、厚い簿冊の中から、それぞれの資料を件名にわけ、選択して掲載する必要があった。筆者が関わった自治体史に関して、文書群および資料編の資料タイトルの一部を紹介すると次の通りになる。[2]

狛江市史[3]＝狛江市非現用文書、狛江村会議事録

「狛江村昭和二十年中事務報告」／「関東防空演習に関し消防組職務調査」／「狛江村警防団設置関係書類」

立川市史[4]＝旧砂川村役場文書、旧立川市役所文書、永年保存文書（会議録など）

「天皇行幸、陸海軍新鋭航空兵器天覧」／「砂川村の元軍用地調」／「艦載機による立川飛行場の空襲被害」

東村山市史[5]＝東村山行政文書（公告録、学事社会関係綴など）、東村山村（町）兵事関係書類、東村山町会議録

「東村山町昭和十九年中事務報告」／「防空陣地建設勤労奉仕出動に関する件依頼」／「動員日誌（抄）」／「軍人援護事業経費調に関する件報告」／「前年度簡閲点呼終了後の在郷軍人一般状況調書報告の件」／「召集入隊中止並ニ兵事関係書類処理に関する件通牒」

『新狛江市史　資料編近現代4』は三九三点の資料を収録し、そのうち狛江市非現用文書が七五点、狛江村会議録が一五点であった。

『新編立川市史　資料編近代2』は六〇八点の資料を収録し、そのうち旧砂川村役場文書が一〇四点、旧立川市役所文書が九六点、永年保存文書が四三点であり、編集にあたって公文書を最重要資料として扱っていた。また、立川市史編さん事業に先立ち、砂川村役場研究会により目録と成果報告書が刊行され(6)、件名も含めた公文書の目録が整備された状態で市史の調査ができるという、恵まれた体制で取り組むことができた。

東村山市史編さん事業でも公文書を重視したが、その収集・整理は事業開始後から本格化した。戦時公文書は市史編さん事業の成果を引き継いだ東村山ふるさと歴史館で活用され、収集・整理も継続された。

2　戦争展における公文書の活用

東村山ふるさと歴史館は、二〇一二年（平成二十四）に企画展「町の記録が語る戦時中の東村山〜隠された徴兵の記録〜」を開催した。この展示は東村山が村から町となった一九四二年（昭和十七）の七〇年後の節目にあたることから、その前後の時期の公文書と町長の日記を取り上げ、戦時中の東村山町を五つの項目に分けて概観した。文書群ごとにまとめると次のA〜Cとなるが、二〇二二年の企画展の後にDの中から戦時公文書が見出されたので合わせて紹介する。

A　東村山町長小池喜八日記(7)

戦時中の町長日記で公用日誌の性格を有していることから、東村山町作成の公文書ではないがそれに準ずるものとして提示した。一九四四年の日記は上半期・下半期で様相が変わり、上半期は戦時動員体制が強化されていく様子を、下半期は刻々と戦況が悪化していく様子を記す。一九四五年の日記は軍隊や公的機関との交渉に忙殺される町長の姿を記す一方で、空襲や火災の罹災者のために奔走する姿も記されている。これらは他の公文書と関連し、時系列で状況を知り得る貴重な記録となっている。

主な資料：「昭和十九年　小池喜八日記」／「昭和二十年　小池喜八日記」

B　東村山村(町)兵事関係書類(8)

＊第二節にて後述。

主な資料：「自昭和十六年四月至昭和二十年九月　動員ニ関スル発来翰綴」／「自昭和十二年七月至昭和二十年六月　動員日誌」／「動員実施業務書」／「召集通報人用電報」／「召集通報人用はがき」

C　東村山行政文書(市史)(9)

第一次・第二次市史編さん事業の際に収集された公文書の一部で、市史本編刊行終了後も公文書の移管があった。事務報告書からは疎開受入れや空襲被害の一端がわかるものの、詳細は証言や別の記録で補う必要があった。

主な資料：「昭和十八年　軍事援護関係書類綴」／「(昭和十九年　警防関係書類綴)」／「昭和二十一年　警防関係書類綴」／「昭和十九年　東村山町事務報告書」／「昭和二十年　東村山町事務報告書」／「昭和二十二年学事関係書類綴」

D　東村山行政文書(郷土館)(10)

市史編さん事業とは別に、東村山ふるさと歴史館の前身である東村山市立郷土館が受入れていた公文書群。左記資料はそのうちの一つで、東村山ふるさと歴史館は二〇一五年一月発行の『東村山市史研究』第二四号にその内容の一部を紹介し、同年夏の終戦七〇年企画展で展示した。赤坂国民学校の疎開児童受入れ、都立牛込図書館の図書疎開受入れ、歩兵第五〇三聯隊の化成国民学校移駐に関する資料が綴られている。

主な史料：「自昭和二十年至昭和二十一年　学事関係書類綴」

東村山における戦時公文書は、後述する「兵事関係書類」を除くとあまり残されていないものの、町長の日記がその間隙を埋めていた。

二　地域に残された軍隊の記憶と記録

1　東京都多摩地域における軍事関連施設と軍隊

東京都多摩地域の戦時期の特徴は、東京都心部との交通の便がよく、広大な土地を有する地域であったことから、軍事関連施設や軍需工場の建設・移転が盛んであったことである。立川市には立川飛行場とそれに付随する軍隊や軍需工場があり[11]、狛江村（現・狛江市）には東京航空計器・東京重機・国際電気通信など軍需産業が進出していた[12]。

東村山町南部地域とそれに隣接する小平町（現・小平市）北部地域には、一九四〇年（昭和十五）に商工省（軍需省）機械試験所が開設され、一九四二年に陸軍少年通信兵学校が移転してきた。陸軍少年通信兵学校の東方に東京陸軍兵器補給廠小平分廠と傷痍軍人武蔵療養所があり、南方に東部国民勤労訓練所があった[13]。この地域は広大で安価な土地があり、西武鉄道村山線・川越線や武蔵野鉄道多摩湖線が通じ、府中街道沿いであることなどから交通の便がよかった。小平町北部地域は、一九二一年（大正十）における航空第五大隊敷地の候補地の一つであり、「甲候補地ニアリテハ川越線小川停車場ニ近ク、乙候補地ニアリテハ中央線国分寺停車場ヨリ約二千米」と、交通の便のよさを利点にあげられていた[14]。

このほか、「終戦における第一総軍隷下部隊一覧表」（『戦史叢書　本土決戦準備1　関東の防衛』）には、多くの陸軍部隊が多摩地域に展開している状況が見てとれる。多摩地域の身近なところに軍隊が配備されており、戦争末期においては前線さながらの状況にもなっていたことをうかがわせる。

敗戦時、陸海軍では各司令部から現地部隊に至るまで文書の焼却が行われたが、焼却をまぬがれた文書は米軍に押収されたのち一九五八年に返還されて、現在は防衛研究所に所蔵されている。[15] また、国内に拠点を持っていた現地部隊・軍機関はそれぞれの地域と関係を持っていたことから、地域の側に公文書が残されている例がある。次に東村山での事例を紹介する。

2　歩兵第五〇三聯隊の東村山町立化成《かせい》国民学校駐屯

東村山町については、聞き取り調査の中から地域と軍隊の関係が知られていた。その存在をうかがわせるものとして、東村山町に疎開に来ていた児童から、兵隊が疎開していた寺に来てくれた、との証言があった。[16] また、『東村山町教育の歩み』にも駐屯部隊が化成国民学校を徴用していたことが記されており、[17] 東村山町には陸軍少年通信兵学校のほかにも軍隊がいたことを示唆していたが、詳細は不明なままであった。

二〇一二年（平成二十四）の企画展準備の際に、一九四五年（昭和二十）の町長日記を発見し、日記の五月八日の項に「武蔵隊一四二四四部陸軍大尉大田赴氏来訪、村山貯水池を中心に軍隊二五〇〇名駐屯につき宿舎の交渉あり、高橋校長の来集を求め協議す」とあるのを見出した。関連記事は十月十三日まであり、軍隊と東村山町の関係の一端が明らかになった。[18] 武蔵隊一四二四四部隊は通称名で、実は第二〇一師団隷下の歩兵第五〇三聯隊である。[19]

戦局が日本にとって不利になると、本土防衛の整備が進められた。大本営は一九四五年初頭から六月頃にかけて本土防衛決戦軍の編成を行い、沿岸配備師団として一六個師団、機動打撃師団として八個師団等を編成した。[20] 機動打撃

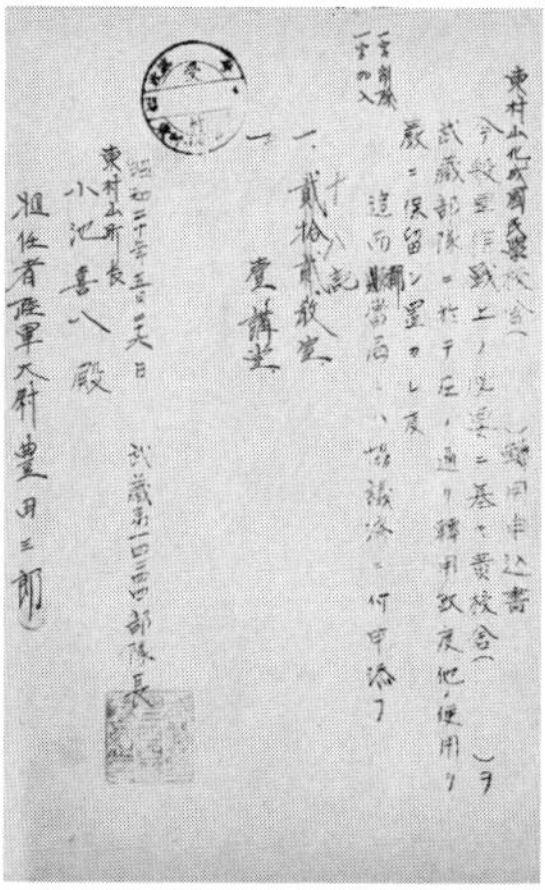

写真1　東村山化成国民学校舎転用申込書（武蔵第一四二四四部隊の印）「自昭和二十年至昭和二十一年　学事関係書類綴」（東村山行政文書（郷土館）19　東村山ふるさと歴史館所蔵）

師団の一つである第二〇一師団は東京都国立に師団司令部を置き、それに属する第五〇三聯隊は四月二日に千葉県佐倉の佐倉兵営で編成がはじまり、その後は村山貯水池方面に展開した。

聯隊は約二五〇〇人の規模で、東村山町・小平町・大和村（現・東大和市）・久留米村（現・東久留米市）に駐屯した(21)。東村山町には聯隊のうち田中部隊（大隊長田中祐輔少佐）五〇〇人弱が駐屯し、東村山町立化成国民学校を兵舎に転用した。この関係の公文書は「自昭和二十年至昭和二十一年　学事関係書類綴」に綴られている(22)。例えば武蔵第一四二四四部隊長の「東村山化成国民学校舎転用申込書」には部隊長印が確認され（写真1）、東村山町長の「国民学校々舎転用ニ干スル件報告」には次の通り記されている(23)。

発学東第三三五号

昭和二十年六月一日

東村山町長　小池喜八

北多摩地方事務所長殿

国民学校々舎転用ニ干スル件報告

本町立国民学校転用申込有之候条、左記通報告候也

記

利用スヘキ学校名	需要者所在地及名称	交渉責任者職氏名	利用範囲及坪数種別室数坪数	利用時期	利用目的	転用ニ干スル異見
東村山化成国民学校	武蔵第一四二四四部隊	陸軍大尉豊田三郎	十八教室一講堂附属廊下及便所六七七坪二合四勺	昭和二十年六月五日ヨリ迄	部隊兵舎	差支無之
		追加	五室　一四〇坪九勺			

化成校は、一二三教室・講堂・附属廊下・便所等、約八二〇坪（約二七一一㎡）を兵舎として提供した。[24] 化成校の教室数（普通教室）は分教場を含めて三七教室（内本校に三一教室）で、児童一三三九人（四一学級、動員学徒四七人一学級を除く）は分教場を含めて二部授業をよぎなくされ、勤労奉仕など教室外での活動を増やすなどした。[25]

東村山町から田中部隊への協力は、馬糧・鶏卵・防空壕資材の提供などであり、田中部隊から東村山町への協力は、車輌の貸与や、醤油・味噌・塩・茶の払い下げなどであった。軍隊の駐屯は、その存在が頼もしく思われた面もあったが、兵士は竹を食器代わりに使用するなど装備の不足は明らかで、空襲にはなすすべもなかったという。[26] 八月二十九日、田中部隊の解散に伴い役場で名残の宴が開かれ、九月二十四日には田中少佐が暇の挨拶をし、東村山町に別れを告げた。

なお、戦争末期の東村山町への軍隊の駐屯は第五〇三聯隊だけではなかった。小池喜八日記中に記載のある軍隊は表1の通りとなるが、[27] これらについての公文書は第五〇三聯隊関係のものを除くと、東村山地域に残されていない。多くは、本土決戦や本土防空戦に備えての軍隊の配置であり、国民義勇戦闘隊や地区特設警備隊の編成と合わせて戦争末期における地域の中の軍隊を考える手がかりとなるだろう。

表１　東村山町に関係した主な軍隊

小池喜八日記記載の通称名／正式名	東村山町に関係した時期（折衝時期含む）	備考
東部（天翔）第18474部隊 第65飛行場中隊	1944年8月～9月、1945年5月	所沢飛行場周辺に展開。八国山の軍工事を東村山町（現東村山市）に指示。八丁山（所沢町／現所沢市）での擬装掩体壕の構築を東村山町に指示。
東部（晴）第1991部隊 高射砲第116聯隊	1944年10月～1945年10月	所沢飛行場周辺に展開。一部（松井隊）が東村山町大字大岱に陣地を構える。
第二技術研究所 第二陸軍技術研究所	1945年2月～？	小平町（現小平市）に所在。電波研究所を東村山町に建設。
東部（紺）第560部隊 所沢航空教育隊	1945年3月～8月	所沢陸軍整備学校から改編された部隊。「せいげん隊」が東村山町に陣地を構え、倉庫を使用。
武蔵第14244部隊 歩兵第503聯隊	1945年5月～10月	本土決戦のための新設部隊。田中部隊500人弱が化成国民学校に駐屯。
東部（晴）第1903部隊 高射砲第112聯隊	1945年6月～7月	祖師谷（現世田谷区）および調布飛行場周辺に展開。32人が東村山町に来町。
東部第92部隊 電波兵器練習部	1945年頃	多摩技術研究所は電波兵器を研究開発する陸軍および陸軍航空の技術研究部門を統合して創立、小平町などに所在。その隷下として設立された電波兵器練習部隊は小平町や谷保町（現国立市）に所在し、東村山町にも陣地を構える。
海軍兵 （部隊名不明）	1945年5月～6月	入山地区（現西武鉄道多摩湖駅付近）にて松根油竈築造を行う。
海軍農耕隊 （部隊名不明）	1945年5月～6月	海軍増産隊として、51人が東村山町に宿泊し麦刈り奉仕などに従事。
東部第30650部隊 東京地区第10特設警備隊	1945年5月～8月	地区特設警備隊は防衛召集により担当地域を警備。小平町小平青年学校に本部を置き、化成国民学校で訓練を行う。
国民義勇隊	1945年5月～12月	本土決戦時には国民義勇戦闘隊に移行、町内会部落会単位に名簿作成。

『東村山地域をめぐる銃後と前線』（東村山ふるさと歴史館、2015年）掲載の表を、『東村山市史叢書 第一集 小池喜八日記』（東村山市、2006年）と『町の記録が語る戦時中の東村山』（東村山ふるさと歴史館、2012年）で補訂の上修正。

このほか東村山町は、東京陸軍少年通信兵学校や東京陸軍兵器補給廠小平分廠とも、勤労奉仕などを通じて関係があった。

三　兵事関係書類の整備と破棄

1　東村山町兵事関係書類

第二次世界大戦以前の近代日本においては、国民に兵役義務があった。当時の市町村役場は兵事行政の末端組織として徴兵・動員業務を担い、それを担当する吏員として兵事係（兵事主任）を置いていた。しかし一九四五年（昭和二十）八月十四日のポツダム宣言受諾決定の直後、大本営から軍の機密書類と兵事関係書類の焼却命令が出され、敗戦時に全国の市町村役場で一斉に焼却された。

東村山町役場の兵事主任であった野口好古は、焼却命令に反して秘匿し、貴重な記録が残されることとなった（現在、東村山ふるさと歴史館蔵）。同様に兵事係が密かに残していた兵事関係書類が公開された事例として、富山県庄下村（現・砺波市）、栃木県中村（現・真岡市）、滋賀県大郷村（現・長浜市）などがある。また、埼玉県吾妻村（現・所沢市）・高階村（現・川越市）、新潟県和田村（現・上越市）、愛知県河合村（現・岡崎市）などのように、兵事関係書類の中でも焼却命令対象外の書類が役場文書に残存することがあり、兵事関係書類の出現は今後も期待できる。

兵事係（兵事主任）および兵事関係書類の研究は、前述の残された資料をもとにしたものがあり(28)、その当事者（担当者）の証言も貴重な記録として活用された(29)。東村山市では市史編さん事業に伴い、元兵事係の聞き取りを実施し、その全容を市史研究に収録した(30)。このほか市史本編でも資料の活用・収録がなされ(31)、その後も市史研究に関係論文と目録を収めた(32)。東村山ふるさと歴史館の二〇一二（平成二十四）年度・二〇一五年度などの戦争関連展示でも活用された(33)。目録には十五年戦争期の「動員日誌」「動員関係書類発来翰綴」等一一一二点の公文書を収録しているが(34)、大半が簿冊

表2 「動員ニ関スル発来翰綴」の昭和20年度件名目録

綴込順序	関係番号 月日	書類標示の概要	関係官公庁署長	完了月日	摘要
1	発東兵動第1号 4月1日	第一国民兵役編入者表提出ノ件	武蔵野警察署長	4月1日	発送
2	東聯動庶第94号 4月5日	昭和二十年度第一次動員業務検閲ニ関スル件通牒	東京聯隊区司令官	4月8日	綴込
3	発東兵動第3号 4月10日	昭和二十年度臨時徴発馬匹差出日割表返戻ノ件	武蔵野警察署長	4月10日	発送
4	発東兵動第4号 4月10日	徴発自動車配当表返戻ノ件	武蔵野警察署長	4月10日	発送
5	東聯動庶第98号 3月31日	昭和二十年度動員計画ニ関スル件通牒	東京聯隊区司令官	4月16日	綴込
6	東聯動庶第115号	昭和二十年度第一次動員業務検閲ニ関スル件通牒	東京聯隊区司令官	4月25日	綴込
7	武警兵発第474号 5月9日	空襲災害等ニ依ル軍用予備自動車至急通報相成度件	武蔵野警察署長	5月25日	綴込
8	武警兵発第428号 5月16日	近衛師団召集徴発雇傭事務規程中改正ノ件	武蔵野警察署長	5月25日	綴込
9	東聯動補第20号 5月7日	転籍ノ件通牒	東京聯隊区司令官	5月25日	綴込
10	5月20日	罹災区役所ノ戦訓ニ基ク将来ノ対策	東京聯隊区司令官	5月25日	綴込
11	武兵第509号 5月23日	召集帰郷者ニ関スル件	武蔵野警察署長	5月25日	綴込
12	発東兵動第8号 5月25日	前年度簡閲点呼終了後ノ在郷軍人一般状況調書報告ノ件	武蔵野警察署長	5月25日	発送
13	武警兵発第556号 6月13日	馬異動報告提出セラレタキ件通牒	武蔵野警察署長	6月15日	回答
14	事務連絡 7月14日	防衛徴発自動車名簿至急提出相成度件	東京地区司令部動員係	7月22日	綴込
15	発東兵動第18号 7月23日	防衛徴発自動車名簿提出ノ件	武蔵野警察署長	7月23日	発送
16	東聯動庶特第52号 7月23日	召集業務実施ニ関スル件通牒	東京聯隊区司令官	7月25日	綴込
17	武警兵号外	召集入隊中止並ニ兵事関係書類処理ニ関スル件通牒	武蔵野警察署長	8月20日	綴込

であるため、それぞれに多数の公文書が綴られている。件名目録の一例を表2にまとめた。

兵事関係書類の研究や活用については、資料の紹介や文書焼却の問題に重きが置かれ、役場での管理状況を論じたものは少なく[35]、東村山ふるさと歴史館の展示でも踏み込んだ考察を行うに至らなかった。今回注目するのは、敗戦時焼却以前に空襲により焼却された公文書と、空襲下における管理・対策が周知徹底された事例である。

2　在郷軍人名簿と召集業務

一九二七年(昭和二)に公布された「兵役法」により、男子は二十歳の年に徴兵検査を受検し、合格者の中から抽選で一部の者が軍隊に入った(現役兵)。期間は二年であったが、その後も予備役・後備兵役等として、四十歳まで軍に登録された。抽選から漏れたものも補充兵等として、戦時下には召集令状を受ける対象となった。彼らは在郷軍人会に組織され、簡閲点呼等を通じて、兵士としての資質の維持がはかられた。

召集に使用される重要資料に「在郷軍人名簿」がある。在郷軍人本人の氏名や、本籍地・軍歴・兵種・職業などが記入され、二部作成されて一部を軍に提出した。軍は在郷軍人の実態を把握するためその情報を集積し、しばしば名簿の点検を行った。在郷軍人名簿の凡例に「在郷軍人名簿ハ、戸籍簿及犯罪者名簿並ニ聯隊区司令部保管ノ兵籍等ト照合シ、正確ヲ期スル如クスルモノトス」とある。この名簿が召集令状交付にあたっての基礎資料であり、適材適所の兵を召集するために「職業(特有ノ技能)」欄は特に重要視された[36]。

なお、「在郷軍人名簿」は東村山村(町)兵事関係書類目録に含まれず、市の地域福祉課が所管している。これは戦後しばらくして、元軍人の履歴を証明するために必要となり、民生課に提供されたという事情による[37]。

徴兵業務に係る兵事関係書類は各市町村で作成され、厳重に保管されていた。東京都内の自治体は東京聯隊区司令部より定期的に動員事務検閲を受けていた。一九四四年度の動員事務検閲は五月三日から七月五日まで行われ、一一区役所・二市役所・二町役場・一村役場・四警察署を動員主任らが巡回して、管内在籍の在郷軍人の異動状況などを検閲した。検閲の際の東村山町の状況報告からは、同町が兵事事務処理を迅速に行うため兵事係と戸籍掛の業務連絡を密にし、戸籍記載事項の異動の把握や未教育兵の戸籍抄本を司令部へ迅速に送付していることなどがわかる。[38]

軍への召集は「赤紙」と呼ばれる召集令状によって行われた。東村山の場合、麻布聯隊区司令部→田無（武蔵野）警察署→東村山町役場という流れで召集令状が役場に届き、担当警察官立会いのもと、役場の兵事係が在郷軍人名簿と照合し、兵事係ら役場吏員が「急使」として配達し、本人（応召員）に手渡された。[39]なお、応召員不在時には代理人（戸主→家族→召集通報人→召集通報人家族）に手渡すこととなっていた。

「動員日誌」の記事より出征風景をみると、一九四一年六月十日に「村長以下各種団体員、一般村民等多数歓送シ盛大ナリ」とあるのが、七月六日に「防護上ヨリ盛大ナル歓送ハ今後廃止サレルルコトトナレリ、各自沈黙ノ中ニ出発セリト雖モ志気旺盛ナリ」と記され、[40]「関東軍特種演習」を名目とした秘密動員の一端を示している。

3　空襲下の資料保全

戦争末期になると、空襲により在郷軍人名簿など兵事関係書類の焼失があいつぎ、その対策が必要となった。一九四五年（昭和二十）二月二十六日付通達（写真2）には、「某区役所」において焼夷弾による火災で兵事関係書類が焼失したことから、格納施設の完備や搬送用具の整備などが対策として紹介され、搬送用具として「軽快ニ収納搬送シ得ル程度ノ袋、行李、鞄、箱等ヲ準備」することとされた。[41]また、三月十九日付通達により、「空襲罹災時ニ於ケル召集業務完遂」のための対策が求められ、在郷軍人名簿などが焼失すれば「再調」することとされた。[42]在郷軍人名簿は原

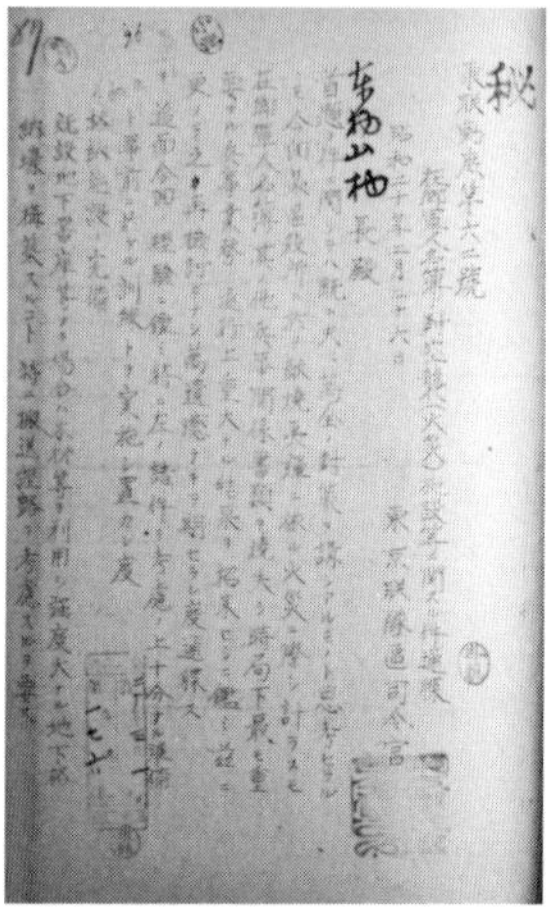

写真2 在郷軍人名簿ノ対空襲(火災)施設等ニ関スル件通牒(部分)「自昭和十六年四月至昭和二十年九月 動員ニ関スル発来翰綴」(東村山村(町)兵事関係書類4 東村山ふるさと歴史館所蔵)

簿が東京聯隊区司令部にあるので、罹災自治体から派遣された人員がそれを書き写すことで「再調」し、召集業務に支障がないようにするものであった。

また、空襲に伴う在郷軍人の避難(疎開)先を兵事主任が把握する必要があるが、三月十三日付の帝国在郷軍人会東京支部長からの「空襲罹災時ニ於ケル在郷軍人ノ把握並ニ関係警市区町村トノ連繋ニ関スル件通牒」には、帝都に対する空襲の増大を予想して、その中での在郷軍人の把握に努める処置が次の通り示されている。(43)

左記

一、聯合分会長ノ会員把握ニ就テ

聯合分会長ハ分会長ヲ、分会長ハ班長ヲ、班長ハ会員ヲ確実ニ把握スヘキコト、之ガ為メ班長ハ班員ノ死亡、避難(疎開)者ノ行先ヲ速カニ分会長ニ報告シ、分会長ハ聯合分会長ニ報告、聯合分会長ハ各分会ノ報告ヲ取纏メ支部長ニ急報スルモノトス

二、関係警市区町村長トノ連繋ニ就テ

㈠聯合分会長ハ会員中ヨリ所用ノ人員ヲ関係役所ニ派遣シ、兵事罹災(疎開)係ト密ニ連繋シ、在郷軍人ノ増減ヲ明確ニス

㈡会員ノ避難(疎開)者ニ対シテハ其ノ行先ヲ聴取、各班別ニ記録、調製スルト共ニ分会長ニ通報ス、分会長ハ班長ノ報告ニ基ク避難(疎開)者ノ行先ヲ照合シ、異ル場合ハ適宜会員名簿ニ記入スルモノトス

㈢在郷軍人ノ転住者ニ対シテハ、即時現住地分会ニ入会セシムルト共ニ、現住地分会長ニ通報ス、分会長ハ会員名簿ニ記載ノ後班長ニ通報シ、班長ヲシテ確実ニ把握セシムルモノトス

（後略）

すなわち、支部長―聯合分会長―分会長―班長―会員という、在郷軍人会の系統的組織のつながりを利用して、会員の生死や避難先など、召集されるべき在郷軍人の動向を把握しようとしていることがわかる。

先の通達は、三月十日の東京大空襲を受けてのものと思われるが、さらに次に掲げる五月二十日付の東京聯隊区司令部の通達から、二月十九日・三月十日・四月十四日・四月十六日に一〇の区役所が空襲により罹災したことがわかる(44)。

罹災区役所ノ戦訓ニ基ク将来ノ対策

昭和二十年五月二十日
東京聯隊区司令部

罹災状況	対策
一、焼失区役所 葛飾（二月十九日）　本郷（三月十日） 本所（三月十日）　城東（三月十日） 江戸川（三月十日）　豊島（四月十四日） 王子（四月十四日）　板橋（四月十四日） 足立（四月十四日）　蒲田（四月十六日）	一、直撃ニ依ルモノヨリ延焼ニ依ル場合多シ、而シテ延焼ヲ防止センガ為ニハ周囲ノ家屋ハ一〇〇米以上疎開セシムルヲ要ス
二、直撃ニ依ルモノ　二 延焼ニ依ルモノ　八	二、時間ニ余裕ナキ場合多シ、故ニ常ニ待機ノ状態ニ在ルヲ要ス
三、周囲ノ家屋トノ距離	三、不完全ナル書庫ニ格納シ又ハ警報ニ依リ格納スルハ共ニ不可ナリ、故ニ完全ナル書庫ナキ場合ハ庁舎ヨリ五米以上ヲ離隔セル地下壕ヲ構築シ、書類ハ使用時以外常ニ格納シ置クヲ要ス、而シテ地下壕ハ覆土ヲ十分ニシ、且特

13m乃至60m

四、警報発令後余裕ノ有無

0分乃至1時30分

五、書類ヲ焼失セルモノ

書庫内ニテ　三

書庫外ニテ　二

六、書類ヲ確保セシモノ

地下壕ニテ　二

河中ニ投入レテ　一

書庫内ニテ　一

予メ移転シアリタルモノ　一

尚ホ三月十日以前ノモノハ殆ト焼失シ、四月十四日以後ノモノハ殆ト確保ス

七、書類復旧所要人員

平均　延　二三〇人

八、書類復旧所要経費

平均　一、九〇〇円

九、復旧ニ最モ困難ヲ感シツツアルハ資材ノ入手ニ在リ

一〇、罹災在郷軍人ノ掌握ハ概ネ二割以下ナリ

ニ出入口附近其ノ他ニ絶対ニ木部ヲ露出セザルノ注意ヲ要ス

四、罹災区役所十箇所ノ内、三月十日以前ノモノ五箇所ハ殆ト書類ヲ焼失シ、爾後ノモノハ殆ト焼失ヲ免レ得タリ、此レ前者ノ体験ニ基ク周到ナル準備ト、当事者ノ熱意トニ因ルモノ尠シトセズ

故ニ将来ハ益々過去ノ貴重ナル体験ヲ十分研究活用シ、以テ書類等ノ確保ニ遺憾ナカラシムルヲ要ス

五、復旧資材ノ準備ニ関シテハ、既ニ都庁ニ於テモ研究努力セラレツツアル所ナルガ、各区役所自体ニ於テモ予メ十分ナル著意ト努力トヲ要ス

六、罹災在郷軍人ノ掌握ニ関シテハ、既ニ聯隊区司令部ニ於テ届出ニ関スル報導、配給機構トノ連繋ニ依ル異動ノ把握等ニ関シ夫々上司ニ手続キシアル所ナルモ、各区役所ニ於テハ、尚ホ掲示、回覧板等ニ依リ届出ヲ励行セシムルノミナラズ、分会、町会、隣組等ノ組織ヲ活用シ、積極的調査主義ニ依リ之カ掌握ニ努力スルヲ要ス

この資料では、区役所の罹災状況を一〇にわけて記し、その対策として六項目をあげている。以下この六点にわけて、区役所の罹災状況と対策についてみておこう。

①区役所の焼失は直撃によるものが二で延焼によるものが八であり、周囲家屋との距離が一三〜六〇mであった。つまり延焼を防ぐ対策として周囲の家屋一〇〇m以上を疎開させる必要があるとしている。

②警報発令から延焼までは〇分から一時間三〇分で、時間の余裕のないことが多く、対策として常に待機する必要があるとしている。

③区役所焼失における書類の焼失・確保という点でみると、書庫内にて書類を確保した区役所は一のみで、書庫内で書類を焼失した区役所は三あった、一方、地下壕で書類を確保した区役所は二あった。不完全な書庫での書類確保や警報発令後に書類を格納することは不可であり、対策としては、完全な書庫がない場合は、庁舎から五m以上離れた場所に地下壕を構築し、書類については使用時を除きそこに格納しておくことを求めている。

④罹災しても書類の類焼を免れた区役所は五あり、書類の確保は地下壕、河中投入、書庫内、事前の移転によりなされた。これは三月十日以前に延焼した区役所の体験に基づき周到な準備をしたからであり、三月十日以前の罹災区役所は殆ど書類を焼失している。対策として、将来は貴重な体験を研究して書類確保に努める必要があるとしている。

⑤書類の復旧には平均で延二三〇人・一九〇〇円を費やし、復旧の資材の入手に苦労していた。これについては都庁においても研究しているところであるが、各区役所の努力を必要としている。

⑥罹災区役所での罹災在郷軍人の掌握は二割以下にとどまっていることから、掲示・回覧板による罹災軍人届の提出を呼びかけるのみならず、在郷軍人分会や町会・隣組を活用して積極的に調査しての掌握をめざすことを促し

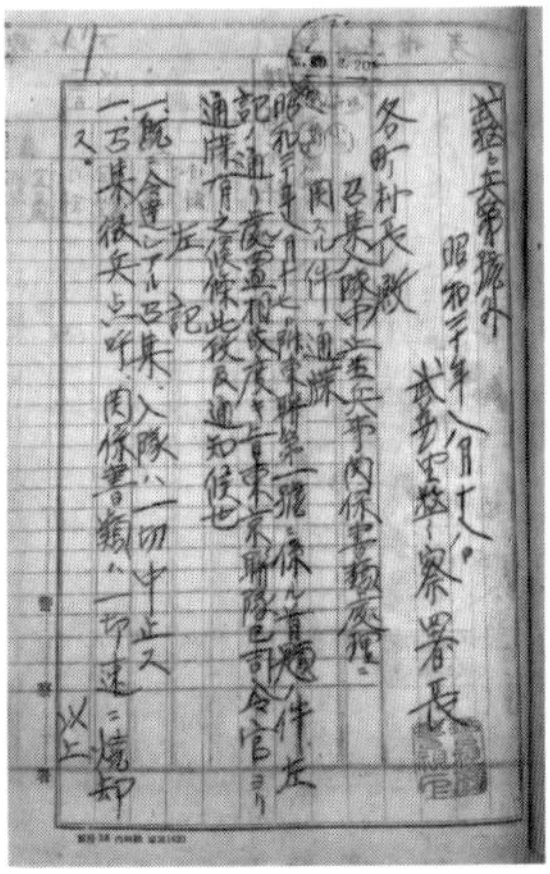

写真3　召集入隊中止並ニ兵事関係書類処理ニ関スル件通牒「自昭和十六年四月至昭和二十年九月　動員ニ関スル発来翰綴」(東村山村(町)兵事関係書類4　東村山ふるさと歴史館所蔵)

ている。

東村山町での空襲罹災の状況を動員業務との関連で見ておこう。東京聯隊区司令部による動員業務検閲の際（四月二十六日）に東村山町長は状況報告を提出した㊺。これによると、同町への数回にわたる約三〇〇発の爆弾投下を受けて在郷軍人一人の死亡があり、旧東京市内居住の在郷軍人八七人のうち罹災者一二人と生死不明者一人があった。罹災在郷軍人に対しては知人や召集通報人を通じて連絡を取っていることから、動員下令には問題ないとしている。

東村山町は一九四五年中に九回の空襲を受け、四月二十四日には死亡者四六名、家屋全壊二五戸の被害があった㊻。それでも、動員日誌の四月二十五日の記事には「前日相当ノ被害ヲ生ゼシモ、影響ナシ」、五月五日の記事には「空襲ニヨル火傷ノタメ到着遅延届提出」とあり㊼、空襲下であっても動員業務を継続している様子が見てとれる。

こうして、空襲下においても兵事関係書類は厳重に管理され、焼失したとしても「再調」されて動員業務は滞りなく遂行されていた。七月二十三日には東京聯隊区司令官より「召集業務実施ニ関スル件通牒」が送付され、「戦局ノ進展ハ遂ニ本土決戦ノ段階ニ突入シ、皇土防衛態勢ノ確立強化ハ愈々急ヲ要スルモノアル」の折柄、改めて召集業務の徹底がなされた㊽。ところが、その一か月もたたないうちに敗戦となり、大本営は軍の機密書類と兵事関係書類の焼却命令を出した。この通達は、召集令状配達の命令経路と同様に麻布聯隊区→武蔵野警察署→東村山町という経路をたどり、東村山町役場は、「召集・徴兵・点呼関係書類ハ一切速ニ焼却」する旨の通達を受領した㊾（写真3）。これにより、全国の市町村役場では兵事関係書類が一斉に焼却されたが、東村山町役場兵事主任の野口好古はその命令に反して文書を「燃したことにして重要と思われるものだけを自分の家へ持ってきて」秘匿し、貴重な記録が残されることとなった。野口はその理由として「自分でつくった記録を捨てるのが残念で残しました」と証言している(50)。

おわりに

以上、自治体に保存された戦争の記録について、東村山市での事例を中心に述べてきた。

第一節では、自治体の持つ戦時公文書を自治体史と地域博物館でどのようなものを扱ってきたかをまとめた。公文書は送達・回答等を綴った簿冊であることが多く、その件名目録の作成こそが、市史編さん事業にとって有用な作業となっている(51)。

第二節では、「記憶」が地域に残された軍隊の記録をひもとくきっかけとなり、役場の公文書の中から地域と軍隊の関わりを示す資料が見出された事例を紹介した。東村山市は、軍隊の記憶と一九四五年(昭和二十)町長日記を結びつける展示を行い、『東村山市史研究』第二四号にて歩兵第五〇三聯隊の化成国民学校の使用に関する公文書を紹介した。

第三節では、非常時の文書管理の一事例として空襲下における兵事関係書類の管理について紹介した。動員業務のあくなき徹底がみてとれ、そのことが、戦時中の焼却された文書の再調と敗戦時の文書焼却との相剋をあぶり出している。本書のテーマ「非常時の記録保存」にとって考慮すべき注目点である。

最後に、本書のテーマ「記憶化」について述べて結びとしたい。「戦争の記憶」という点について二〇一五年(平成二十七）度に多摩地域の博物館で出された課題を紹介する。

二〇一五年はアジア・太平洋戦争が終結してから七〇年の節目にあたる年で、全国の地域博物館においても関連の展示が数多く開かれた。多摩地域の博物館では、町田市立博物館、調布市郷土博物館、福生市郷土資料室、日野市郷土資料館、小金井市文化財センター、東大和市立郷土博物館、八王子市立郷土資料館、東村山ふるさと歴史館などで開催され、「東京都三多摩公立博物館協議会会報」に戦後七〇年展という特集が組まれて紹介された[52]。

各館が戦後七〇年関連の展示を行った理由は、地方史研究協議会の博物館・資料館問題検討委員会の指摘した、「戦争の記憶が風化することへの危機感から、聞き取り調査を行う機会として捉え、その成果を後世に伝えるために展示を企画」や、「博物館における資料の調査や収集・保存の成果として（中略）七〇年を機会に博物館に収蔵されている資料を公開」と重なるものであった[53]。

多摩地域における戦争展の企画側の意見としては、「関係資料の整理が進み、情報共有がなされてくると、記憶・記録の断片が新たな事実を浮かび上がらせる」（東村山）、「今回の展示は、戦争体験のある来館者にとっては、自分の記憶がよみがえる場であり、戦争を知らない世代にとっては、戦争の記憶を継承する場であり」（調布）、「負の歴史は語りにくく、受け取る側も暗い気分になる。しかしそれを次世代に伝えていくことは、地域博物館にとって重要な役割」（福生）、「展示とともに、体験談を後世に伝え、残していくことが必要」（八王子）などがあり、戦争体験者が次第に少なくなる中での、記憶の継承の模索が行われていた[54]。

このように戦後七〇年時点では、戦争体験者の記憶をいかに記録化するかという点に重きが置かれていた。

戦後八〇年を迎えようとする今日においては、記録化したものを将来世代へ風化させずに記憶化させることが喫緊の課題となっている。筆者が学芸員であったころ、館外においても講座や展示を行い、日常の空間にかつて存在した非常時の記憶をあぶり出すことを試みた(55)。しかし、博物館での展示に加えこうした展示を行うには、その地域での戦時中の出来事をより多く調査していることが前提となり、その原資料は戦時公文書が中心となる。すなわち、公文書を保存・整理し読み解いて記録化することを、継続的に行うことの必要性を指摘したい。

註

（1）佐藤宏之「地域の記憶を未来につなぐ―明治維新一五〇年とNHK大河ドラマ「西郷どん」の放映によせて」（『桐蔭法学』四八、二〇一八年）、「シンポジウム 非常時の記録保存と記憶化を考える」（『地方史研究』四一五、二〇二二年）。

（2）筆者は、平成期の東村山市史において郷土資料編纂員として事務局に携わった。平成末・令和期では府中市史・狛江市史において資料整理や筆耕などで協力し、立川市史では市史編纂専門員として事務局を務めている。

（3）『新狛江市史　資料編近現代4』（狛江市、二〇一九年）。

（4）『新編立川市史　資料編近代2』（立川市、二〇二〇年）、『たちかわ物語』一〇（立川市、二〇二〇年）。

（5）『東村山市史9　資料編近代1』（東村山市、一九九五年）、『東村山市史10　資料編近代2』（東村山市、二〇〇三年）。

（6）砂川村役場文書研究会編『旧砂川村（砂川町）役場文書群目録稿　総目録』（二〇一二年）、砂川村役場文書研究会編『旧砂川村（砂川町）役場文書群目録稿　件名目録（産業関係、教育関係、基地関係　その他）』（二〇一二年）、砂川村役場文書研究会編『旧砂川村（砂川町）役場文書群目録稿　件名目録（庶務関係）』（二〇一二年）、白井哲哉編『研究成果報告書　近代地方公文書アーカイブズの構造と情報に関する学際的総合研究』（二〇一四年）、白井哲哉編『研究成果報告書　近代地方公文書アーカイブズと民間アーカイブズの構造・情報・関連性に関する総合研究』（二〇一七年）。また、白井哲哉編（二〇一七年）の参考資料編に、旧立川市役所文書（立川市総務課移管分）目録と旧立川市役所文書（立川市歴史民俗資料館所蔵分）目録が収録されている。

（7）　前掲註（5）『東村山市史10　資料編近代2』に一九四四年の日記を抄録した。『東村山市史叢書　第一集　小池喜八日記』（東村山市、二〇〇六年）は、一九四四年の日記を翻刻掲載しているが、同日記は一九三二年の日記の余白に書かれていたことから、同年の日記も掲載した。また、東村山ふるさと歴史館における二〇一二年企画展の際に、一九四四年と一九四五年の日記を小池家より借用し、必要箇所の翻刻文と日記原本の展示を行った。さらに展示図録の『町の記録が語る戦時中の東村山』（東村山ふるさと歴史館、二〇一二年）には一九四五年の日記の一部を項目ごとに収録した。

（8）　東村山ふるさと歴史館蔵。

（9）　東村山ふるさと歴史館蔵。

（10）　東村山ふるさと歴史館蔵。

（11）　三田鶴吉編『立川飛行場史』（三田鶴吉、一九七六年）、前掲註（4）『新編立川市史　資料編近代2』ほか。

（12）　前掲註（3）『新狛江市史　資料編近現代4』一二頁ほか。

（13）　『陸軍少年通信兵学校』（東村山ふるさと歴史館、二〇〇八年）四〇頁、前掲註（7）『町の記録が語る戦時中の東村山』二頁。

（14）　陸軍省「大正十年　永存書類　乙輯　第二類第二冊」（陸軍省―大日記乙輯―T-10-3-21 防衛省防衛研究所蔵）、前掲註（4）『新編立川市史　資料編近代2』三四頁。選定されたのは立川地域で、一九二二年に立川飛行場が建設された。

（15）　このほか、軍隊の中でも伝統的な部隊では戦友会活動が盛んで、多くの関係者が自身の体験からその歴史をまとめる場合がある。一方で、戦争末期に編成された部隊についての例として、仲清「市民の声　本土決戦に召集された一兵士の話―出征から復員まで―」（『東村山市史研究』一三、二〇〇四年）がある。これにより、鎌倉に配備された第一四〇師団隷下の歩兵第四〇一聯隊の状況がわかるが、その参考文献は『相模湾上陸作戦』（有隣堂、一九九五年）などの一般書籍のみで、自身の体験のほかに部隊の中でのつながりを示す形跡はみられない。
(16)「聞き書き　梅岩寺への集団疎開」（『東村山市史研究』一四、二〇〇五年）一〇頁。
(17) 下田佐重『東村山町教育の歩み』（東村山町教育の歩み刊行協賛会、一九六二年）一二八～一三二頁。
(18) 前掲註(7)『町の記録が語る戦時中の東村山』一一～一二頁。
(19) 大内那翁逸編『旧帝国陸軍部隊一覧表』（大内出版、二〇〇六年第九刷）。
(20) 防衛庁防衛研修所戦史室『戦史叢書　本土決戦準備1　関東の防衛』（朝雲出版社、一九七一年）。
(21) 前掲註(7)『町の記録が語る戦時中の東村山』一一頁。
(22) 拙稿「化成国民学校の教室利用―児童・図書の疎開受入れと歩兵第五〇三聯隊の駐屯―」（『東村山市史研究』二四、二〇一五年）。
(23) 東村山行政文書（郷土館）19、東村山ふるさと歴史館蔵。
(24) 教室数は資料により異なるが、二三教室とした。八月二十八日付の東村山町長差出の使用料請求書によると、六月一日から八月三十一日まで八二〇坪分が転用されている。十月十三日付の東村山町長作成の建物借上料受領書によると、残留部隊宿舎として九月一日から十月十三日まで二〇九坪五合分が借り上げられていた（東村山行政文書（郷土館）19）。
(25) 拙稿前掲註(22)「化成国民学校の教室利用―児童・図書の疎開受入れと歩兵第五〇三聯隊の駐屯―」。
(26) 下田前掲註(17)『東村山町教育の歩み』一二九頁、前掲註(16)「聞き書き　梅岩寺への集団疎開」。
(27)『東村山地域をめぐる銃後と前線』（東村山ふるさと歴史館、二〇一五年）二八頁。
(28) 吉田裕『現代歴史学と戦争責任』（青木書店、一九九七年）、『上越市史　別編七　兵事資料』（上越市、二〇〇〇年）、

山本和重「自治体史編纂と軍事史研究―十五年戦争期の町村兵事史料を中心に―」(『季刊戦争責任研究』四五、二〇〇四年)、丑木幸男「兵事史料の形成と焼却」(『歴史評論』六八九、二〇〇七年)、齊藤勉「兵事・軍事援護関係文書からみえてくるもの―出征・戦死・異例をめぐって―」(『八王子市史研究』一、二〇一一年)、中村崇高「自治体公文書が語る徴兵事務」(『藤沢市史研究』四四、二〇一一年)、高江洲昌哉「近年の兵事文書研究の動向と旧砂川村役場文書(兵事文書)の特色」(前掲註(6)『研究成果報告書　近代地方公文書アーカイブズの構造と情報に関する学際的総合研究』)、加藤聖文「敗戦時における公文書焼却の再検討―機密文書と兵事関係文書―」(『国文学研究資料館紀要　アーカイブズ研究篇』五〇、二〇一九年)。

(29)　黒田俊雄編『村と戦争　兵事係の証言』(桂書房、一九八八年)、長岡健一郎『銃後の風景　ある兵事主任の回想』(STEP、一九九二年)、小澤真人・NHK取材班編『赤紙』(創元社、一九九七年)、吉田敏浩『赤紙と徴兵』(彩流社、二〇一一年)。

(30)　「聞き書き　元兵事係　野口好古氏に聞く」、大串潤児「解題　元兵事係　野口好古氏に聞く」、山口公一「資料解題　東村山町役場作成「動員日誌」について」(以上『東村山市史研究』四、一九九五年)。

(31)　前掲註(5)『東村山市史10　資料編近代2』、『東村山市史2　通史編下巻』(東村山市、二〇〇三年)。

(32)　山本和重「東村山村(町)兵事関係書類について―「動員日誌」の様式並びに関東軍特種演習の実態―」、「資料　東村山村(町)兵事関係書類」(以上『東村山市史研究』一五、二〇〇六年)。

(33)　前掲註(7)『町の記録が語る戦時中の東村山』、前掲註(27)『東村山地域をめぐる銃後と前線』。東村山ふるさと歴史館企画展「町の記録が語る戦時中の東村山―隠された徴兵の記録―」(会期：二〇一二年四月二十八日～七月八日)、同ロビー展「戦時中の東村山」(会期：二〇一四年八月一日～九月二日)、同企画展「東村山地域をめぐる銃後と前線」(会期：二〇一五年七月十一日～八月三十日）にてそれぞれ一コーナーを設けて展示した。
（34）一一二点は一九七八年に野口好古氏より東村山市広報課に寄贈され、一九八〇年に東村山市立郷土館に移管された。さらに東村山市中央図書館に寄贈されていた一点が、二〇〇〇年に東村山ふるさと歴史館に移管された。
（35）兵事関係文書の管理体制を検証した研究として、橋本陽「町村役場における兵事係の記録管理―大郷村兵事係文書を事例として―」（『GCAS Report』Vol. 1、二〇一二年）がある。また、高江洲昌哉「役場文書の編綴の構造についての一考察―明治期砂川村の兵事文書を事例にして―」（『アーカイブズ学研究』二〇、二〇一四年）では、日清・日露戦争期における「簿冊の整理」の分析がなされている。
（36）前掲註（7）『町の記録が語る戦時中の東村山』三四～三五頁。吉田前掲註（29）『赤紙と徴兵』一五八～一六〇頁ほか。
（37）東村山市永年文書（地域福祉課）。前掲註（30）「聞き書き　元兵事係　野口好古氏に聞く」。
（38）東村山村（町）兵事関係書類4-昭和19年度-8、東村山ふるさと歴史館蔵。
（39）東村山村（町）兵事関係書類16、山本前掲註（32）「東村山村（町）兵事関係書類について」、前掲註（7）『町の記録が語る戦時中の東村山』三四～三五頁。
（40）東村山村（町）兵事関係書類21、山口前掲註（30）「資料解題　東村山町役場作成「動員日誌」について」。
（41）東村山村（町）兵事関係書類4-昭和19年度-87。
（42）東村山村（町）兵事関係書類4-昭和19年度-88。
（43）東村山村（町）兵事関係書類4-昭和19年度-88。
（44）東村山村（町）兵事関係書類4-昭和20年度-10。
（45）東村山村（町）兵事関係書類4-昭和20年度-2。

(46) 前掲註(7)『町の記録が語る戦時中の東村山』二一頁、拙稿「資料紹介　昭和二十年東村山町事務報告について」(『東村山市史研究』二四、二〇一五年)。
(47) 東村山村(町)兵事関係書類21、山口前掲註(30)「資料解題　東村山町役場作成「動員日誌」について」。
(48) 東村山村(町)兵事関係書類4‐昭和20年度‐16。
(49) 東村山村(町)兵事関係書類4‐昭和20年度‐17。
(50) 前掲註(30)「聞き書き　元兵事係　野口好古氏に聞く」。残されなかった文書も多くあると思われるが、それらは文書管理上不要な部類として「敗戦とは無関係に廃棄」された可能性が高く(加藤聖文「敗戦と公文書廃棄」『史料館研究紀要』三三、二〇〇二年)、敗戦時の兵事資料焼却の範囲は再検討されるべきである。
(51) ただし前掲註(5)『東村山市史10　資料編近代2』には、地域と軍隊の関係を示す戦時公文書の掲載があまりなされなかった。一方前掲註(4)『新編立川市史　資料編近代2』には、旧砂川村役場文書・旧立川市役所文書の中から、立川飛行場敷地買収や飛行第五聯隊送別の宴、陸軍航空技術学校の立川移転に関する資料が掲載されている。戦争末期に軍郷的役割を担うことになった東村山と、大正時代から軍都であった立川との差が資料の掲載状況に現れている。
(52) 『ミュージアム多摩』三七(東京都三多摩公立博物館協議会、二〇一六年)。
(53) 博物館・資料館問題検討委員会「戦後七〇年関連の展示批評によせて」(『地方史研究』三七九、二〇一六年)。
(54) 前掲註(52)『ミュージアム多摩』三七。
(55) 例えば、東村山市立第六中学校の「地域に学ぶ会」では、六中付近での空襲やB29の墜落に関する講座を行い、旧跡東京陸軍少年通信兵学校の一部に位置する老人ホームでも、陸軍少年通信兵学校に関するパネル展示と講演を行った。

Ⅱ　大規模災害の記録保存

東日本大震災の震災遺産からの「気づき」とこれから
―「ふくしま震災遺産保全プロジェクト」の試み―

筑波　匡介

はじめに

福島県立博物館（以下「県博」「当館」）では、二〇一四年（平成二十六）度より「ふくしま震災遺産保全プロジェクト」として、実行委員会を組み、資料の収集・保全を行っている（図1）。「震災遺産」とは、県博が中心となり命名した東日本大震災を多様な視点で記録した資料群である。本稿では主に、県博が収集・保全に関わった震災遺産の活用について紹介する。

震災遺産の取組みについては、東日本大震災の発生から一〇年目に「企画展　震災遺産を考える―次の一〇年へつなぐために―」を開催（会期：二〇二一年一月十六日～三月二十一日　主催：県博）し、展示図録の他に、それまでの記録を残す記録誌として同タイトルの冊子を編集した。そこに詳しく経過等をまとめたため、その記録誌の内容を参考にしながら本稿でも紹介したい。また震災遺産関連資料として派生的に収集している新型コロナ感染症関連資料についても、その収集に至る経緯等を紹介する。

なお私は、県博に二〇一八年（平成三十）より学芸員（災害史）として採用され現在に至るが、その前は、中越地震の震災メモリアル施設を管理運営する「公益社団法人　中越防災安全推進機構」に勤務していた。

震災遺産保全にあたっての活動理念

福島県立博物館　震災遺産保全チーム

1．県博が考える「震災遺産」とは

県博が中心となって進めてきた震災遺産保全プロジェクトでは、震災に関する物品（モノ）をただ集めてきただけではない。それがどんな環境に置かれていたのか（場所）、そこに至るまでの経緯や誰のどんな経験が背景にあるのか（物語）を含めて調査収集してきた。文化財的価値とは異なる震災遺産の生命線は、場所・モノ・物語が一体となった「資料」であり、それが私たちの考える震災遺産である。その保全は普段の博物館活動の延長であり、震災遺産の保全活動は地域に対して県博が担うべき責務である。

2．「現場」・「現物」から多様な震災の記憶を守るために

県博では総合博物館の強みを活かし、看板や避難所の貼り紙から断層標本まで収集し、また避難所を始めとして場所の記録作成等を行ってきた。「現場」や「現物」からそれぞれの専門分野を活かした形で震災を伝えてきたが、一方で実際の場所や実物資料を介して、見る人は個々に多様な経験や意味を想起できるものである。震災による被害や人々の経験はひとつではない。未来に渡って多様な震災経験をつないでいくために必要なのは「現場」であり「現物」である。またここからいくつもの震災のあり方を伝えられるのは多様な専門性を兼ね備えた県博の強みであり、これまでの活動は総合博物館における唯一の試みとして県内外から高い評価を受けている。

3．地域の歩みと震災後の暮らしを切り離さないために

県博はこれまで地域の人々や自然の歩みを歴史としてとらえ、資料収集や調査研究を積み重ねてきた。地震や津波それ自体は単なる自然現象だが、そこに営まれてきた人の生活に降りかかることで初めて災害となる。そして人々の暮らしの歴史は震災後もまた新たに積み重なり続いていく。県博では震災遺産と同時に地域の歴史を物語る文化財も保全してきた。震災のみを切り取って伝えるのではなく、そこにあった歴史や文化を合わせて伝え、また今後作られていく地域の歴史も同時に守り継承していく。総合博物館としての専門性を活かしながら、県博は震災を含めた地域の現在・過去・未来の全てに寄り添っていく。

4．それぞれの立場から震災を語るために

福島県独自の大きな出来事である震災と原発事故は、日本史さらには世界史としても重大な出来事である。それを伝えるため、未だ評価の定まらない震災遺産を歴史として評価し、位置づけ、発信することが県博としての立場であり、またそれを博物館の来館者も求めている。しかし一方で、震災の伝え方は歴史だけではないし、震災のとらえ方もひとつではない。重要なのは、県博だけでなくアーカイブ拠点施設や各自治体等が個々の立場から震災を考え、発信することである。そのための資料を収集し、それぞれの理念を持って震災を継承してくことが、将来に渡り震災経験や記憶の多様性を守っていくことになる。それは未曾有の経験をした福島が世界から求められていることでもある。

図１　震災遺産保全にあたっての活動理念

1　初期の活動

県博として東北地方太平洋沖地震発生後にまず取り組んだのが、被災した文化財を保全するレスキュー事業である。被災地での活動としては、文化財を守ることが博物館の役割として期待されている部分である。ただし、福島県の東日本大震災には、福島第一原子力発電所の事故があり、被災直後は資料レスキューが行えず、約三年が経過したのちに開始している。

このように、原発事故のために約三年遅れて被災地での活動が開始されたことは、復旧工事が進んだ他の地域と違い、福島の経験の特徴を示している。そのため、震災遺産を収集できた日付も重要であると考えている。それは、避難指示が解除されることで調査することができるようになり、日々、除染・復旧が進められてきた事実を伝えることにもつながり、福島独自の経験があると考えている。

活動を始めるにあたって二〇一四年四月に組織したのは、「ふくしま震災遺産保全プロジェクト実行委員会」であり、構成団体は次の通りである。

「相馬中村層群研究会」「南相馬市博物館」「双葉町歴史民俗博物館」「富岡町歴史民俗資料館」「いわき市石炭・化石館」「いわき自然史研究会」「(公財)ふくしま海洋科学館」「福島県立博物館」。また実行委員会委員長は県博館長が務め、県博を事務局とした。福島県は、東側から浜通り・中通り・会津の三地域に分けられるが、県博以外の構成団体は、すべて浜通り地域に拠点を置く組織や施設であった。福島県立博物館は会津若松市にあって被災地域から離れているため、浜通りで刻々と局面が変わる状況を詳細に知ることは困難であったため、構成団体からの情報は特に有効であった。

また同プロジェクトは、財源として二〇一四年度は、文化庁の「地域と共働した美術館・歴史博物館創造活動支援事業」、二〇一五・二〇一六年度は、同じく文化庁の「地域の核となる美術館・歴史博物館支援事業」といった補助金を活用させていただいた。

震災遺産に関するプロジェクトとは別に、東日本大震災が発生した翌年の二〇一二年には、文化連携事業「はまなかあいづ文化連携プロジェクト」に参画した(「はま・なか・あいづ」は、浜通り・中通り・会津)。この事業は震災という非常時に対応した博物館活動である。はまなかあいづ文化連携プロジェクト(二〇一二〜一九年[令和元])は、その後、ライフミュージアムネットワーク(二〇一九〜二〇年)、ポリフォニックミュージアム(二〇二一年)と継続しており、福島県内の課題発見に努めるとともに、博物館活動の拡張をめざした取り組みとなっている(「ポリフォニック」polyphonicとは、音楽で多声部の意。転じて多層的・重層的な)。

2　博物館内の組織

震災遺産保全に関わる県博内の体制については、館内に置かれている考古・自然・民俗・歴史・美術・保存科学・災害の各分野からそれぞれ一名程度がプロジェクトに参加して、多分野合同のチームとしている。

調査・収集にしてもそれぞれに得意があり、資料の扱い方、考え方なども違いがある。その結果として多様な視点で資料を観察することにもつながり、保全方法などまだ未確実な部分がある震災遺産類に関わる体制としては、意義のある取り組みだと考えている。また県博には人事交流として学校の教員も加わっているために、博物館から学校に戻った際には、学校での防災教育進展の原動力になることも期待をしている。そのため、いま学校では何が望まれているのか、また授業の進め方はどうすればいいのかなどの情報の共有など、防災教育プログラムの充実が図られている。

震災遺産チームとして事業を進めるにあたって、チーム内でのビジョン（震災遺産保全チームビジョン）を作成した。多分野でのチーム構成であり、それぞれに資料調査、その活用についても、考え方・取り組み方の文化が違うために、上位概念として目的が必要であると考えた。ビジョンは、数回の会議のなかでキーワードを拾い出し、対話のなかでそれぞれの考えを重ねて、数年後の達成状況なども設定して記載し、進捗確認にも使えるように検討を行った。

震災遺産保全チームビジョンは「地域の暮らしを主体的に考え未来に活かす場となる」とした。震災遺産に触れた人たちや子どもたちが、地域での暮らしの主体として、震災遺産を未来づくりに活かすことができるような場として博物館がなれるように、との想いを込めた。

3　先行事例として

東日本大震災について資料を用いて伝える地域博物館として、宮城県気仙沼市のリアス・アーク美術館がある。常設展示として「東日本大震災の記録と津波の災害史」があり、これは津波常襲地として歴史資料と震災の記録を伝える展示である。ここで資料に付された説明は、創作されたフィクションがもとになっており、「特定できない個人を想定し、その個人か「被災物」に宿る記憶を語っているという演出」によって、「当事者性が無意識に生み出されるという効果を狙った手法（1）」であるとして、自分事化《じぶんごと》を目的としていることがわかる。

これは被災地に身を置いた被災者でもある学芸員だからこそ、リアリティーを持って語ることができたと考える。未災地の会津にある県博ではこれを行うことは難しい。実感をもって臨むことはなかなか難しく、これを見た人が他人事化してしまう可能性が高い。気仙沼では、収集した資料にしっかりとした事実を付加することで、自分事化するための想像の余白を持たせた展開ができた、と考えた。

県博のある会津若松市は未災地だからこそ、脚色ではない事実から自分事化するために考える行為を引き出すことが必要と考えた。

また二〇〇四年（平成十六）新潟県中越地震の災害伝承施設である中越メモリアル回廊では、展示物として被災した資料の展示なども行っているが、そこに生きる人物に焦点を当てた展示も多く、地域の人たちがストーリーテラーとなって、復興とはなにかを考える仕組みとなっている。いわゆる災害を伝える記念館であるが、モノの収集を行い歴史として次世代に伝える博物館とは手法が異なっているといえるが、聞き取り調査に重点を充て、語りの力を借りることが、災害の伝承には必要であるという考えである。

写真１　企画展の会場

【震災遺産の展示】

ここで近年の県博の展示について紹介する。例年二月十一日ころから四月十一日ころ、東日本大震災発生の三月十一日を前後した時期の二か月にわたり「特集展　震災遺産を考える」を実施してきた。この展示活動を開始したころには、どのように展示していくのかまさに暗中模索であったという。「お叱りを受けるのではないか」と考えたとも聞いており、また災害から時間がそれほど立っていないなかでの展示は、当事者がすぐそばにいることもあって、展示することには難しい判断があったはずである。社会的な反応を確認しつつ、様子をうかがいながら、受け入れられていくことを確認しながらの展示であったと考えている（写真１）。

私はこの震災遺産保全プロジェクトに二〇一八年度から参加している。初年度は部分的に避難所資料について担当した。福島の経験を伝えるモノを震災遺産とするならば、県外避難が続いている状況も記録に残す必要がある。だが実際に資料調査・収集に他県まで網羅的に実施するのは難しく、継続的な資料調査・収集が県博ではできてはいない。福島県以外での避難所での資料収集については、筑波大学が茨城県内での双葉町関連資料を収集した例や、長岡市立中央図書館文書資料室が南相馬市関連の避難所資料を収集した例などがある。新潟県長岡市では、東日本大震災の避難所を開設し、主に南相馬市からの避難者を受け入れており、長岡市中央図書館文書資料室と公益社団法人中越防災安全推進機構らが中心となって避難所資料の収集を行った。

県博での私の初年度（二〇一八年）の展示では、長岡市から避難所資料を借用した。展示にあたり、文書資料室との意見交換で、福島に戻った南相馬市の元避難者の聞き取り調査と避難所資料を合わせて展示することの意義を確認したのだが、この展示に併せて関係者に聞き取り調査を行うことはできなかった。

県博での聞き取り調査の実施については、展示会場にたまたま訪れた人から話を聞き取りすることが多く、調査として現地に聞き取りに出向き、それを展示に活かすことは多くはなかった。受動的に聞き取りしていることが多かったように思う。考古学や歴史学・自然史では聞き取り調査が主役となることは少ない。資料に対しての聞き取りができる情報量が多くはないため、震災遺産に関しても手法として積極的に行ってこなかったものと考えている。現代資料は、直接関係する人が存在することがあり、聞き取り調査といった手法が有効な場合があるだろう。

【聞き取り調査の実施】

それまでの県博の展示手法は全体的に、モノが待つ迫力を通じて事実を伝える手法であった。そのためモノがどのように使われていたのか、どのような生活がそこにあったのかという人々の営みについては見る側が想像力を働かせる必要があり、資料に付随する物語を展示するにはまだまだ充分ではないと考えている。

そのため私が主担当となった二〇一九年度からは、物語を補完するために、まずは定点観測を被災地で進めてきた写真撮影者に写真データをお借りして、その写真を展示することとし、その撮影者への聞き取り調査を行った（写真2）。これは、お預かりした画像のデータからは、撮影地点が定かではない場所もあり、またなぜその場所を選んだのか、どういった思いで撮影したのかを読み取ることは難しいからである。このときの聞き取りの成果を展示に付随させたことによって、被災地を撮影した写真だけではなく、写真がもつ物語を共有することができたように思う。

この時に感じたのが、収集してから時間が経っても、モノ（収集した資料）は変化しない、つまり時間が止められているが、現場は変化を続けており、そこに時間の隙間が生まれているのではないか、ということである。この時間の隙間を埋めるためにも、資料に関しての聞き取り調査を実施することにした。

写真2　写真撮影者への聞き取り調査

このように聞き取り調査の結果を資料に付け加えることで、被災地から離れた会津の人たちにも、災害発生から十年近く時間が経過しているなかでも、日常の延長に災害が発生したことを実感させ、実際に福島県で起きた出来事が毎日の暮らしと繋がっていることが伝わったのではと考えている。

4　展示手法の展開

博物館の展示では資料が中心となるが、現代資料は生きている人に聞き取りができることも特徴で、この機会を逃すとできなくなってしまうという点で、今ならできること、今やるべきこととして、優先度を上げるべきかもしれない。聞き取りの内容は、その時々によって変化することもあると考えている。博物館に収蔵した時点で、資料は経過する時間を止めることになるが、実際の被災地は刻一刻と変化しており、また社会の状況も変化していく。また被災資料の関係者においても、災害から数年がたつと、当時を振り返る余裕ができて俯瞰して考えられるようになるとも考えられる。当時の考えと現在では考え方が変わっていることもあるだろうから、聞き取りを行った日付も重要と考えている。

また災害からの回復として「復興」という言葉が取り上げられるが、福島のように原発事故という今まで経験したことがない経験では、さまざまな復興の姿を想像しておく必要があり、一言で説明できない難しさがあることを忘れてはいけない。これらの聞き取った内容から、今後、そもそも「復興とはなにか」が見えてくるかもしれない。

聞き取った内容は、企画展の図録として編集した記録誌「震災遺産を考える」に一部を掲載した。また併せて、被災資料を収集した学芸員の当時の気持ちや現場から感じたことなども記載することとした。学芸員はいわゆる裏方であり、なかなか気持ちや感情を表に出して記録に残しにくい。またこのプロジェクトは多分野合同のチームであり、同じ学芸員であっても資料に対しての考え方もそれぞれに違うため、記録に残しておかないと引き継がれないものも多い。学芸員も移動や退職があり、今の現役世代の記録も残しておかなければ、次の一〇年を迎える前に、知っている職員がいなくなる可能性が高い。事業継承といった意味でも、担当した学芸員名も併記した。

5　震災遺産の特性・課題

福島第一原子力発電所の事故を伝える資料として、南相馬市の牛舎に残された牛が、餌を与えられず空腹のために齧《かじ》った柱のレプリカがある。これは当館の学芸員が二〇一七年に現地での調査から型取りまでを行い、その型をもとに模型業者にレプリカの制作を委託したもので、当館では二〇一九年度の特集展で初めて公開した（写真3）。この資

写真３　牛舎の柱（レプリカ）

料について少し紹介したい。

当地では避難指示があり、牛を牛舎に残したまま避難せざるを得ない状況になり、結果として牛舎にいた牛は、柱に綱を結ばれたまま餓死してしまった。なぜ牛たちを放さなかったのかを二〇一七年に聞き取りをしたところ、近所の畑や家を荒らすことが想像できたからだったとのこと。また数日のうちに餌を与えに帰ってくることは可能だろうと考えていたともいう。実際には避難生活は長期に及ぶこととなり、牛たちを餓死させてしまった牧場主は大きな悔恨に苛まれることになった。

この資料を展示するにあたって、改めて牛舎の所有者に話を聞いた。そこでは、「跡継ぎがなく建物が壊されたとしても、博物館に資料が残る」、「自分の寿命より博物館資料として残されるほうが、長い時間この事実を伝えることができる」、「自分の気持ちを無念として石碑に残したが、この出来事を残す方法が増えた」などを確認することができた。

この牛舎の柱は、ＩＣＯＭ（国際博物館会議）京都大会（二〇一九年九月、於京都国際会館）に当館が参加した際に会場でも展示を行った。この資料を見ながら、見学者といくつかの対話をする機会を得た。そこでは、原発被害を目に見える形で伝える資料であるとか、生きたいと思う命そのものを伝える資料であるなど、さまざまな感想を得た。また立場の違いなどによっても、この資料から受ける印象が実に多様であることを知った。多様な見方・考え方があるのだから、伝え方も一方的であってはならないと考えるきっかけともなった。

なおこの出展はライフミュージアムネットワーク実行委員会⑵として実施したもので、この資料を題材として取り上げつつ、有害鳥獣償却施設を訪ね、震災と動物について考える場をつくり意見交換したスタディーツアーの成果展として参加したものでもある。これによって、博物館展示が、現代社会に課題として顕在化してきたことに対してアプローチできることも知った。

しかし実行委員会形式とはいえ、ほぼ県博単館での出展となったことは、大きな反省点であった。東日本大震災の経験は、少なくとも県全体で発信するべきであった。それ以降、改めてネットワークの形成につとめて、福島県博物館連絡協議会内での勉強会の設置へとつなげている。

資料の受け入れに対して当事者に聞き取り調査ができれば、展示内容を充実させることもできるし、その資料が伝えたいメッセージも表現することができる。ただすべてに実施できるわけではない。

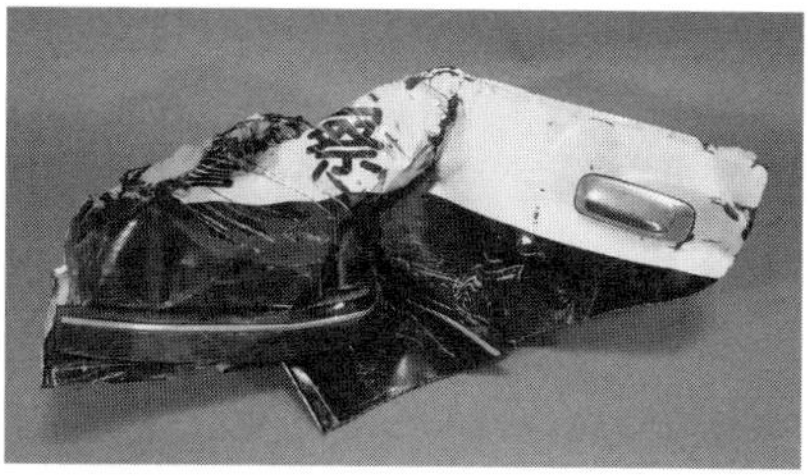

写真４　被災したパトカーのドア

たとえば、直接話を聞くことができない資料としては、たとえば津波にのまれたパトカーのドアがある（写真４）。この資料については、パトカー本体を展示している「とみおかアーカイブ・ミュージアム」のパンフレットには、「二人の警官が乗車し、自らの命をかけて町民の避難誘導にあたったパトカーは、津波にのまれ富岡川河口近くで発見されました。ご遺族や福島県警察のご理解、住民有志のご協力のもと、保存できました。災害の記憶とお二人の勇気ある行動を伝承していきます」と書かれている。

確かに、勇気ある行動を非難するつもりはない。だが失って良い命があるはずもなく、町民が全員避難できていれば、このような被害はなかったはずである。いってしまえばこの警察官は、避難しなかったか、避難できなかった町民の巻き添えで命を失ったともいえる。勇気ある行動で済ませて良いのか。

このように、何を伝え、何を残すべきなのか、まだその見方や捉え方が定まらない資料と対峙する難しさを感じるとともに、展示者と観覧者が同じ問題意識を持って資料に臨むことが大切だろうと、今は考えている。

6　収集した資料から防災教育へ

被災地の語り部から学ぶことは多いが、県内の被災地から遠く離れた場所で、体験者の話を常時直接聞くことは難しい。そのため、語り部に頼らなくともでき、かつ博物館が得意とする資料を活用した教育普及の検討を進めている。災害を伝える資料である震災遺産は、災害からの学びでもある防災教育に親和性があると考えており、学校や公民館などの防災講座で、資料として活用していただけるように提案している。

私は前職では、二〇〇四年（平成十六）新潟県中越地震の被災地で災害伝承に関わる施設の運営を担当してきた。その際、今を生きる人たちを幸せにするために、いわゆる「現世利益」を目的として施設運営を行ってきた。収集した資料は活用することが前提となり、活用できない資料の保全は積極的に取り組むことができなかった。持続可能な社会を構築することを目的として、「災害体験の市民化、社会化をめざす」[3]ことを掲げていて、学校教育での普及活動が必要であるとして、災害時の教訓を防災教育に展開し推進を図ってきた。

その経験から、引き続き県博でも、博物館資料は未来を創る資源であると考え、防災教育での活用を進めている。私は二〇一九年（令和元）にミュージアムエデュケーター研修[4]（文化庁主催）に参加したが、そのおりの主催者の挨拶のなかで、「博物館資料は未来を創る資源である」旨の発言があった。これは博物館での震災遺産の活用を意識していた時期でもあって、私が考えていたことが言語化・可視化された場面であった。このような経験を経て、今は、次世代が社会の一員として地域づくりを意識できるようなプログラムを考えている。

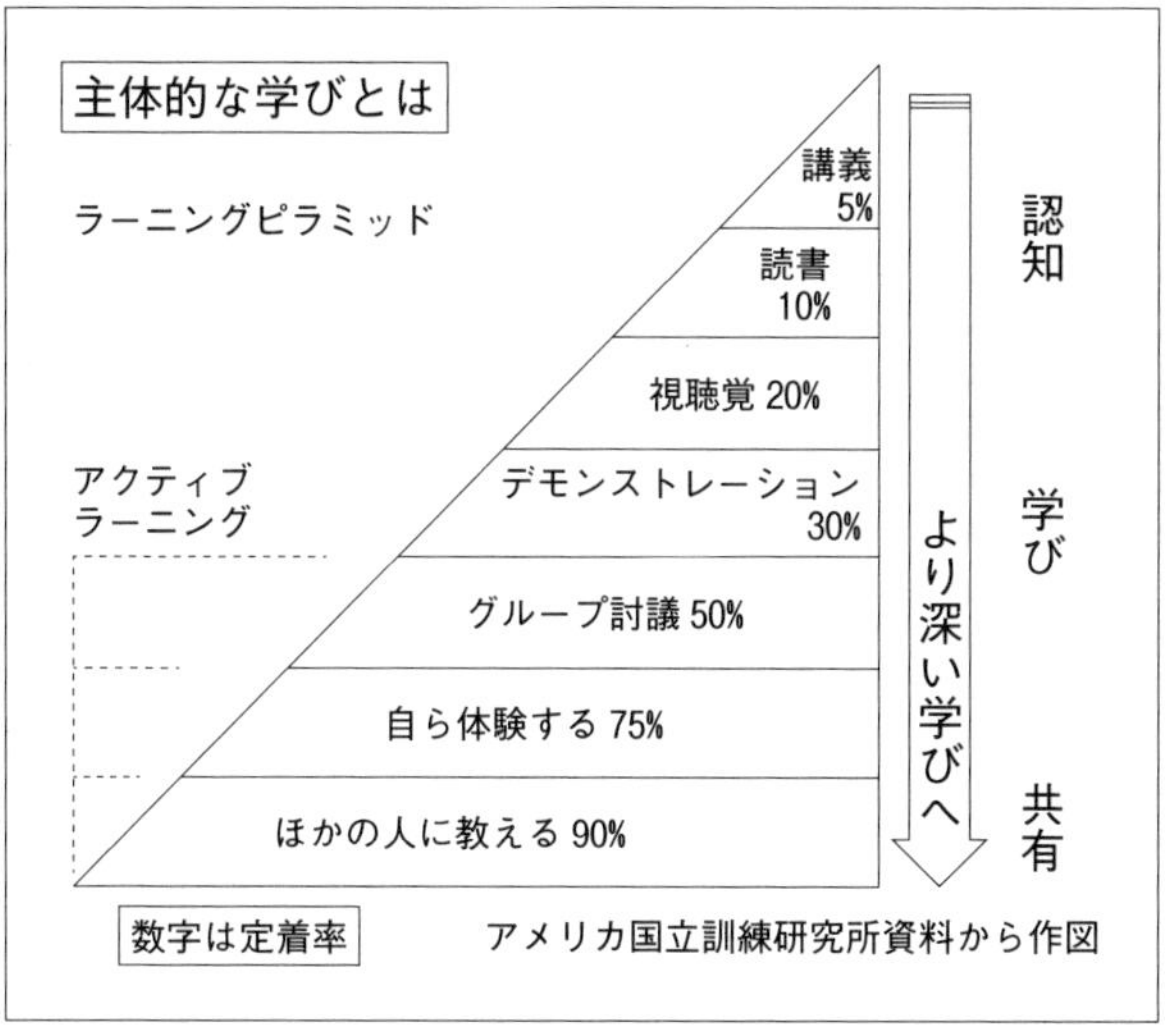

図２　ラーニングピラミッド

県博での震災遺産を活用した講座は、アクティブラーニング（能動的学修）の考え方に則って学習プログラムの検討を行っている。どのような学習でもいえることだと思うが、特に災害・防災に関することは自分事《じぶんごと》化しなければ学びの意義が薄れると考えている。ラーニングピラミッドによれば、博物館が従来行ってきた講義形式では、知識の定着率は五％に過ぎない（図２）。防災講座では、震災遺産で現在と地続きにして、グループ討議をなるべく取り入れて、被災地で起こったことを追体験し、家に帰ったら家族に伝えたくなる内容を意識して設計している。これによって、主体的で対話的な学びを提案することで学校からも受け入れられていると考えている。

正解がない課題にむけて、一緒に考える。家庭に持ち帰り、話し合いの場を持つことで、アクティブラーニングにもつながる防災教育の効果のひとつであろう。

県博には災害の常設展示がまだないために、積極的に実施できる場所を増やすためにも、市内の公民館への声掛けをしている。また学校での防災教育を進めるため、教頭会・校長会など五分間でもわずかな時間をもらって、県博の防災講座の案内を行った。

写真5　博物館実習での防災講座

実際に学校から依頼があった例として、中学校教員から相談があり学校へ震災遺産を持ち込んで出張講座をした。初めて震災遺産を目にした子どもたちからは、「画面の向こう、自分の住む世界と違う場所で起こっていると感じていた災害が、本当にあったと実感した」、「知っていたと思っていたけど、知らなかったんだとわかった」などの感想があり、震災遺産を見学したことで今の自分の生活と地続きとなり、我《わ》が事《こと》感を持つことができたと考えている。ほぼ記憶のない若い世代や未災地で防災講座では、実物こそが震災の体験を伝える効果があると実感することができた。

県博での防災講座については、まずはイベントとして外部講師を招いて、いざという時を想像しながら、簡単な工作で「もしもの時のそなえ」を考えた。それまで県博としては防災講座の経験が少ないため、簡単で誰でも試せる内容から始めることにしたのである。また、学芸員資格を得るための大学生に対する博物館実習でも、本人たちに、子ども向け防災講座を計画し実施するまでを実習させるなどしている（写真5）。

このように、館の職員全体で防災教育への取り組みを共有できるように、日常業務内で当たり前になるよう意識している。さらに毎年九月一日の「防災の日」にも防災講座「楽しいそなえ」を実施しているが、これは土日祝日にイベントを開催するのが慣例となっていた県博において、曜日ではなく日指定のイベントとして定着しつつある。

7「問い」と震災遺産

県博で対応する学校での防災講座の依頼が増えてきた二〇二〇年度は、企画展として、特別に予算を計上した大掛かりな展示を行い、あわせて記録誌を作成した。これによって、今までの成果をいったんまとめることができた。翌年の二〇二一年度の展示は規模をかなり縮小することになったが、特集展として、より資料の活用を実験的に行うこととした。資料の価値が定まらないなかで、観覧者に伝えるメッセージはどのようにするべきか、観覧者が自分事として想像力を働かせるきっかけを与えるために、「問い」と震災遺産を中心に構成することにした。あわせて、この数年で実践した防災教育について、講座を行った学校の先生方からいただいたコメントを記載して、防災教育の効果としてどのようなものがあるのかの展示も行った。

震災遺産が「種」だとするならば、災害に対する意識は「芽」であり、その意識を「ゼロからイチ」にしてほしいと考えて、特集展の名称を「そなえの芽」とした。いざという時に慌てないために、ふだんから想像力と創造力を働かせることが大切だと考えた。そのため、資料をより具体的にふだんの生活に結び付けて、「もしもの時のそなえ」を意識できるように検討した。

災害の発生から一〇年以上が経ち、会津地域のように未災地の子どもたちは、自分自身が被災すること、あるいは災害が同じ福島県内で起こったことすら想像することが難しいと考え、震災遺産を通して、未災地と被災地を地続きにするきっかけとなることをめざした。「実物を見ることで、現実に起こったことだと理解ができるように」。これは、学校の先生たちから指摘をいただいたことによる。

教育の現場で、プログラムを実施し続け、先生方と授業を創ることで得られることは多かった。今後も「問い」と震災遺産を合わせた展示は、効果があると信じ検討を重ねていきたい。

なお、ここでいう「問い」とは、「創造的対話を促すトリガー（引き金）[5]」とされており、解決が難しい課題などを、違う視点、異なる意見から解決の糸口を探すことにもつながる（図3）。この手法は、中学や高校での総合的な学習の

	問う側	問われる側	機能
質問	答えを知らない	答えを知っている	情報を引き出すトリガー
発問	答えを知っている	答えを知らない	考えさせるためのトリガー
問い	答えを知らない	答えを知らない	創造的対話を促すトリガー

図3　問いとはなにか（安斎・塩瀬『問いのデザイン』より）

時間、探求の時間などにも活用できるものであり、震災遺産の学校での利活用に対して、入り口を増やすことになると考えている。

8　震災遺産を使ったワークショップ

「そなえの芽」では関連イベントとして、外部講師を招いた「問いづくりワークショップ」を行った。防災教育ワークショップと銘打ち、内容は「震災遺産を活用した授業づくり」とした。震災遺産を授業に使うにあたって、問いを用いることを提案する内容とした。それまでに目的意識をもって博物館の防災講座に申し込んでいただいた教員を中心に声掛けし、県教育委員会が所管する教育事務所にも参加を呼び掛けた。震災遺産を学校の授業で活用するにあたって現場の先生の意見をいただくことが目的でもあった。リモートでの開催となったが、遠隔地からの参加もあり、と震災の経験を学校教育にどのように生かしていくかを多様な視点から捉えることができ、主催者としても、気づきの多い講座となった。

内容としては、震災遺産のなかから、落下した照明用具、備蓄用パン、前述の牛舎の柱を紹介し、それぞれに問いを考えてもらい、考えた問いを発表し意見交換を行った。

「子どもたちの防災力を育むような問いを考えてください」、「どんなことを子どもたちに考えてもらいたいのか」、この二つをワークの題材とした。

成果として、たとえば、備蓄用のパン（写真6）が残っていたということから発想して、「なぜこのパンは配られなかった／食べられなかったのか」と問いを立て、「食物アレルギーや、飲み物が無くて食べられなかったのかもと、（このパンが）なぜ残っているのか、食べられなかったのかを（実際の）避難所を想像しながら考えて欲しい」という意見や、牛舎の柱では「なぜ（牛を）助けることができなかったのか」という問いを立て、「動物や飼っているペットの命（の大切さ）とともに、動物たちの災害時の避難についても考えられるようになってほしい」といった意見が出された。学校で生徒と向き合っている先生だからこそ、一緒に考えることができる問いがいくつか作られたと考えている。

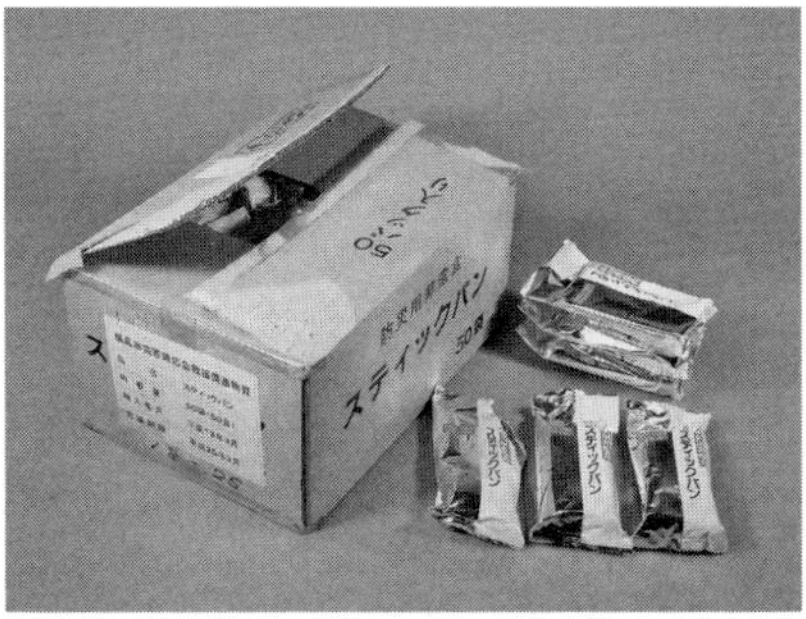

写真6　パンからも問いを立てた

9　震災遺産と問いの可能性

伝承の現場において、語り部による語りの力、言葉の力の大きさを実感している。だが、被災地のみならず、戦争や公害の体験を継承する活動については、語り部の高齢化が課題となっている。どうやっても人間の寿命には限りがあるため、世代交代等を進めなければならない。震災遺産と問いを活用した場合、問いは社会状況に合わせていくつかアレンジすることは可能であるし、問いを出す人にも解答を持っている必要はないために、誰でも提案は可能である。また、少なくとも資料は人の寿命よりは長いものが多い。現代資料の保全については解決されていない課題も多くあるが、レプリカ等でも十分に役割を果たせるだろう。未災地での災害伝承において、震災遺産と問いは、持続可能性が高い。創造的な対話のトリガーとしての震災遺産と問いを用いて、経験者としてのことばを介さない災害伝承の持続可能性の獲得を考えていきたい。

　この問いを使った手法は、一方的に資料の説明をしてしまう学芸員の解説会の反省から導かれたものでもある。ある大学の講義で震災遺産の説明のみを中心に行ったことがあるが、その際には学生の興味関心を引き出すことが難しかった。問いを設けた結果、うたた寝する学生は減り、授業に参加してくれる学生が増えたように感じている。この手法は美術館等で進められている対話的鑑賞に似ている。その資料の背景を想像することで、よりその資料に対する理解が深まる。

　学校の授業では、牛舎の柱のレプリカを観察し、自分であればどんな判断をするか考えてもらう時間を設ける。自分の考えを発表したうえで、飼い主にどのように声をかけるか考えてもらい発表する（写真7）。こうした考え方を経れば、気持ちを被災地に沿わせられることにもなるだろうし、被災した時の対応はもとより、社会の一員としての意識を持てるようになるだろう。こういった授業では、生徒たちにどういった姿を望むのか、教室・学校の方針と合わせながら相談を重ね、授業と防災講座の協働を進めている。

写真7　班ごとにさまざまな意見が出される

10　今後の展示での展開

　県博の常設展示には、第二次世界大戦以降の通史展示がない。一九八六年（昭和六十一）の開館以降大きな改修がなく、三五年以上にわたって展示更新がなされていない。そのため、昭和・平成といった現代の出来事も取り上げてはいない。現在、東日本大震災の記録である震災遺産を展示することについて議論を重ねているが、展示するにあたってこの災害だけをトピックとして常設展示することもできるが、昭和・平成の通史展示のなかで取り入れたいと考えている。産業史・エネルギー史・経済史など、福島県の歩んできた道が、現在と地続きになるように方向性を固めつつある。二〇二四年（令和六）度中には、震災遺産を現代史として通史展示に入れることを目標にしている。

11　震災遺産からの「気づき」と「学び」―コロナ関連資料

震災遺産の収集を通じて、その時を逃すと収集する機会を失うことを経験してきた。たとえば、県博で中心となり震災遺産を進めてきた高橋満は、記録誌内の学芸員コラムにて、津波で折れ曲がったミラーを「保全すべきと思い、最後に現地で確認してから、役場や土木事務所に相談」したが、役場からは「現地確認にいったが見当たらない」、数日の間に撤去が進められ「忽然と姿を消したような震災遺産」⑥であり、収集できなかったことを惜しんでいる。被災地では、復旧に向けて、まずは撤去作業が行われる。この際に災害を直接的に伝える遺物は、なによりも最初に着手される。こういった機会を逃すと収集することができなくなってしまうこの経験こそ、コロナ関連資料を収集し始めたきっかけの一つであるといえる。

私も前任地で新潟県中越地震の応急仮設住宅団地の撤去が進むなか、解体業者がまさに運び出す寸前に仮設住宅の配置図看板を収集した経験や、被災地を走る幹線国道二九〇号の倒れた国道表示を、警察や、土木事務所等方々回って収集をめざしたが、廃棄されてしまった経験がある。

少なくとも震災遺産チームの学芸員は、今集めておかなければこの先、館に残すことが難しくなることを実感として持っていた。

またスペイン風邪に関する資料は県博内ではほぼ無く、約一〇〇年前の出来事であってもその時を逃すと資料を集

写真８　コロナ関連資料収集箱

めることが難しいこともわかってきた。

コロナ禍での出来事として連日報道から得る情報が、東日本大震災で経験したことと重なることも多く、東日本大震災の比較史料としても意味があるのではと考えたため、通常の業務内で対応できる範囲で資料の収集を実施することとした。県博では日常業務が多忙であり、かつコロナ禍で来館者対応などの新たに業務が増えており、あくまで日常業務に差し支えなく実施できる範囲に留めておくことが必要と考えた。

収集できる資料として想定したものは、届けられる展覧会中止の案内や、県博が中止したイベントの告知など、紙が中心となるだろうと考えていた。そのため新聞紙保管用の中性紙箱を収集箱として準備し（写真８）、以下の注意書きを蓋に付記した。

「コロナウイルスに起因した事象など、関係する紙・物などを集めます。収集するものには、日付と氏名をポストイット等で記入してからお入れください。捨てるくらいならまずは入れてください。面倒であったら、筑波（私）の机に置いてください。あとで収納します。」

積極的な収集ではないが、最低限の活動を続けることができている。収集した箱には、下より順に、重ねられて新しいものが上に積み重なっていくため、おおよその日付順で収集することができている。最初の箱は二〇二〇年（令和二）三月二十八日から始め、二箱目は同年六月十五日、三箱目が二〇二一年年一月二十六日、四箱目は二〇二一年四月三日からとなっている。

二箱目までの途中集計ではあるが、資料は約二五〇件である。そのほとんどが紙資料となり、県博に届けられたもの、博物館が発行・作成したもの、職員の自宅に届いたものに集約される。

ここまで震災遺産について述べてきたが、コロナ関連資料も教育現場で活用し、継承の持続可能性を考えられるようにしなければならない。

まとめ

県博の展示では震災遺産が持つ迫力を伝える手法が中心であった。今までも考古・自然史・歴史・民俗学といった視点を入れた展示の経験を重ねてきたが、そこに関係者の思い出や聞き取りで得た情報を加えて、物語を深めるとともに、震災遺産と問いを合わせることで探求を深めるような学習プログラムの提案を進めている。今後はコロナ関連資料の調査を進めて新たな未来づくりの資源となるように研究を行いたい。

註

（1）山内宏泰編『リアス・アーク美術館常設展示室図録　東日本大震災の記録と津波の災害史』（リアス・アーク美術館、二〇一四年）。

（2）文化庁令和二年度地域と共働した博物館創造支援事業。ミュージアムの使命を「ライフ（いのち・くらし）」に向き合うことと捉える。川延安直他編『ライフミュージアムネットワーク2019活動報告書』（ライフミュージアム　ネットワーク実行委員会、二〇二〇年）。

（3）新潟県中越大震災復興検証調査会編『新潟県中越大震災復興検証報告書』（新潟県、二〇一五年）。

（4）美術館・歴史博物館の学芸担当者に対し、美術館・歴史博物館における教育普及を担当するために必要な専門的知識及び技能を習得する研修を実施し、その資質の向上を図る、という趣旨で実施された。

（5）　安斎勇樹・塩瀬隆之『問のデザイン―創造的対話のファシリテーション―』（学芸出版社、二〇二〇年）。
（6）　内山大介編『震災遺産を考える―次の一〇年へつなぐために―』（福島県立博物館、二〇二一年）。

その他参考資料

内山大介「震災・原発被災と日常／非日常の博物館活動―福島県の被災文化財と「震災遺産」をめぐって―」（『国立歴史民俗博物館研究報告』二一四、二〇一九年）
内山大介「災禍の時代に向き合う博物館展示―東日本大震災から新型コロナまで―」（『民俗学』三一〇、二〇二二年）
白井哲哉『災害アーカイブ―資料の救出から地域への還元まで―』（東京堂出版、二〇一九年）
高橋満『ふくしま震災遺産保全プロジェクト　これまでの活動報告』（ふくしま震災遺産保全プロジェクト実行委員会、二〇一七年）
高橋満「博物館における震災の継承―震災遺産保全のケーススタディ―」（『博物館研究』五四―七、二〇一九年）
筑波匡介「東北からの表現　博物館として、震災遺産に向き合う」（『Field recording 東北の風景をきく』三、二〇二〇年）
矢田俊文・長岡市中央図書館文書資料室編『震災避難所の史料　新潟県中越地震・東日本大震災』（新潟大学災害・復興科学研究所、二〇一三年）
矢田俊文・長岡市中央図書館文書資料室編『新潟県中越地震・東日本大震災と災害史研究・資料保存―長岡市災害復興文庫を中心に―』（新潟大学災害・復興科学研究所、二〇一六年）

原発事故による全町避難と震災資料保全
―福島県双葉町における取り組み―

吉野高光

はじめに

二〇一一年(平成二十三)三月十一日、東北地方太平洋岸を震源とする東日本大震災が発生した。福島県沿岸部の中緯度に位置する双葉郡双葉町《ふたばまち》も震度六強の揺れと巨大津波により多くの犠牲を出した。(1)多くの町民は双葉北小学校・双葉中学校および地区公民館に分散避難し一夜を明かした。

地震の影響は、東京電力福島第一原子力発電所の事故に及び、翌朝、浪江町を経由し川俣町(県中部)の学校・公民館等施設に全町避難した。一五時三六分、福島第一原子力発電所で原子炉建屋の水素爆発が発生した。これを機に双葉町は県外避難を模索し始める。

三月十九日を機に避難滞在していた川俣町を後にし、福島市のあずま総合運動公園から十数台のバスに分乗し、さいたま市の「さいたまスーパーアリーナ」に移動した。さらに、三十日・三十一日の二日間に分けて埼玉県北部の加須《ぞ》市にある旧埼玉県立騎西《きさい》高校(以下、旧騎西高校)へむけて約一四〇〇人の町民が避難した。

四月一日、双葉町役場は旧騎西高校に埼玉支所(双葉町災害対策本部)を、福島県猪苗代《いなわしろ》町のホテルに猪苗代連絡所

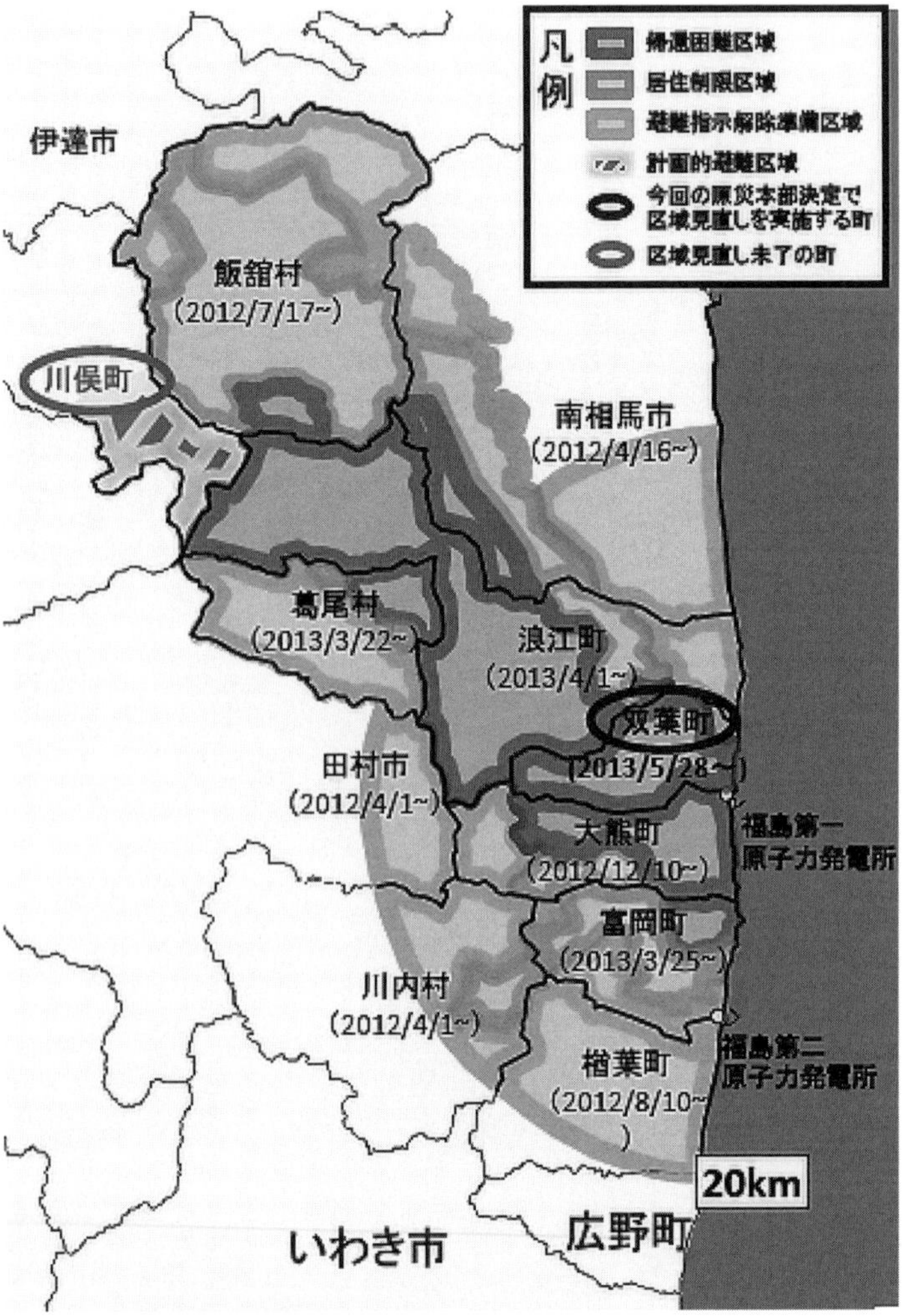

図1　双葉町区域再編後の避難指示区域の概略図

を設置、合わせてそれぞれの避難所を開設することとなった。同年四月二十二日に警戒区域が設定され、原発から半径二〇km内への立ち入りが制限された。

二〇一三年六月十七日には、福島県いわき市東田町のいわき事務所に役場本体機能を移した。

二〇二二年八月三十日、特定復興再生拠点区域が解除された。これにより沿岸部の一部と併せて町域約二〇％が解除されたこととなり、町役場が一一年ぶりに帰還を果たすとともに、一部ではあるが町民が居住できるようになった（図1）。

一　震災記録保存までの経過

避難が長期化するにつれ、警戒区域[2]に取り残された双葉町歴史民俗資料館（以下、「資料館」という）収蔵資料の保全、避難記録の保存に関する課題が持ち上がった。環境悪化に伴い剥製や昆虫標本の虫やカビの害、銃砲刀剣類の錆の進行と、盗難被害などが懸念された。こうした危機感から、筆者が所属していた教育委員会生涯学習課において、資料保全作業は業務として位置付けられ、町長からも避難記録の保存についての指示が出されていた。

二〇一一年（平成二十三）七月から資料館に収蔵されていた刀剣等資料の一部のレスキューを独自に開始した。震災直後、福島県内、特に原発事故のあった双葉郡域では、東北地方太平洋沖地震被災文化財等救援委員会（以下、「救援委員会」という[3]）等の外部の支援を得て文化財レスキューを行うには、放射線量の問題で現状では不可能であると判断されていたためである。

さらに二〇一二年四月五月には、県内と関東圏の一部の博物館の支援をうけて独自に剥製標本の梱包及び搬出を行った。その際の資料館内の空間線量調査を行ったところ〇・二μSv/hと十分に作業可能な線量であったことがわかった。また、剝製標本も三〇〇cpm（バックグランドを含む）前後と持ち出し可能な線量であった。[4]以後これが契機となり、同年九月から救援委員会と福島県被災文化財等救援本部[5]の支援を得て、組織だった文化財レスキューが進展することとなる。二〇一三年度の五月以降は、救援委員会を中心に全国の博物館・美術館等から多くの支援をいただき、延べ一八回、コンテナ数にして約一六〇〇箱の資料レスキューを行った。これらレスキュー資料は、旧相馬女子高校に一時保管されたのち、福島県文化財センター白河館敷地内に建設された仮設収蔵庫に搬入され現在も保管されている（写真1）。

一方、震災記録の保存については、二〇一一年四月二十日に警戒区域内に立入り、町内各地区の現況の写真記録撮影から始まった。撮影は双葉町写真サークルのメンバーの協力を得て、南北二班に分かれて主要な施設、寺社、町の風景などの撮影を中心に行った。

また、旧騎西高校避難所内においても、同避難所自治会に協力を要請し、早稲田大学の学生（二〇一二年八月時点）と共同で避難時の状況について町民から聞き取り調査を行い始めた。

二〇一二年十二月、以前より生涯学習事業について支援をいただいていた筑波大学から、震災関連資料の保全にかかわる支援について打診があった。二〇一三年三月には、旧騎西高校避難所における震災関連資料の保全・調査活動について、双葉町教育委員会と筑波大学の間で連携事業の合意をし、六月一日に筑波大学図書館情報メディア系と「震災関係資料の保全及び調査研究に関する覚書」を交わした。

被災後、役場本体機能を埼玉県に構えてから二年を経て、二〇一三年六月十七日には役場本体機能の福島県内移転が決定していた。これに伴い、役場（埼玉支所）と避難所の記録保全の必要が生じたため記録保全作業の協力について筑波大学と打合せを行っている。

　六月八日には、旧騎西高校内の役場および避難所スペースがどのような現状であり、何が掲示されているか現状記録写真の撮影を行った（写真2）。現物資料の保全作業は、六月十日・十一日と、二十九日・三十日の四日間をかけて梱包作業を行っている（写真3）。各部屋のなかに残されていた資料、廊下・階段等の掲示物、支援物資集配所（第二体育館）等の物資、避難所の共用部分を中心に、残されていた震災関係資料を部屋ごと、エリアごとに可能な限り保存箱に梱包格納した。資料のなかには、世界各国・日本全国から送られた千羽鶴、絵や色紙などの激励の品々も含まれている。また、役場関係の資料については、廃棄しないよう各課に文書や口頭で呼びかけ、中性紙保存箱を配布し保管してもらうよう依頼した。

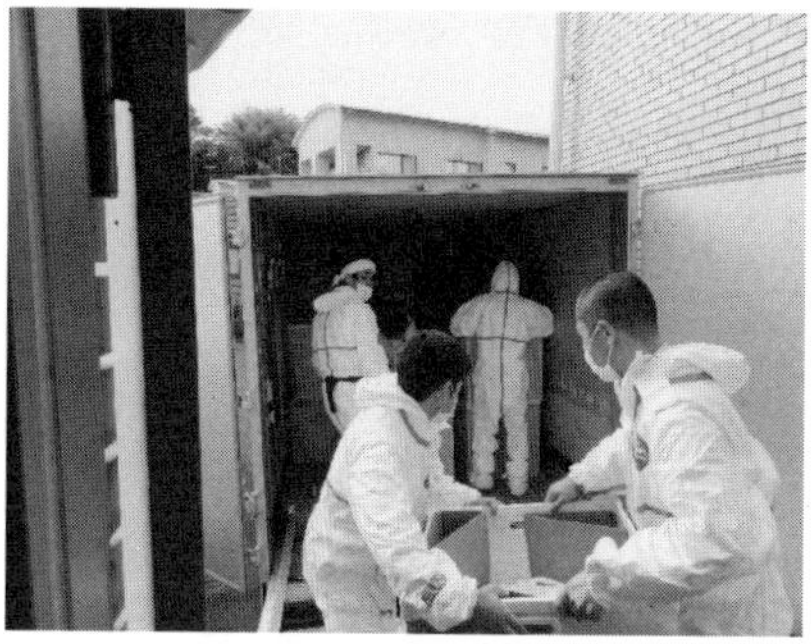

写真１　救援委員会の支援による文化財レスキュー

写真２　双葉町埼玉支所の写真記録保存

写真３　ボランティアによる旧騎西高校避難所資料の梱包作業

写真4　搬出される埼玉支所および旧騎西高校避難所資料

保全作業に当たっては、筑波大学、茨城史料ネットを中心に、宮城・福島・神奈川、神戸など各史料ネットから支援をいただいた。梱包された資料は保存箱で約一二〇箱（四tトラック一台分）に及び、九月十七日に旧騎西高校から筑波大学に搬入され、現在も保管いただいている（写真4）。

埼玉支所と旧騎西高校避難所から保全されたのは大きく以下の四項目に分類される(6)。

(1)町役場・町教育委員会が作成した公文書等、刊行物（冊子・一枚物）、配布物、掲示物、備品等。

(2)町役場・町教育委員会が取得した公文書等、刊行物、配布物等。

(3)旧騎西高校避難所における刊行物、配布物、掲示物、備品等。

(4)町役場・町教育委員会・旧騎西高校避難所へ寄せられた、日本全国および海外から寄せられた折り鶴、絵画等の支援・激励の品々。

これら資料群は現在、筑波大学図書館情報メディア系で保存されており、連携して制作したホームページ(7)によって一部資料の写真を公開している。現段階では峻別できていない資料も整理作業の過程で新たな知見が得られるものと期待される。

二　福島県いわき事務所移転後の保全作業と記録保存

震災資料の保全と記録保存は、福島県いわき市に役場の本体機能を移してから本格的に行われるようになった。突然の避難指示により、震災にかかわる資料や景観が、奇しくもほぼ手付かずで残っているとはいえ、避難指示解除に向け除染とともに住宅等の解体が進み、町内の様相が刻々と変化してきている。早急に震災直後の状況を記録するとともに関係する資料の保全の必要に迫られている。役場庁内においても、震災資料の保全連絡会議（以下、「連絡会議」という）を立ち上げ、横断的な震災資料の保全を図っている。

一次避難所等資料の保全

発災直後に設営された一次避難所は、三月十一日の一日だけの運営で、翌日早朝には一〇km圏外への避難指示、さらには立入りが規制されたため、ほぼ手付かずの状態で残っていた。保全作業は、公共施設等、学校施設、地区公民館施設を中心に行った。埼玉支所と旧騎西高校避難所の保全同様、各部屋の状況と保全すべき資料の写真記録を行った。

主な保全資料のなかには、避難者の名簿や人数、避難者への案内表示、各避難所に配給すべき炊き出しの数、残されたおにぎりなどがある（写真5）。

役場資料の保全

役場の各課机には、避難を呼びかける防災広報無線のメモ原稿、被害状況が記された電話メモやノートが残されていたが、残念ながら災害対策本部の対応を伝える資料は残されていなかった。原子力対策室には、福島第一原子力発電所からもたらされる情報が時系列で記された模造紙が残されていた。当時の状況を知りうる一級資料であり、現在内容の分析が進められている。

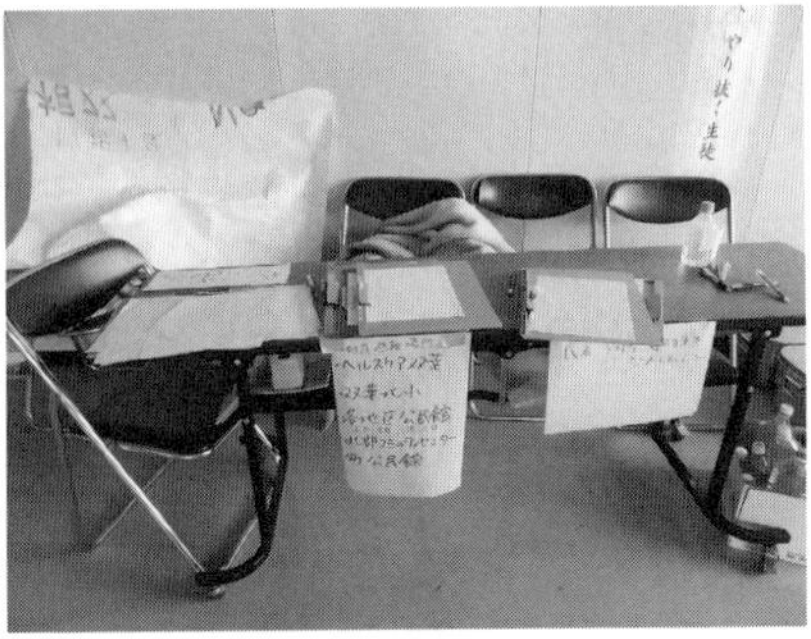
写真５　一次避難所の受付（双葉中学校昇降口）

写真６　津波被災消防車の搬出作業

被災を伝える一次資料の保全

主に津波による被害を示すもので、屈曲したガードレール、地元消防団の小型消防ポンプ車（写真６）などを保全している。また、町と原子力発電所とのかかわりを示す標語が掲示された「原子力広報塔」が解体保全され、躯体とパネルが保存されている。

小型消防ポンプ車と原子力広報塔（パネル）は、双葉町の海岸部に開館した福島県東日本大震災・原子力災害伝承館（福島県施設）に展示されている。

デジタルデータによる記録保存

前述したように、復興再生拠点区域の除染解体に伴い町の様子が大きく変化してきている。かつての町の様子を記録に残すために、主要な町の施設と主要な町の路線風景について三次元計測による記録保存を行っている。施設については基準点を設置しながら３Ｄレーザースキャナを用いて測量を行った。また、主要な町の路線については、車載カメラとドローンを用いて測量を行っている。

これら取得したデータは、パソコンで見ることが可能で、ＭＲまたはＶＲシステムを活用することで仮想空間において立体的な画像を閲覧することが可能である。二〇一八年（平成三十）には、いわき事務所および町立学校仮設校舎において、文化財や震災遺構等のＶＲ試視会を実施している。

震災証言記録保存としては、役場職員を中心とした動画記録保存を行っている。これは当時、災害対策本部がどのように対応したのか、職員がどのように行動したのか検証する貴重な記録である。また、町民の音声記録の保存作業も継続して実施している。

仮設住宅に関わる資料の保全

双葉町民が入居している仮設住宅は福島県内の七か所にのぼる。これら仮設住宅の集会所には、町民の避難の様子を知る資料や、支援にかかわる資料、管理にかかわる簿冊等の記録が残っており、閉鎖に伴い保全を行っている。

震災遺構の保全

写真７　保全を進めている震災遺構

庁内の連絡会議のなかで保全を検討しているのが「マリーンハウスふたば」（海の家）である。津波襲来の際に近隣住民が三階まで避難して難を逃れた施設である。震災遺構として保全し公開するまでには、メンテナンスも含めクリアしなくてはならないハードルがいくつかある。公開が実現できれば、（仮）福島県復興記念公園（双葉町・浪江町）、東日本大震災・原子力災害伝承館、並びに震災遺構浪江町立請戸小学校と、当該震災遺構が有機的に結び付くことができ、震災の記憶を伝承発信することがより可能になるであろう（写真７）。

おわりに

双葉町は、震災直後の全町避難となったため、奇しくも一次避難所は手付かずのまま保全された状態であったが、避難が長期化し避難所を転々と変えることとなったため、福島県川俣町の避難所と、さいたまスーパーアリーナ避難所にかかわる資料は、残念ながら皆無に等しい。町としての避難の経過を知る意味で資料の掘り起こしが必要である。

双葉町では、町民の生活再建と美しいふるさと・双葉町を取り戻すため、「双葉町復興町づくり委員会」を設置(二〇一二年[平成二十四]四月)し、「双葉町復興町づくり計画案」の審議を進めることとなった。委員会の下には、「生活再建部会」「ふるさと再建部会」「きずな部会」の三部会を設置した。特に、「きずな部会」は、現在および将来にわたる双葉町の歴史・文化の継承やコミュニティの維持について話し合われた。その計画のなかには、震災・原発事故に関する記録と継承、それ以降の体験を記録化する作業についても明記されている(8)。

保全した資料は、整理と検証が行われていくことになるが、それらを行う十分な環境は今のところ整っていないため、保存施設の整備、震災遺構の保存方法が課題として残る。

震災という非常時において経験したことは、被災者支援、復旧復興と並行して、文化財レスキュー、震災(被災)資料と記録の保全を一定の部署で同時に行わなければいけない厳しい現実であった。

一方、同じく震災と原子力災害に見舞われた富岡町は、役場庁内の各課から横断的に職員を募り文化財レスキューと震災資料の保全に着手している。また、富岡町として「震災遺産保全宣言」を行い条例をも制定している。管見に入る事例としては、東日本大震災の被災自治体において唯一と言える取組である。

今後も起こり得る自然災害等に際して、それらに対応できる体制作りとマニュアルの備えが必要であろう。非常時の経験を記録や資料として保全し、地域の歴史の一部として位置付ける意味は大きいと思える。

註

（1）人的被害：死者二〇人（直接死）、関連死一〇〇人超、住家被害：全壊九五棟、半壊七棟。

（2）二〇一三年（平成二十五）五月二十八日、午前〇時をもって双葉町における警戒区域が「帰還困難区域」と「避難指示解除準備区域」（全体の四％）に再編された。二〇二〇年（令和二）三月には「避難指示解除準備区域」が解除された。

（3）我が国の貴重な文化財の廃棄・散逸を防止するために文化庁を中心に、作られた枠組み。独立行政法人国立文化財機構を中心に文化財・美術団体、被災県教育委員会等によって構成された。二〇一三年三月に解散。『東北地方太平洋沖地震被災文化財等救援委員会・平成二十三年度活動報告書』、『東北地方太平洋沖地震被災文化財等救援委員会・平成二十四年度活動報告書』、『語ろう！文化財レスキュー―被災文化財等救援委員会公開討論会―』参照。

（4）この時期、町民が一時帰宅して自宅からの持ち出し可能な身の回り品の線量は一万三〇〇〇 cpm であった。

（5）福島県教育庁文化財課が中心となり、県立博物館・県立美術館・県文化財振興財団などの幹事館と、県内被災市町村の文化財担当部局で構成された、福島県の文化財レスキューの枠組み。二〇一三年五月設立。

（6）白井哲哉氏（筑波大学図書館情報メディア系）の分類による。

（7）「福島県双葉町の東日本大震災関係資料を将来に残す」（筑波大学図書館情報メディア系）（URL: www.slis.tsukuba.ac.jp/futaba-archives）災害の記憶を継承するプロジェクトで、国内外から寄せられた支援や慰問の品（写真）に名前を付けるボランティア。世界の十数言語で入力が可能。

（8）『双葉町復興街づくり計画（第一次）～〝町民一人一人の復興〟と〝町の復興〟をめざして～』（双葉町、二〇一三年）。

図書館は非常時の記憶と記録をどう生かせるか
―「令和元年房総半島台風」での館山市図書館の取り組み―

飯田朋子

はじめに

二〇二〇年（令和二）九月二日付の「神奈川新聞」一五面に、「語り継ぐ関東大震災　未曽有に学ぶ（下）　記憶遺産古木、台風耐えられず」という記事が掲載された。取り上げられたのは、千葉県の南部、館山市にある「六軒町のサイカチの木」である。

写真１　令和元年房総半島台風直後の六軒町のサイカチの木
（2019年9月10日撮影）

この木は、持主の家に伝わる資料に樹齢一〇〇〇年との記述があることや、一七〇三年（元禄十六）の元禄地震による津波の際、人々がこの木に登って命を救われたという伝承が残ることなどから、二〇一四年（平成二十六）二月に市の天然記念物に指定されていた。(1)それが、二〇一九年九月の「令和元年房総半島台風」で根元から倒れた（写真１）。台風による倒壊を受け、二〇二〇年三月に指定解除されている。(2)

記事にはこのサイカチの木が、元禄関東地震、一九二三年(大正十二)の関東大震災をくぐりぬけ、地域に親しまれてきたこと、二〇一一年の東日本大震災の際、サイカチの木をめぐる逸話が改めて注目されたこと、「災害を伝える記憶遺産」という評もあり、文化財指定解除の際には、解除で終わらないでほしいといった意見があったことや、記録や記憶を残す方法について引き続き協議していくとした市教育委員会の姿勢などが書かれている。

筆者は二〇二〇年三月まで、この「六軒町のサイカチの木」近くにある館山市図書館に勤務していた。令和元年台風第一五号、のちに「令和元年房総半島台風」と命名された台風による被害が大きかった場所のひとつである館山市の図書館で、災害に直面する市民に対して、今何ができるのかと思うとともに、今起きていることを未来の市民に伝えるためにできることは何があるのか、災害対応の最中、常に意識しながら過ごしていた。もし次に似たような事象が起きた時にどう生かせるのか、市民が当時のことを知りたい、当時に学びたいと思った時に、図書館は何ができるのか。事実としての記録と、人々の記憶にあるものを、どう残しつないでいくか。図書館の役割としても、きっとそれは必要であり、大切なことになるのでは、頭の片隅でそんなことを考えていた。

令和元年房総半島台風を受け、館山市図書館では台風に関連した取り組みを行った。その取り組みを振り返りながら、非常時の記録や記憶をつないでいくために図書館ができることについて整理していきたい。

一　「令和元年房総半島台風」をめぐる館山市図書館等の取り組み

千葉県の南、東京湾の出口に位置する館山市にある館山市図書館(写真2)は、一九四三年(昭和十八)八月に開館、一九七二年から現在地で業務を行っている。所蔵資料は一六万二八九五点、うち郷土資料は七八三七点(二〇二二年三月三十一日現在）となっている。[3]

二〇一九年（令和元）九月九日、のちに令和元年房総半島台風と名付けられた台風第一五号は、午前三時前に三浦半島付近を通過、午前五時前に千葉市付近に上陸、千葉県から茨城県を北東に進み、関東の東の海上に進んだ。台風本体の接近時に風や雨が急激に強まる特徴があったこの台風は、関東地方南部や伊豆諸島を中心に暴風や大雨をもたらし、館山での最大風速は二八・四m、最大一時間降水量は六〇・〇㎜を記録した。[4]

この台風により、建物の損壊、断水、通信障害等、市内全域で被害があり、電柱の倒壊による大規模停電は最大二週間近くに及んだ。幸いなことに死者・行方不明者共にいなかったが、同年十月の令和元年東日本台風等、相次ぐ台風や大雨の影響も重なり、住宅被害は六五九七件、市全体の三割に及んだ。地区によっては約八割の世帯で被害を受けた場所もあり、[5]同じ市内でもこれほどまでに違うものかと唖然とするほどの状況だった。

写真２　館山市図書館（館山市図書館提供）

幸いなことに、館山市図書館自体は資料の水損や建物被害はほぼなかったが、約二週間にわたって休館となった。図書館業務が再開した後も、のちに「令和元年東日本台風」と名付けられる台風第一九号など、立て続けに台風や大雨の影響を受け、職員は避難所や被災者支援の各種申請の対応等に長期間あたることにもなった。そのようななか、地域の図書館がどんなことをしていたかという例として、館山市図書館の三つの取り組みを紹介する。

1　図書館の様子を記録に残す

一つめは、図書館としての状況・対応の記録である。当初は危機管理の側面から、今回のケースでは図書館がどのような状況に置かれ、何をし、どう対応してきたかを記録することで、今後同様の事例が起きた際、参考にできるようにと始めたことだった。

館山市図書館は、夜から台風第一五号の影響が予想された九月八日は、通常通り午後五時まで開館、以前より館内に雨漏りがあったため、対策を施して職員は退勤した。その後、八日夜から九日朝にかけて台風第一五号が接近、市内に大きな被害をもたらした。

九月九日は休館日にあたっており、午前九時頃より職員が館内を確認。ロビーが水浸しの状態となっており、館内の数か所で雨漏りや吹き込みを確認したが、資料の水濡れ等はなかった。市内の広い範囲で起きていた停電は、図書館では起きていないことも確認できた。またこの日、市として社会教育施設は当面の間休館するという判断が出される。

市内の広い地域で停電が起きていたことを受け、図書館は市災害対策本部からの指示により、暑さをしのぎ、携帯電話等の充電ができるよう、九月十日以降「休憩所」として開放を行った。防災行政無線や市の防災メールで、十日午後から市内の施設が休憩所・充電施設として開放されることが周知されると、多くの人が訪れた。充電は当初時間無制限で行っていたが、途中から整理券を配布、一人三〇分以内で入替制の対応を取った。午後五時の開放終了までに用意した一二〇枚の整理券はすべて配布、充電以外に来館した人も含め、最大で一五〇人程度の人が館内にいたと思われる。充電対応については、市内の電力復旧状況を見ながら九月二十九日まで行った。

館内には多くの人が集まっていたこと、防災行政無線が聞き取りづらい場所もあることから、館内の壁に市から出された情報の掲示も行った。支援情報も増えてきた九月十一日からは、防災行政無線の内容をはじめ、充電対応場所、入浴、災害ごみの受入等の災害対応情報、市内及び近隣市の停電情報、携帯電話の電波状況、鉄道運行状況、支援物資受入やボランティア情報を、各機関のホームページで確認して掲示した。この対応は、台風第一九号の影響が落ち着いた十月半ばまで縮小しつつ継続して行った（写真３）。

休憩所としての開放時は、ロビー、トイレ、児童室、閲覧室に限り立入可能とし、本や新聞を手に取る人や、児童室で子どもが本を読む姿も見られた。休館措置を知らず来館する利用者も多くいたため、返却資料の受取は行ったが、貸出、予約・リクエスト、レファレンス、資料出納、移動図書館車の運行、おはなし会等の行事に関しては停止していた（写真４・写真５）。

写真３　災害関連情報掲示の様子（館山市図書館提供）

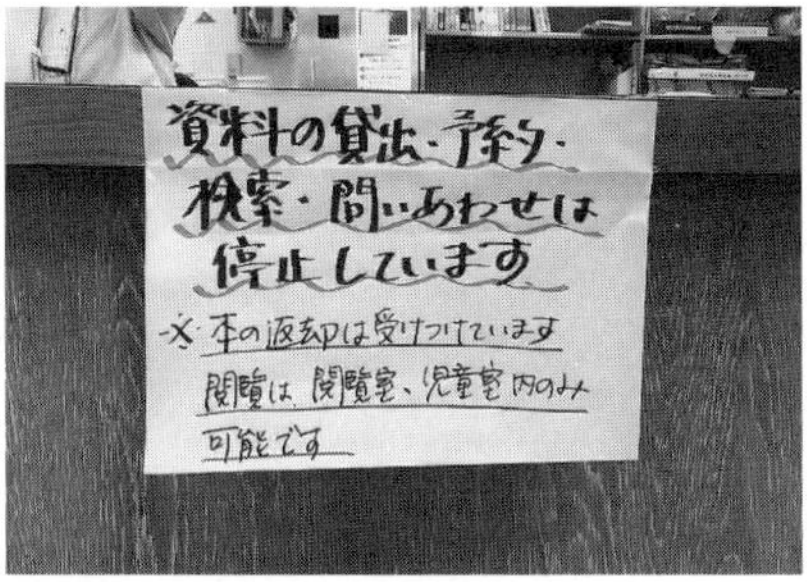

写真４　休憩所対応期間中のカウンター掲示の様子（館山市図書館提供）

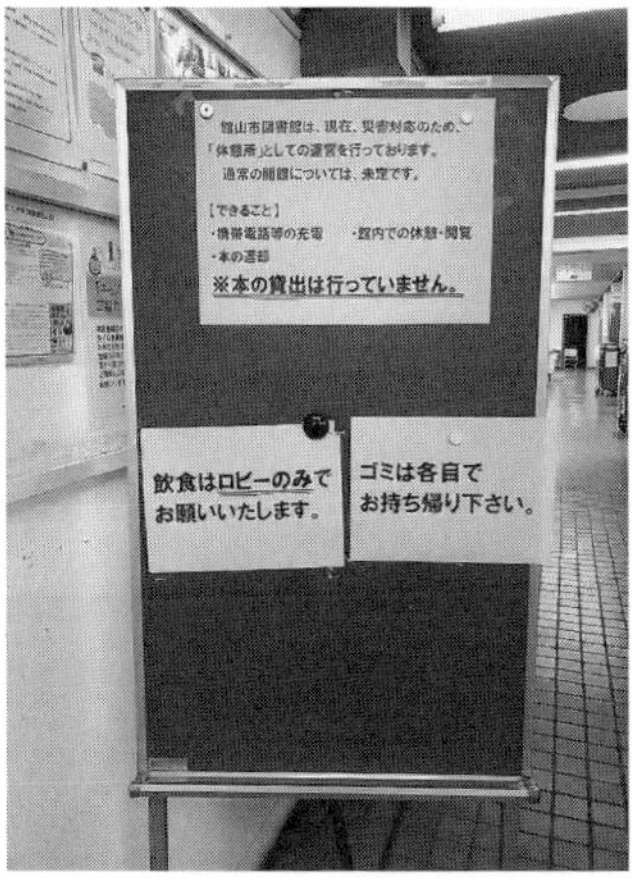

写真５　休憩所対応期間中の館内掲示の様子（館山市図書館提供）

九月二十四日、社会教育施設は十月一日を目途に通常開館再開、対応が可能ならば早めてもよいという市の方針が出される。そこで図書館は一日の準備期間を置き、九月二十六日より開館することとした。他の社会教育施設は十月一日からの開館となり、先行して業務を再開できたことは、幅広い利用者がおり、誰もが使える身近な施設である図書館の再開を待ち望んでいた市民の声も多かったことから、日常生活を取り戻すことに近づいたよいアピールにもなったとの評価もあった。ただし、千葉県立図書館による県内図書館向けポータルサイトで各館からの情報を確認した限り、台風第一五号の影響で休館措置を取った県内図書館のなかでは、館山市図書館の開館再開が最も遅かった。

図書館職員は休憩所運営だけでなく、災害対応業務に発災直後から当たっていたが、図書館業務が再開した後もその対応は続いた。住家に大きな被害を受けた市民のために開設された避難所の運営には、他部署の職員とともに交代制で昼夜を問わず対応にあたることとなり、避難所が閉鎖される十二月下旬まで続いた。また、重点的に市民の生活再建支援にあたるため、市に「復興支援局」が設置され、(6)司書などの専門職も含め多くの職員が支援相談や罹災証明関連の業務に従事することとなった。そのため、図書館だけでなく市全体として可能な範囲で通常業務の停止や縮小が図られ、おはなし会など一部事業は段階的に再開したものの、講座や講演会などの中止、学校支援の限定的運用、移動図書館車の一部コースの巡回休止など、令和元年度中は業務内容を制限し運営を行っていた。

台風による休館が明けてやって来た利用者から受けたレファレンスに、「瓦屋根の修理の方法がわかる本はないか」というものがあった。それも一度ではなく、同様の質問が何度も寄せられた。強風の影響で屋根瓦が飛散するなどの被害を受け、修理を依頼してもいつになるかわからない状況のなか、今自分で何とかできる方法はないかと考えた人が多かったということである。蔵書のなかに明確に修理方法について書かれたものはなかったのだが、瓦屋根の構造について書かれた本を案内したところ、仕組みだけでも知っておきたいと借りていった方もいた。

また、「過去に今回と同じようなコースを辿った台風があったというが、その進路や状況がわかる資料はないか」と尋ねてきた方もいた。当時の新聞を見たいとのことだったのだが、どの台風か特定するため、まずは気象に関する過去のデータが掲載されている資料を一般資料と地域資料の両方から提示したところ、「こういう調べ方ができるとは思わなかった」との声もあった。

上記の対応は、その記録をしていたからこそ今になって書き起こせる部分も大きい。休憩所としての対応をどのように行い、訪れる人にどのような情報を知らせてきたか、職員が図書館業務以外の災害支援業務にどれだけあたったか、どのように事業を再開させていったのかといった記録も、地域の図書館が非常時にどのように動いていたか知ることのできるものとなりうる。記録を図書館資料とするには、館としての検証を行い、さまざまな場面で共有できる形にまとめ公表できる形にしておくことが必要だが、そこまでの形にはできなかった。

しかしもともとの記録が、長い目で見たときに「歴史的公文書」となる可能性もある。公文書館を持たない自治体では、図書館や博物館が実態として公文書館的役割を担っている場合もあるだろう。図書館では刊行物以外の資料についての収集・提供が制限されているわけではない。住民の身近にあり、情報を得られる場としての図書館が、地域の姿を伝える資料として刊行・公表された行政資料を集めることはこれまでも行われてきたが、自治体として歴史的公文書の扱いがどのようになっているのかを見直し、保存体制が整っていないのであれば、貴重な資料が失われる前にできることをする必要についても、記録を付けながら感じていた。

また、図書館が行う業務のひとつに「レファレンスサービス」がある。レファレンスサービスは「情報を求める利用者に対して、図書館員が図書館の資料と機能を活用して、必要としている資料の検索方法を教えたり、回答を提供したりする人的援助」(7)だが、住民自身が今の暮らしをより良い方向に進めるために、図書館が持つ情報を役立てることだとも言えるだろう。レファレンス事例の記録・蓄積は日常的に行われているが、災害などの非常時にどのような特徴的レファレンスがあったかという視点で事例をまとめておくことも、地域住民の当時の動きやニーズを知ることだけでなく、非常時に何が求められるのかを把握し、未来に生かすことにつなげていくことができるだろう。

2　図書館資料の活用による「ウィキペディア」台風関連記事の作成・編集

二つめは、図書館資料を基に、インターネット百科事典「ウィキペディア」にある台風関連の記事編集を行ったことである。二〇一九年(令和元)十一月九日に「ウィキペディアタウンin館山プレイベント」として、外部団体と協力し、「ウィキペディア」の記事に出典を付けながら災害の状況を記録するという試みを行った。

かねてから、千葉県内の公務員有志でつくる「チーム千葉県」より、地域の文化財などについて、市民がまちあるきや図書館の地域資料で調べたことをもとにウィキペディアの記事作成や編集を行う「ウィキペディアタウン」を館山市で行いたいとの話を受けていた。館山市図書館は、団体メンバーの館山市職員、他自治体の職員、図書館員等とともに開催に向けて準備を進め、八月に「ウィキペディアタウンin館山キックオフミーティング」を開催した。ウィキペディアタウンの取り組みや趣旨、図書館とウィキペディアの親和性についてのレクチャーとウィキペディアの編集体験の後、今後の活動について検討、十一月には市民向けのウィキペディアタウンを開催予定だった。しかし、台風の影響で周知や準備が整わず、やむなく延期することになった。

台風の後、キックオフミーティングに関わった市外在住の方々にウィキペディアタウンの延期を伝えると、「もう少し落ち着いたら、館山に足を運び、館山を応援したい」との声が返ってきた。当時、ウィキペディアの記事には、被害の大きかった館山市やその周辺地域についての台風第一五号に関する記述が少なかったこともあり、市外の人が足を運ぶきっかけとなり、館山の今を見てもらった上で、台風関連の記事編集を行ってはどうかとの提案があった。そこで、台風関連の記事編集を通し、災害を記録することを目的とした「ウィキペディアタウンin館山プレイベント」を十一月九日に開催することとなった。

当日は市外・県外の図書館員やウィキペディア編集経験者を中心に二六人の参加があった。編集経験者が中心のチームは、産業、交通、停電などにテーマを分け、図書館資料を基に記事作成や出典付けなどの編集作業を行っていった。起きてから日が浅く、書籍になっているものはほとんどなかったことから、新聞などの逐次刊行物、特に地方紙・地域紙が大きく役立った。「令和元年台風第一五号」（現在の記事名は「令和元年房総半島台風」[8]）の記事に加筆をしていった。また被害の大きかった市内の名所「沖ノ島（千葉県）」[9]の記事にも「令和元年台風第一五号による被害」（現在は「令和元年房総半島台風による被害」）という項目が追加され、被害状況等が書き加えられた。編集初心者は基本的な編集方針について学んだ後、市内のなかでも被害の大きかった富崎地区にある「布良崎神社」[10]について、郷土資料を中心とした図書館資料を参考にし、出典をつけながら記事編集を行った（写真6）。

写真6　「ウィキペディアタウンin館山プレイベント」にて資料検討の様子（館山市図書館提供）

記事編集の前のレクチャーでは、「台風第一九号の際話題となった、一九五七年（昭和三十二）の狩野川台風の記事には、一日に四〇万以上のアクセスがあった。つまり、六〇年以上前の台風の情報を多くの人が求めたということ。今日、二〇一九年秋の千葉県の天候被害について、ウィキペディアに出典をつけて加筆するということは、未来の誰かのためになることだ」と講師より取り組みの意義が語られた。これは図書館の役割のひとつである、資料を未来の利用者のためにつなぐことども通じる。

ウィキペディアは、今や多くの人が何かを調べる際の取りかかりとするようになっている。ウィキペディアの記事自体を論文などの出典とするには信頼性などの点で問題はあるが、記事内に出典が明記されていることで正確性・信頼性も上がる。図書館に出典となる資料が所蔵されていれば、元の資料にあたることも容易になる。直接的に図書館の資料となるものではないが、図書館資料の活用で情報を整理し、信頼性を高めた上で、地域の事柄を未来につなぐという点でも、意義のある取り組みとなったのではないだろうか。

3　台風関連記事の目録作成

三つめは、館山市の属する安房地域の地域紙『房日新聞』（房日新聞社発行）の台風関連記事の目録作成である。『房日新聞』は、安房地域四市町の情報が掲載されている日刊紙であり、住民にとっては非常に身近な情報源となっている。「令和元年房総半島台風」の際も、各地の被害状況や自治体の対応だけでなく、外からの支援や、地域の人々の状況も細かに伝えていた。

目録作成に取り組んだのは、前述の「ウィキペディアタウンin館山プレイベント」に参加した地元の方からの提案がきっかけである。イベントを通し、新聞記事が大きく役立つことを改めて実感したとのことで、今すぐに必要になるわけでないとしても、将来、台風に関することを調べようとする利用者や、利用者からの相談を受けた図書館員が役立てることができるよう、台風直後の状況から復興の過程まで、できるだけ多くの記事を採録していってはどうかとお話をいただいた。

作成にあたっても、提案者よりボランティアの申し出を受け、協働で取り組みを進めていた。掲載日、記事の見出しの抽出、内容のカテゴリー分けと、キーワードの付与を行い、少しずつ目録作成を行っていたが、二〇二〇年（令和二）からの新型コロナウイルス感染症の流行に伴い活動が思うようにできなくなり、現在も作業に関してはあまり進んでいない状況とのことで残念である。

新聞や雑誌などから地域に関係する記事の採録を行っている図書館も多いが、地域のことは他には委ねることのできない部分である。日々の動きはもちろんだが、その地域に大きな影響のあった災害などの事象に焦点をあてた記事採録・目録は、今後ますます必要になると考えられる。図書館員や市民が広く活用できるようにしておけば、資料へのアクセスがより容易になり、図書館資料の価値向上につながる。小さな記事まで追っていくのは膨大な作業量ではあろうが、今後の整備と活用に期待したい。

4　図書館以外で見られた取り組み

図書館だけでなく、館山市や、館山市を含む千葉県の安房地域では、歴史資料を守るための取り組みや、地域の状況を記録し保存する取り組みが見られた。

鋸南《きょなん》町・鴨川市・南房総市・館山市の安房地域四市町の学芸員・文化財担当者は、連携して、被災した歴史資料保存のための市民への呼びかけを行った。各市町の意見を集約し、古文書だけでなく民俗資料や近現代資料についても明記、資料寄贈に対応できない場合もあるので、まずは「捨てる前に相談を」とし、四市町共同でのチラシ作成や、各市町の広報誌やウェブサイト、ＳＮＳでの呼びかけが行われた。この呼びかけののち、館山市では建物被災による民具等の寄贈、画家の自宅で被災した作品や関係資料の寄贈、寺院の被災による扁額の寄託などがあったほか、被災はなかったが危機感を抱いて古文書の寄託を申し出た所蔵者もいたとのことだ。(11)

また、館山市立博物館では、二〇二〇年（令和二）六月から八月、市民の被災体験を博物館資料として保存・活用することを目的とした体験文や写真の募集を行った[12]。被災体験を言葉にすることの大切さ、歴史資料としての災害体験の重要性を感じて事業を実施したとのことで、市内外二五人と四団体から、体験文や写真、復興活動報告が寄せられ、その一部は館山市立博物館のウェブサイトでも公開されている[13]。

こういった取り組みは、常日頃から歴史資料に触れ、あらゆる「もの」を収集範囲とする博物館の強みが生きたものだと感じた。地域の「いま」を残しておかなければ、刻一刻と記憶も資料も失われていく。そのために何ができるか、地域の姿をよく知る立場の学芸員が考え動いた例だと言えるだろう。

二　図書館の役割と地域資料

図書館の役割は、資料の収集・整理・提供・保存、加えて継承といえるが、資料を利活用する主体は利用者である市民であり、活用のための手助けや仕掛けづくりを行うのが図書館の役割といえる。収集するのは地域の資料ばかりではないが、地域資料はその地域にある図書館が責任をもって収集し、提供していかなくてはいけないものである。

1　地域資料の収集・保存と提供

図書館は、基本的には中立的立場から、一面だけでなくさまざまな立場から物事を見ることができるよう、資料を集め提供している。社会的な転機といえる災害や戦争などにおいても同様で、記憶化を行う主体というよりは、記憶化・記録化されたものを多角的な視点から集め、判断材料として提供する立場であるといえる[14]。収集対象とする資料は、基本的には図書や新聞・雑誌などの刊行物・印刷物が中心であり、写真や手記なども受け入れるが、物品に関しては受入対象としないことが図書館では多いと思われる。

収集資料は、コーナーの設置や展示という形で活用されることも多い。一枚物や貴重資料など、利用者が手に取る機会の少ない資料だけでなく、普段書架に収められている資料も、展示することにより、利用者である地域住民の「こんな資料も図書館にあるのか」という気付きにもつながる。

非常時という点からみると、地域に大きな影響をもたらした災害に特化したアーカイブ事業を行っている図書館も多い。国立国会図書館では、総務省と連携して開発・構築した東日本大震災に関するデジタルデータを一元的に検索・活用できるポータルサイト「国立国会図書館東日本大震災アーカイブ（愛称：ひなぎく）」を公開・運用している⑮。また、防災科学技術研究所自然災害情報室では、災害資料を収集・アーカイブする図書館等の連携をサポートしており、参加機関の一覧をウェブサイトで公開している⑯ほか、図書館総合展で「全国の災害アーカイブ実施図書館」を同展運営委員会と共催し、災害被災地でアーカイブを構築している図書館を紹介する展示を行っている⑰。

地域資料のアーカイブ化に関連して考えなければならないのが、地域資料のデジタル化である。地域資料には、貴重なもの、失われたら他にはなくなってしまうものも多い。しかし、アクセスできない資料はないものと同じである。保存と活用を両立させ、貴重な資料の利用を保障するには、デジタル化は必要不可欠といえる。デジタル化することで、データの提供や行事での活用など、多くの人の利用につながることが期待される。

デジタル資料については、これまでは劣化が進んだものや貴重資料についてのデジタル化が主であったが、もともとがデジタルである資料の収集や扱いも考えていかなくてはならない。デジタル化した資料についても、機器や媒体の寿命、データの維持やシステムの管理、事業自体の継続性など課題は多いが、新型コロナウイルス感染症の拡大防止のため多くの図書館で休館措置が取られた際に、非来館型サービスが注目されたこともあり、広く公開され、継続的に利用できる環境整備を考えていかなければならないだろう。

2 利用者による図書館資料を活用しての記録・整理

図書館が利用者に対し資料や情報を提供するだけでなく、利用者自身が図書館資料を活用し、非常時に関連する情報をまとめるなどの活動を通し、調べ方やまとめ方を学びつつ、事象に関する理解を深める場を設けることも、図書館ができることのひとつといえる。

島根県立図書館では、「島根県内の戦争・銃後体験記録データベース構築講座」を開催している[18]。二〇二一年五月から月一回、市民参加の講座形式で行われており、図書館の郷土資料のうち手記を含む太平洋戦争関連の資料を読みながら、書誌情報や目次、検索時の手がかりとなるキーワードを抜き出し、戦争体験記録のデータベースの完成を目指すというものだ。講座の終わりには、各自が読んだ資料の感想を述べあうなどの活動も行っている。講座自体が、戦争時の地域やそこに生きた人々の様子を知ることにつながっているのはもちろん、戦争経験者の高齢化で記憶の継承が難しくなっていくなか、戦争体験の書かれた地域資料がデータベース化されることで、戦争時の地域の様子を知りたい時、調べたい時の手がかりとなることが期待される[19]。

神奈川県立図書館では、図書館を活用し、受講者同士の交流を通じて知識を広げる「Ｌｉｂ活（リブカツ）」というプログラムのひとつとして、「県民が編むかながわの半世紀」を、二〇二二年十一月より開催している[20]。『神奈川県史』の現時点での最終刊行は一九八三年（昭和五十八）であり、『神奈川県史 別編三 年表』（神奈川県県民部県史編集室編、神奈川県、一九八二年）には一九八〇年までの動きが掲載されている。このように、神奈川県の現代史についてまとめられている資料が少ないことから、高度経済成長期以降の現代史を学びながら、県の動きや特徴的な出来事について、県民自身の手で編んでいこうという思いから企画されたものだ。第一期となる二〇二二年度は、講師による講義や受講者同士のディスカッションなどで理解を深めながら、図書館資料を活用し、県史収録以後の神奈川県内の動きを追える年表作成に、受講者それぞれの目線で取り組んだ。非常時に特化した取り組みではないが、地域の動きをまとめていくなかから、非常時の姿も浮かんでくることとなるだろう。

地域に関する資料を収集し、利用できる形に整理し、今後の活用に結び付けていくことは、図書館の大きな役割である。図書館が主体となって資料を整理し目録などを作成していくだけでなく、地域住民である利用者が図書館の資料と機能を活用し地域の事柄を整理し成果をまとめていくなど、利用者が主体となる活動は、地域理解や地域の課題解決の上でも今後ますます重要となるのではないだろうか。

3　他機関との連携

「非常時」とひとくちにいっても、一瞬で人々の生活を激変させるものもあれば、少しずつ、長きに渡り生活に影響を及ぼすものもある。広く見ればひとつの事象だとしても、そこに地域性は現れ、非常時の最中にある人、一人ひとりの経験も受け止め方も違う。地域の様子を残していく機関にとって、その様子をどこまで拾い上げていくか、拾い上げられるか、先の未来にどう伝えていくか。図書館だけでできることも多くあるだろうが、ひとつの機関だけで考えていくには限界がある。

博物館や文書館・図書館など、それぞれで資料収集・保存・提供が行われているが、非常時のような大きな出来事に関し、どのような資料を所有しているかなどの情報共有を行うことはもちろん、場合によっては協力や分担して資料収集を行えるよう、日頃から連携を図っていくことが必要である。

収集だけでなく、活用の面でも連携は有効だと言える。たとえば、非常時に際し住民への呼びかけに応じて集まった資料や、非常時を考える上で大きな意義を持つ所蔵資料の活用という点では、合同展示や横断的なアーカイブ作成を目指すなど、館種を超えた活用の可能性が考えられる。住民の体験談などを集め、記録集を作成するなどの活動であれば、図書館や博物館・文書館のみならず、住民の自主的な学びの場である公民館とも連携の可能性が見いだせる。

また、非常時に関する資料収集や活用という点からは外れるが、災害の影響を受け、図書館や博物館などの資料が被災資料となり、市民が所有する歴史資料のみならず、公的機関の持つこれまで収集してきた歴史資料が被災を契機に廃棄されるおそれもある。資料の収集・保存を役割とする機関を中心に、他には委ねられない地域資料をどう守っていくかを考え、資料の保管や救済の体制を作っておくことも必要である。

おわりに

「令和元年房総半島台風」からもうすぐ三年が経とうとしていた二〇二二年（令和四）の夏、筆者は館山市図書館へ足を運んだ。台風関連の資料がないか探しに行ったのだが、予想以上に「令和元年房総半島台風」に視点が当てられたものは少ない印象で、司書の方も、関連の資料があまりないと話していた。それでもいくつかの資料を見つけることができ、複写サービスを受けることができた。

新型コロナウイルス感染症流行の第七波の最中でもあったせいか、夏休み期間中の図書館は、筆者の記憶にある八月の様子とは少し違う、静かなものであった。台風の災害対応と入れ替わるように新型コロナウイルス感染症が流行の兆しを見せ、筆者が館山市図書館を離れる直前の二〇二〇年二月末から感染拡大防止のため休館となったこと、令和元年度の後半は常に「非常時」であったことを思い出す。台風の記憶もまだ新しく、その影響もあちこちに残っているというのに、非常だったものが日常になってしまうほど、新型コロナウイルス感染症は人々の暮らしに長く大きな影響をもたらし続けている。

図書館から館山駅へと向かう帰り道、本稿の冒頭で触れた「六軒町のサイカチの木」の様子を見てきた。三年前に倒れたままで、根元の空洞には土嚢が詰められているが、空に向かって青い葉を茂らせ枝を伸ばしている姿があった（写真7）。一本の木の逞しい生命力を感じずにはいられなかったとともに、今のこの姿も、地域に起こった災害と災害以後の地域の様子を多くの人に伝えるものになっていくのだろうと感じた。

大小問わず困難に直面した時、人は自分の暮らしや住んでいる地域をまず一歩よい方向に進めようと考えるだろう。図書館に行けば、直面している困りごとを解決するヒントになる資料があるのでは、と期待して利用者は足を運ぶ。

写真7　令和元年房総半島台風から約3年後の六軒町のサイカチの木（2022年8月6日撮影）

特に、非常時には過去の地域の姿に学ぶことも多い。図書館は、長い年月をかけて蓄積された記憶や記録、知恵や知識を、地域資料に限らずさまざまな角度から資料を通して知ることができ、今何ができるかのヒントを得られる場だ。記録や記憶を保存し未来につなぐことだけでなく、地域の人がより良く生きるために、資料という形になってつながれた記憶や記録をどのように活用していけるのか、図書館員として考え続けていきたい。

註

（1）館山市教育委員会・館山市文化財保護協会編『館山市の文化財（第6版）』（館山市教育委員会、二〇一六年）七一頁。
（2）館山市「六軒町のサイカチの木」（https://www.city.tateyama.chiba.jp/syougaigaku/page001001.html　最終閲覧日二〇二三年三月三十日）。
（3）館山市「令和4年度第1回館山市図書館協議会資料」一四頁（https://www.city.tateyama.chiba.jp/files/300369851.pdf　最終閲覧日二〇二三年三月三十日）。
（4）気象庁「令和元年（2019年）台風第15号に関する千葉県気象速報」（https://www.data.jma.go.jp/obd/bsdb/data/files/sg_history/12000/2019/12000_2019_1_10_1.pdf　最終閲覧日二〇二三年三月三十日）、気象業務支援センター編『気象年鑑2020年版』（気象業務支援センター、二〇二〇年）。
（5）館山市「令和元年房総半島台風等に関する災害対応の検証」一～二頁（https://www.city.tateyama.chiba.jp/files/300358117.pdf　最終閲覧日二〇二三年三月三十日）。
（6）「館山　復興支援局を設置　9人体制で取り組み統括」（『房日新聞』二〇一九年十月九日、四面）。
（7）今まど子・小山憲司編著『図書館情報学基礎資料　第4版』（樹村房、二〇二二年）一三〇頁。
（8）ウィキペディア日本語版「令和元年房総半島台風」（https://w.wiki/BzV　最終閲覧日二〇二三年三月三十日）。
（9）ウィキペディア日本語版「沖ノ島（千葉県）」（https://w.wiki/C2S　最終閲覧日二〇二三年三月三十日）。
（10）ウィキペディア日本語版「布良崎神社」（https://w.wiki/BzW　最終閲覧日二〇二三年三月三十日）。
（11）取り組みの内容は、宮坂新「安房4市町による被災資料相談呼びかけ」（『千葉史協だより』五一、二〇二〇年）に詳しく述べられている。館山市では、広報「だん暖たてやま」（令和元年十一月一日号）に呼びかけの記事が掲載された。

（12）　宮坂新「歴史資料としての災害体験」（『千葉史学』七七、二〇二〇年）。

（13）　館山市「令和元年房総半島台風の体験文紹介」（https://www.city.tateyama.chiba.jp/hakubutukan/page100130.html　最終閲覧日二〇二三年三月三十日）。

（14）　根本彰「7章　図書館の地域アーカイブ活動のために」（蛭田廣一編『地域資料のアーカイブ戦略』日本図書館協会、二〇二一年）。

（15）　「国立国会図書館東日本大震災アーカイブ（ひなぎく）」（https://kn.ndl.go.jp　最終閲覧日二〇二三年三月三十日）。

（16）　防災科学技術研究所自然災害情報室「災害資料アーカイブ機関の連携」（https://dil.bosai.go.jp/link/archive/　最終閲覧日二〇二三年三月三十日）。

（17）　二〇二二年開催分は、図書館総合展「【2022】全国の災害アーカイブ実施図書館～図書館の収集する災害資料が、ヒト・モノ・コトを次の災害から守る～」（https://www.libraryfair.jp/feature/2022/56　最終閲覧日二〇二三年三月三十日）にて公開。

（18）　島根県立図書館「島根県内の戦争・銃後体験記録データベース構築講座　次回は4月2日開催。新規参加者募集中！」（二〇二三年三月二十三日）（https://www.library.pref.shimane.lg.jp/information/2023/03/post-7.html　最終閲覧日二〇二三年三月三十日）。

（19）　「戦争手記や記録データベース化　島根県立図書館の335冊　学生、市民の手で　3年後完成へ」（『山陰中央新報』二〇二二年十月十六日、二二面）。

（20）　神奈川県立図書館「Lib活「県民が編むかながわの半世紀」ただいま活動中！」（二〇二三年一月八日）（https://www.klnet.pref.kanagawa.jp/publications/public-relations/shishonodeban/2023/01/lib.html　最終閲覧日二〇二三年三月三十

日）。

その他参考資料

「地域資料の可能性（特集　地域資料のいまとこれから）」福島幸宏（『図書館雑誌』一一五―九、二〇二一年）

「特集　戦争の記憶と記録」水島久光責任編集（『ライブラリー・リソース・ガイド』三六、二〇二一年）

一九一〇年関東大水害の記録・記憶と地域
―群馬県における災害とイベント「共進会」の開催―

土田宏成

はじめに

本稿では、一九一〇年（明治四十三）の関東大水害で、最も被害が深刻だった地域の一つである群馬県の記録と記憶について、水害と同時期に準備・開催されたイベントとの関わりに注目して検討する。

関東大水害とは、一九一〇年八月に関東地方を中心に東海から東北一帯に被害を生じた大規模水害である（図1）。この大関東地方における死者は七六九人、行方不明者は七八人に及び、首都東京の東部も長期にわたって浸水した。この大水害をきっかけとして政府は、治水に関する最初の長期計画を策定、治水事業を本格化させることになった。東京府では荒川放水路（現在の荒川本流）の開削事業がスタートした。関東大水害は、規模と影響の両面で歴史的な水害であった。

この大水害において関東地方で最も多くの死者・行方不明者を出した府県が、埼玉県（死者二九二人・行方不明者三九人）、群馬県（死者二八三人・行方不明者二七人）である。他の関東諸府県の死者・行方不明者はいずれも一〇〇人未満であった。[1] 埼玉・群馬の二県だけで関東全体の死者・行方不明者の約四分の三を占めていた。

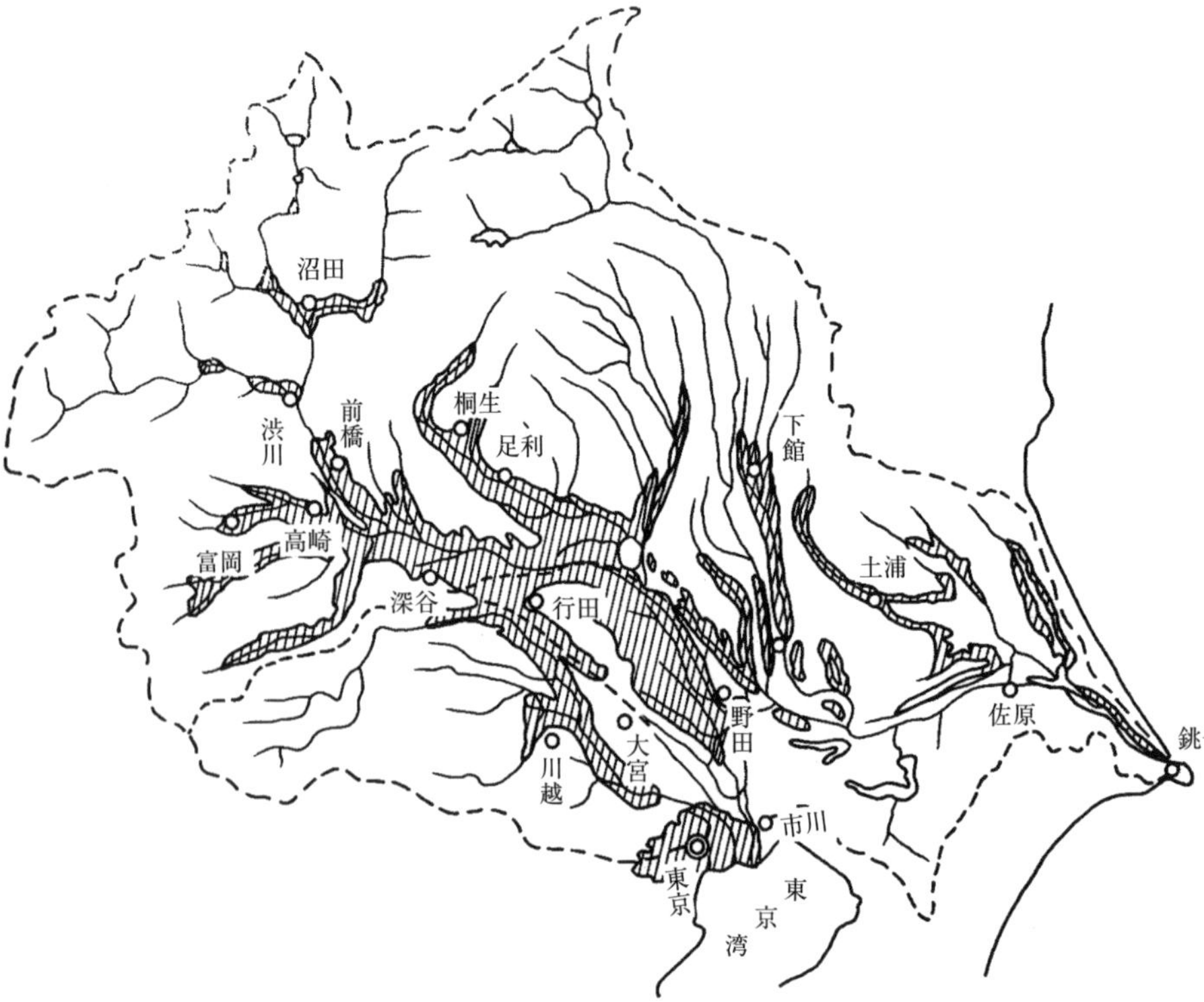

図1　関東大水害の浸水域（建設省関東地方建設局企画、利根川百年史編集委員会・国土開発技術研究センター編『利根川百年史』建設省関東地方建設局、1987年、511ページ）。

その群馬県の前橋市で、水害発生の翌月の九月十七日から十一月十五日まで、群馬県主催で各地の産物を出品・展示・表彰する「一府十四県連合共進会」が開催されている。つまり、共進会の準備が最終段階にあった時に大水害が発生し、その救援・復旧・復興過程と重なって共進会が開催されていたことになる。

『群馬県史　通史編7　近代現代1』では、「連合共進会と大水害」という項目が立てられ、両者はセットで叙述され、「共進会の成功は、大水害に痛め付けられた県民の気持ちを強く奮い立たせるのに役立った」と結ばれている②。

災害の記録や記憶は、その時の社会情勢からも影響を受ける。災害の発生と大規模イベントの開催が重なることもある。直近でいえば新型コロナウイルスパンデミックは、東京二〇二〇夏季オリンピック大会と重なった。そもそも東京二〇二〇は、東日本大震災からの復興を後押しする「復興五輪」とも位置付けられていた。東日本大震災やパンデミックはオリンピックという大規模イベントと結び付けられ、記録され、記憶されることになるだろう。以下では、関東大水害と共進会という観点で、災害の記録のされ方、記憶のされ方を考えたい。

なお、史料の引用に際しては、漢字をなるべく新字体に直し、濁点・句読点を補った。引用中の筆者による注記は〔　〕で示した。

一　当時の公的記録の中の関東大水害

1『明治四十三年水害状況並施設一斑』

群馬県立文書館所蔵の公文書の中には、関東大水害に関して、天皇・皇后からの下賜金に関わる領収書、被災者への炊出し費用に関わる文書、国内外からの義援金の領収書、義援者に対する賞状・賞杯の交付に関する文書、現地での生活再建を断念し、北海道、朝鮮（水害発生直後の一九一〇年（明治四十三）八月下旬に日本に併合されたばかりだった）へ移住した人々に関する文書などが残されている(3)。

それらに基づいて、群馬県が一九一一年（明治四十四）四月にまとめたのが『明治四十三年水害状況並施設一斑』(4)である。同資料は、のちに『群馬県議会史』が編纂された際に全文が転載されており(5)、同災害に関する群馬県の公式記録といえる（以下、本稿での引用は『群馬県議会史』から行うが、内容は原本とも照合した）。

大規模かつ深刻な災害では、被害情報を精確に把握・整理するまでに時間がかかること、また時間の経過とともに被害そのものが拡大していくことから、被害情報の確定までに時間を要する。そのため、資料によって数字が異なることは珍しくないが、『明治四十三年水害状況並施設一斑』によれば、群馬県での死者は二八四人、負傷者は一四二人、行方不明者は二三人であった。死因としては、浸水による溺死、家屋の倒潰または山岳の崩壊等による圧死があった。死者・行方不明者が多かったのは、碓氷郡（死者九一人）、多野郡（死者六三人）、吾妻郡（死者五八人）、邑楽郡（死者二六人・行方不明者二一人）で、群馬県内でも山間部と、渡良瀬川・利根川にはさまれた地域で被害が大きかったことがわかる。

邑楽郡谷田川筋では一九一〇年八月十日夕方から堤防の決壊・崩壊が発生した。同郡の渡良瀬川筋では十一日未明から堤防の破堤・崩壊が発生した。利根川筋でも十日午後から邑楽郡の堤防で破堤、十一日午前までに佐波・新田・邑楽の三郡内一二か町村にわたる堤防の延長一六五〇余間（約三km）が崩壊した。各地で橋梁の流失も相次いだ。旧中山道の国道で烏川にかかる柳瀬橋も流失した。主な橋梁の流失は七三橋であった。道路の破壊の主な箇所は五〇か所で、最も激甚だったのは群馬郡室田町（現・高崎市の一部）で、烏川に沿った道路約三〇〇間（約五五〇m）がえぐり取られ、烏川の流身になってしまったとされている。

山岳崩壊の主なものは、碓氷郡坂本町（現・安中市の一部）、多野郡三波川村・鬼石町（現・藤岡市の一部）、吾妻郡嬬恋村等で発生した。

田畑山林の被害は、範囲も程度もすこぶる甚大で、浸水面積は田畑のみで約二万町歩（一町歩は約一ha）、農作物の被害は約三〇〇万円で、秋蚕の損害約一〇〇万円と合算すると、四〇〇万円以上の巨額に達した。山林原野の浸水面積は約一五〇〇町歩であった。さらに田畑山林の流亡埋没したものは約五〇〇〇町歩であった。

家屋の浸水は邑楽郡ではほとんど全部にわたった（写真1）ほか、新田郡・佐波郡・高崎市・群馬郡・多野郡・北甘楽郡・碓氷郡などを主として、県下を通じて浸水家屋二万七一五四戸、うち床上浸水一万五五七九戸、床下浸水一万一五七五戸、居宅で流失したもの八五七戸、全潰したもの六一九戸、半潰したもの六二七戸、破損したもの二八三一戸で、損害総見積額は一〇〇有余万円に達した⑥。

救護活動に関する記載では、職員のうち特に被災地に派遣された職員の活動、被災者同士の助け合い、救護と応急工事に関する歩兵第一五連隊（高崎）の援助が指摘されていた。

被災状況については、悲惨な事例として、浸水して逃げ場を失い、溺死を覚悟して板片に氏名を記して腰に結びつけた者がいたり、幼児三人を箱に入れ因果を含めて水中に押し流したようなケースもあったりしたことが述べられている。そして、従来の水害は「単純ナル氾濫」による災害だったが、今回はそれに加えて山岳の崩壊もあったので、筆舌に尽くしがたい惨状となったとされる。ここからわかるように、山間部における土砂災害の発生が、関東大水害の特徴であった。

被災者への炊出しは八月十一日に開始されたが、甚だしい場合は、交通が全く杜絶したため、米穀の供給はもちろん、全村が水没し飲料水を得る方法がなく、二日間なすすべがなかったところもあった。群馬県の規定では、炊出しは一〇日以内に限っていたが、今回の災害はその日数では救助を全うすることができないため、八月二十日に規定を改正し今回の災害に限り二〇日以内に延長した。特に浸水が長期化した邑楽郡で

写真1　邑楽郡六郷村（現・館林市の一部）の被害の様子（臨時水害救済会編『臨時水害救済会報告書』臨時水害救済会、1911年、口絵）

は、八月十一～三十日、八月三十一日～九月九日、九月七～二十六日、十月十二～二十八日の四回の炊出しを実施している。[7]

『明治四十三年水害状況並施設一斑』には「罹災者生活ノ現況」という項目もあるが、浸水が長期化した邑楽郡の記載量が突出している。他の郡市の記述のほとんどが三～六行（『群馬県議会史』では一行当たり二七文字）であるのに対して、邑楽郡は四二行にもわたっている。二番目に長いのが、碓氷郡の一〇行である。邑楽郡の突出ぶりがわかろう。邑楽郡では、八月以後も降雨があるごとに増水し、完全に水が引いたのは十一月・十二月であったため、米作はもちろん、桑園も荒廃し養蚕の道も絶たれ、麦作も作付け面積に限界があった。罹災者は、罹災救助や、支援物資・義援物資、皇室からの下賜金、義援金などによる救済を受けたり、堤防修理などの公共工事に従事することで労銀や食料を得たりして凌いでいたとされている。[8]

2『明治四十三年群馬県邑楽郡水害誌』

邑楽郡では、水害の記録を郡独自で『明治四十三年群馬県邑楽郡水害誌』（一九一二年）[9]としてまとめている。邑楽郡長の塙任による「自序」では、本書をまとめることになった動機として、もともと本郡は水損がしきりであったけれども、その詳細に至っては文献に求めるものがなく、参考とするのに不便であって、「災害防備上」に遺憾が少なくなかったが、たまたま昨年の水害に際して、その感がさらに深いものになったことが、述べられている。深刻な災害に遭遇したことが、その記録を残し、防災に役立てようとの意識を生んだことがわかる。

同書の構成は、一、緒言、二、水量（雨量、水位）、三、水防（督励、利根川、渡良瀬川、破堤）、四、浸水（氾濫の状況、破堤当時の状況）、五、被害（人畜家屋、土功、土地、農作物及養蚕）、六、救護（罹災救助、恩賜金、軍用糧食、義捐金品、救助総額、救療、美談）、七、修築工事（応急工事、復旧工事）、八、善後方法（概説、救療救貧、就学保護、種苗給与、授産及移住、災害復旧、将来の水害防備、地方振興）、付録（二百五十年前より破堤一覧、四十三年水害中主なる視察貴顕紳士）である。

群馬県内務部長佐藤孝三郎による「序」では、

> 本誌、収録する所、当時に於ける洪水の経過、既往の実例、水防の動作、浸水及び被害の程度、恩賜の始末、軍糧の頒付、義捐、救助、救療の成績、美談より工事の修築、善後の方法及び将来の計画等に至るまで、委曲を尽して漏す所なし、即ち後人をして当年を追憶せしむるの具となすに止まらず、亦以て一篇の亀鑑となすに足らむ乎

と、災害の発生、被害、対応を体系的にまとめ、将来の参考にもなると評されていた。

このうち「将来の水害防備」としては、利根川筋の水防活動を統一的に実行するために各村の関係地区を区域とした利根川水害予防組合の創立と、浸水時にも飲料水を確保するための深井戸（「掘貫井戸」）の新設が挙げられている。[10]

また、行政による記録では、その性質上、行政機関の「功績」が記されやすいが、同水害誌では、被災者に対する「北海道移住奨励補助」の項目の冒頭で、

> 六郷、長柄、多々良三ヶ村入会大谷原官林は、郡中最爽塏（高燥の意味）の地にして、冠水の憂なく、面積亦六百町歩の広きに亘れるを以て、之を払下げ、被害者の一部を移住せしむるを得たらむには、頗る好都合なりしに、官の事情、遂に之を容さゞりしは、甚だ遺憾なりき。[11]

と「官の事情」、つまり国によって郡の希望が認められず、被災者の北海道への移住を勧めなければならなかったことに悔しさをにじませていることが注目される。

二　関東大水害と共進会の準備から開会まで

1　関東大水害と、共進会の準備

『群馬県主催一府十四県連合共進会事務報告』によれば、群馬県は一八九六年（明治二十九）に関東府県連合共進会を桐生町で開催した。その後、一八九九年以降、群馬県は再び共進会を群馬で開催しようと運動を続けてきた。けれども、一九〇一年は新潟県、一九〇六年は山梨県での開催となり、一九〇八年の開催については長野県に譲る形で、群馬県は一九一〇年（明治四十三）の開催を目指した。ところが、栃木・茨城も一九一〇年の開催を主張、最終的に開催地決定は長野県に一任され、ようやく一九一〇年の群馬県での開催が決まった⑫。

このように共進会の開催は、群馬県が長期にわたる努力によって勝ち取ったものだった。しかも、今回からは関東のみならず東北諸県も参加することになり、規模も拡大した。秋田県が途中で不参加となったが、参加府県は、主催の群馬県以下、茨城・栃木・埼玉・千葉・東京・神奈川の関東各府県、青森・岩手・宮城・山形・福島の東北各県、関東地方に隣接する新潟・山梨・長野の各県の合計一五府県に及んだ⑬。

共進会の準備は進み、一九一〇年八月に入ると、各府県の事務所が開設されるなどしていた⑭。そこに大水害が襲来した。

大水害のために共進会は延期されるのではないかとの説が流れるが、神山閏次群馬県知事が八月十六日午後、県庁に県幹部職員・衆議院議員・県会議長・織物組合長・前橋市長・高崎市長・各新聞社長などの共進会関係の有力者を招き、延期するかどうかについて諮問したところ、満場一致で予定通り九月十七日から実施することになった⑮。

群馬県は管内に対してこの決定を発表し、農商務省や参加府県にも通知した。会場となる前橋市は他の地域と比べれば「本市ハ元来被害極メテ軽微ナリシヲ以テ、直ニ平常ノ状態ニ復セリ」（それでも死者一人を出していた）[16]という状況だったが、県内では広域にわたって大きな被害が出ていた。水害の救援・復旧・復興を実施しなければならないなかで、イベントを予定通りに行うための準備作業を続けることには、理由と説明を必要とした。

発表では、次のような説明がなされていた。共進会の開会が切迫している時期に一大水害に遭遇したのは、本県の不幸である。しかし、本県は主催県としてその責任が頗る重大であるだけでなく、ほとんど一年の間、朝早くから夜遅くまで一生懸命進めてきた準備作業に一大変更を来してしまうようなことは、たとえ洪水の惨害を眼前にしながらも、到底県民諸氏の我慢できるところではないと信ずる。それだけでなく、水害に遭って人心はややもすれば悲観に傾きやすく、こういった際に共進会を延期するようなことになったら、そうでなくても沈みがちな人々の気持ちはますます落ち込んで、容易には安心できる機会は得られないだろう。ゆえに共進会の参与その他の諸氏の意見を聞き、共進会は予定通りに九月十七日から開催する、と。

このように、主催県としての責任、これまで進めてきた準備を無駄にしたくないという感情、共進会を延期することによって被災者の気持ちがいっそう落ち込むことへの懸念が、判断の理由だった。ただし、そのまま開催するのではなかった。発表は次のように続く。

共進会は産業の振興を本旨とするのだから、演芸その他余興的性質を持つものが、共進会観覧の唯一の目的となるような本末転倒は許されない。とはいえ、これらの施設は人気を呼び人々を慰めるためにある程度までは必要なので、多少の準備をしてきたが、数百の死傷者を出す大水害を目の当たりにしては、この際、ますます共進会の本旨に復帰して、有益かつ誠実に開催することを旨とし、いたずらに派手やぜいたくに流れて、軽薄になってしまって世間の同情に反するようなことがないようにしなければならない。ゆえに会場内に演芸館を設け、華々しく舞踊を演じるようなことは、水害の善後策を講ずべき県の立場としてはできない。「観戦鉄道」(列車に乗って日露戦争を描いた絵をみる見世物。実際には絵の方が動く)[17]、動物園のような興行はともかく、演芸館の舞踊のみは断然これを中止することに決定した、と。

多数の死傷者を出す大水害の発生直後で、政府の支援や民間の義援も受けている状況では、共進会を予定通り実施するならば、その娯楽的側面を抑制しなければならなかったのである。しかし、舞踊の中止もあくまで会場内でのことだった。

発表では、ただし、前橋・高崎・桐生等の芸妓を一団として会場外で舞踊の興行をしようとする者があれば、演芸館で使用する予定だった衣装や背景等の一式を無代で下付し、その興行については何等関与しない、と述べていたのである。

そしてその最後は、県民諸氏が、幸いにも以上表明するところの主旨を諒解し、まさに開催しようとしている共進会を、真実の意味において成功させるように、引き続き準備を進めることを希望して止まない、と結ばれていた[18]。

このように群馬県は、大災害発生直後に共進会を予定通り開催することを決めた。ただし、水害の深刻な被害を踏まえて、共進会の本旨である産業振興に立ち返り、娯楽的要素を抑制することとしたのである。

2　共進会の開会

一九一〇年(明治四十三)九月十七日午前一〇時、共進会は予定通りに開会式を迎えた。開会式に出席した大浦兼武農商務大臣は祝辞の冒頭で、次のようなことを述べた。

群馬県主催「一府十四県連合共進会」の設備が完成を告げ、本日をもって開会式を挙げるのは本官の喜ぶところである。殊に関東・東北諸県はさきに長雨の災禍を被り官民共に救済に汲々として苦心惨憺たるものがあるのにかかわらず、殖産興業のことは一日も止めるべきではないことを思い、鋭意経営してよく予定の準備を完了し、この盛儀を挙げることができたのは、偏に諸君の奮励の成果であって本官は感賞を止めることができない、と。

まずは水害を受けながら予定通り共進会の開催に漕ぎ着けた人々をねぎらったうえで、続けて前述したような、大水害をきっかけに共進会の本来の趣旨に立ち返るべきだという主張を展開する。

本官が大臣に就任した当初（大浦が第二次桂太郎内閣で農商務大臣になったのは、一九〇八年七月）、共進会や品評会がややもすると本来の趣旨を没却して「逸楽ノ具」に供せられ、かえって弊害が大きいことを懸念して注意を与えたことがあったが、殊に本会のように、連合府県の多数が洪水の惨害を被り創痍がいまだ癒えていないのにあたり、いやしくも浮華に流れ遊興に荒むようなことは、罹災した同胞に対して申し訳ないのみならず、速やかに災後の回復を実現しようとするなら、官民が一緒に刻苦奮励してますます産業の発達を促し、資力の充実を図るほかないため、本会の施設経営も勉めて真摯穏健を旨とし勤倹力行の美風を鼓舞することが必要である。もしいたずらに「粉粧戯興」に走って知らず知らずのうちに「放縦奢侈」を流行させるようなことは、最も戒めなければならない、と。

以上のように、大浦農商務大臣は、参加府県の多くが被災し、まだその被害から回復していない時期における共進会の開催であることを指摘し、被災者への配慮や、復興のための産業発展を理由として、娯楽の場になりがちだった共進会を、本来の趣旨である産業振興に立ち返らせようとしたのである(19)。

こうした大浦農商務大臣の祝辞に対して、『東京朝日新聞』は「意気銷沈する勿れ」と題する記事を掲載し、次のように述べている。

そうでなくとも水害の影響を被り、人心が落ち込みを免れないところへ、農商務大臣より「共進会はお祭騒ぎとならざる様、努めざる可らざる旨」の訓令があったために、このたびの共進会はできるかぎり「質実」を旨とする模様である。ことに水害の惨状を被り余興のごときを催して浮かれるのはいかがなものかと唱え、せっかく建設した演芸館を閉鎖しようと主張する者さえ出たが、結局、協賛会（府県連合共進会群馬県協賛会のこと。共進会の事業を協賛して内外の来賓を優遇し観覧者の便宜を図る目的で設立された。会長は群馬県知事、事務所は群馬県庁内）[20]にては、これを個人の手に委ねて開かせるはずとなった。共進会の余興の大勢は、すでにこのようになっているのに、大浦農商相が開会式で朗読した祝辞中に「質実を旨とし浮華を去るべきこと」を切言したことで、余興等の催しはいっそう遠慮すべきだという傾向を生じるのは明白である。しかし、物事はすべて中庸を尊ぶ。あまりに「浮華軽佻」はもともと不可だが、そうはいってもあまりに「萎縮」して共進会が「乾燥無味」に失して、ひいてはその成功に影響するようなことがないように、よく考えなければならない、と[21]。

当時被災地では、まだ氾濫・浸水を完全に防止するに至っていなかった[22]。水害の影響により、出品物の延着や、出品の取消、または変更も少なくなかった[23]。何とか予定通りに開会こそできたものの、共進会の前途がどうなるかは不透明であった。

三　共進会のにぎわいと水害への同情

その後も共進会の会期六〇日間のうち三三日は降雨を見るなど、天候に恵まれなかった。にもかかわらず、会期中の入場者総数は一一三万二九五一人に達し、予想を大きく上回るにぎわいとなった[24]。余興施設についても、全面的に営業を始めたのは十月上旬となったが、人々の人気を集め、[25]新聞でも、しばしば話題として取り上げられている。

共進会に合わせて、会場では各種団体の大会が開かれた。十月一日・二日の二日間に行われた仏教大会では、二日に、日清戦争・北清事変・日露戦争の戦病死者と水害犠牲者の大追弔会を開催、神山群馬県知事も弔辞（代読）を寄せている。[26]大追弔会のように水害を直接的に取り扱う行事は他には見られなかったが、共進会での出来事は水害と結びつけられて語られた。

十月五日、桂太郎内閣総理大臣が会場を訪れた。群馬県の地方紙である『上毛新聞』（六日付）は、その様子を以下のように伝えている。神山知事の案内で会場を回っていた桂首相は、整頓された陳列ぶりを激賞していたが、偶然にも渋沢栄一と中野武営東京商業会議所会頭の一行に出会った。そして、桂首相が「当共進会の成功を激賞」すると、渋沢も「同じく言下に成功を喜び」、「殊に空前の洪水後にも拘らず設備万端整頓し、斯くの如き成功を収めたる官民の努力を口を極めて賞賛し合」った。そして、記事はそのことを「現代に於ける政治、実業両界の首魁たる人士が斯くの如き賞賛を与へたり」と評価した。[27]

七日付の『上毛新聞』には、神山県協賛会長（知事）の意見が報じられている。それは以下のようなものであった。今まで連合共進会が開会してから二旬（二〇日間）が経った。さきには農商務・内務・逓信三大臣が親しく視察された。今また総理大臣をはじめ朝野の貴紳が来県した。このようなことは前橋市始まって以来、未だかつてなかったところで、主催県にとってまことに光栄である。それだけでなく、日々、新聞社発起の各種団体観覧、学生の団体観覧の数は増加して、当初水害の余弊でこのような多数の観覧者があるか否かを懸念したが、今日の盛況を見てはじめて杞憂であったことを知るに至った。これは一に「水害後の共進会に対する深厚なる同情の結果」であって、県民と共に深く感謝に堪えないところである、と。これに続けて、主催地の前橋市に対して、この成功に油断することなく最後まで観覧者に対するホスピタリティを忘れないようにせよとの趣旨が述べられている(28)。

その記事に続いて「御用品御買上」と題して、長崎省吾宮内省調度頭が派遣され、出品物の買上げがなされたことも報じられている。天皇は「洪水被害の激甚地なる本県が主催となり、水害地の各府県連合共進会、予期の如く開設せるを聞召され、深く大御心を寄せられ給ひ」、各府県の出品物を全部で数千円お買い上げになった、とし、その後には府県ごとの買い上げ品目数や金額、出品者の人数が掲げられ、地元群馬県については出品者の氏名まで挙げられていた。その末尾には、

右の内、邑楽織物同業組合出品中の御買上品多きは、長崎調度頭が神山知事の案内にて各館巡覧中、同織物〔一字分空白〕出品は県下水害の最も被害激甚なる邑楽郡に産したる物なりとの説明ありしに依り、罹災民に対する同情は、期せずして買上るの多数に及びしものなりと察せらる。

と添えられていた。

さらに、それを受ける形で「同情ある共進会」と題する記事も掲げられ、再び桂首相について取り上げている。桂首相が夫人同伴で共進会に来観した際、神山知事に対し、まず第一に「今回は水害の御見舞旁々〔中略〕見物に出ました」云々と言葉をかけたとか、また軽井沢に赴く首相を警察部長が見送った際に、列車内で首相は絶えず水害地の状態を聴取し、かつその途上で碓氷郡の被災地等に対していちいち質問し、それに対して警察部長は詳細に陳述したとか、首相の今回の観覧が一時の遊覧ではなく、深く本県の災厄に同情する余りに出たことは、その談話の節々からも明らかで、いかに「本県に対する被害に同情」（紙面ではこの部分の漢字の活字が大きくなっている）したかがわかる。また、「全国の人心が吾が前橋共進会に対する傾向の厚きかを表白するや」を証明するのに余りあるだろう、と。そして、その最後は「要するに今回の共進会は確に成功せり。而も其成功は悉く同情の賜なることを記憶すべきなり」と

結ばれていた。

同日の『東京朝日新聞』にも神山知事の意見とされる、出品物の買上げに関する記事が掲載されている。

畏くも　聖上陛下には水害激甚地なる群馬県が主催となり、其他の水害各府県連合の共進会が開設されしを聴し召され、深く大御心を寄せさせ給ひ、此程長崎調度頭を御差遣遊ばされ、各府県の出品を通じて一千九百九十一円八十一銭、点数三百六十一点の御買上ありたり。〔中略〕尚、桂首相、後藤逓相、渋沢男、長崎調度頭等何れも多数の買約をなしたるが、其内、中野絣が最も多きは水害甚しき邑楽郡より産する織物なるを以て、自から茲に同情集まりしものならん。(29)

十月八日には日本赤十字社群馬県支部職員総会に、日本赤十字社総裁として閑院宮戴仁親王が出席した。(30) 九日、閑院宮も共進会の会場を巡覧し、「中野絣」に着眼し、「畏くも邑楽郡一帯が過般の大洪水にて最も被害激甚なりしを思ひ起され、種々御同情の御言葉あり」。そして、「中野絣」五点を買い上げたと、『上毛新聞』は報じている。(31) 十四日には伏見宮貞愛親王が大日本蚕糸会臨時総会に大日本蚕糸会総裁として出席し、十五日には同じく伏見宮が大日本武徳会群馬県支部総会に大日本武徳会総裁として出席した。(32) 伏見宮も共進会を観覧し、買上げを行ったが、「深く本県の水害に御同情あり。御買上品は特に本県の出品物に限られたるは畏き次第なりとす(33)」と、『上毛新聞』は報じている。

このように、水害に対する同情により共進会の成功は支えられていたとする言説と認識が広まっていった。

四　共進会の閉会

一九一〇年(明治四十三)十一月十日に出品審査の結果に基づく褒賞授与式が、大浦農商務大臣も出席して行われた。大浦は式辞の中で、次のように述べた。本会は「関東東北洪水」の後を受け、それでもなおよく優良な多数の出品を網羅し、その他各般の設備がほとんど遺憾なきを得たのは畢竟平素から官民が用意周到であることに因るといえるが、そもそも災禍に屈せず時難に撓まない勇気があるのでなければ、どうしてこのようなことを得られるだろうか。そして、本会に対する「社会ノ同情深厚ナル所以ノモノ」もまたここに存在する。地方の人士が幸いに永くこのような意気を保持し、「堅忍不抜」おのおのがその分に尽くせば、「水害善後ノ経営」はどうして敢えて難事だとするだろうか。諸君、どうか頑張ってほしい、と。[34] 大浦は、水害に屈せず共進会を成功させた心意気が、水害からの復興も可能にするとした。

共進会は、十一月十五日に閉会を迎えるが、『上毛新聞』はその日の朝刊に「共進会閉会を祝す」と題する論説を掲載した。論説は、共進会が「空前の名誉と無比の好成績」を奏し、閉会式を迎えたことに、われわれは主催県民として深く祝賀の情に堪えない、として以下のような五個の祝すべき点があると指摘している。

①今回の共進会が従来の関東府県の他に東北の五県を加え、関東と東北をつなぐ第一歩となり、今後の発展に寄与することが大きいこと、②同年に公布・施行された共進会規則により同種の共進会は五年以後でないと開催できないという制限が設けられたので、今回の共進会は画期となるものであること、③今夏に主催県及連合各府県は「稀有の大水害」に遭遇し、その惨状は言葉にするのに忍びないものがあったが、その災厄中に開催した共進会が「天下の同

情を集中し得て」、「殷賑」を極めたこと、④伏見宮・閑院宮をはじめとする皇族、桂首相以下の大臣と朝野の紳士多数の来観と買上げがあったこと、⑤農商務大臣が開会式、褒賞授与式に参加したこと、である。

このうち③はもちろん、④⑤も水害に対する同情が関係していたことは、本稿で見てきた通りである。

農商務省から共進会の視察のために派遣された職員による復命書では、

> 当局者ノ勧奨宜シキニ適ヒタルト、水害ニ対スル世ノ同情トハ、大ニ来観者ノ旺盛ヲ来タシ、其予定数ニ倍蓰〔ばいし。数倍に増すこと〕セルノミナラズ、買約品ノ如キモ予想以上ニ多大ナリシハ、以テ其成功ヲ証スルモノト謂フベシ。[35]

と評された。

おわりに

以上、一九一〇年（明治四十三）に関東大水害で大きな被害を受けた群馬県の記録と記憶について、同時期に開催されていた「一府十四県連合共進会」との関わりに注目して検討してきた。

関東大水害の群馬県の公式記録に当たるのが、『明治四十三年水害状況並施設一斑』である。同資料によれば、群馬県では三〇六人の死者・行方不明者を出した。被害が特に深刻だったのは、山間部と、渡良瀬川・利根川にはさまれた邑楽郡であった。洪水に加え、山間部で土砂災害が発生したことが、関東大水害の特徴である。全域にわたって浸水し、しかもそれが長期化したことで大きな打撃を受けた邑楽郡では、郡独自の水害記録である『明治四十三年群馬県邑楽郡水害誌』をまとめている。深刻な水害を経験したことによって、その記録を残し、防災に役立てようという意識が芽生えたためであった。

水害発生時、群馬県は自身が主催する共進会の開会を一か月後に控えていたが、群馬県は共進会を延期することなく、予定通り九月十七日に開会することにした。そうした決定がなされたのは、主催県としての責任や、これまで進めてきた準備を無駄にしたくないという感情、共進会の延期が人々の気持ちをますます落ち込ませてしまうのではないかという懸念があったからである。ただし、水害の被害に配慮して、共進会本来の趣旨である産業振興に立ち返り、娯楽的要素は抑制することにした。

開会後も、大浦兼武農商務大臣などが、共進会の娯楽的要素を抑制し、本来の趣旨に立ち返るべきことを主張した。それに加え、水害の影響も継続していた。共進会の開催までは何とか漕ぎ着けたものの、はたしてどれくらいの来場者があるのかなど、共進会の成否はわからなかった。ところが、蓋を開けてみれば、共進会には皇族、政治家、財界人から、団体・一般客まで、六〇日間で約一一三万という予想を越える人々が来場し、出品物の買上げも好調であった。それらは関係者の努力と、水害に対する同情によるものという説明がなされ、そうした認識が広まっていく。

かくして、群馬県では、関東大水害の被害と「一府十四県連合共進会」の成功という対照的な出来事が、重なり合って記憶されるようになった[36]。ただし、歴史を振り返った際に、時系列的にも災害前から準備が進められ、内容的にも関係者の努力と多くの人々の同情とによって苦難に打ち勝ち成功を収めた共進会が、メインに語られがちである。

註

（1）　清水義彦・橋本直子「一九一〇　明治四三年関東大水害（明治四三年八月）」（北原糸子・松浦律子・木村玲欧編『日本歴史災害事典』吉川弘文館、二〇一二年）。なお、同事典では埼玉県の死者数を二〇二人としているが、出典（中央気象台『台風と水害』）を確認すると二九二人である。

（2）群馬県史編さん委員会『群馬県史　通史編7　近代現代1』（群馬県、一九九一年）四三三～四四三頁。

（3）群馬県立文書館所蔵文書は以下の通り。請求番号はいずれもA0181A0Mで、「罹災救助（雑、邑楽郡、両陛下御下賜金領収証）」（文書番号一四一四　二―一、一四一四　二―二）、「罹災救助基金（炊出、精算）」（文書番号一四一五）、「水災義捐金品受払原簿」（文書番号一四三九）、「水災ノ際寄附者関係書類」（文書番号一六三八　二―一、一六三八　二―二）、「北海道移住（明治四十三年大水害罹災民移住、事務所処務日誌他）」（文書番号一六六三　二―一、一六六三　二―二）、「朝鮮移住民関係綴（群馬県農民渡鮮ノ顛末要領、朝鮮農業移民募集広告、多野郡八幡村水害罹災者移住）」（文書番号一六六五）、「木杯下賜寄附者名簿（明治四十三年群馬県下水災罹災民救恤）」（文書番号二六〇三）、「四十三年水災寄附書類」（文書番号二七六七　二―一、二七六七　二―二）など。

北海道・朝鮮への移住に関する文書を用いた研究に、三木理史「群馬県における水害罹災者の対応―一九一〇年利根川大水害による移住をめぐって―」（『地理学評論』八五―六、二〇一二年）がある。

（4）『明治四十三年水害状況並施設一斑』。群馬県立文書館の請求番号はB、文書番号は二七七九。

（5）群馬県議会事務局編『群馬県議会史』第三巻（群馬県議会、一九五四年）一九四五～一九七〇頁。

（6）同前、一九四七～一九五〇頁。

（7）同前、一九五二～一九五三頁。

（8）同前、一九六五～一九六六頁。

（9）群馬県邑楽郡役所編・発行。国立国会図書館デジタルコレクションでインターネット公開。

（10）同前、一六〇丁。

(11)　同前、一五五丁。
(12)　群馬県主催一府十四県連合共進会同馬匹共進会編・発行『群馬県主催一府十四県連合共進会事務報告』(一九一一年)一～二頁。群馬県立図書館デジタルライブラリーでインターネット公開。
(13)　同前、四頁。秋田県では県会の賛成が得られず脱退したことが、一九一〇年四月八日の連合共進会主任官第三回協議会で報告されている(同、一〇〇～一〇一頁)。
(14)　「群馬県共進会彙報」(『東京朝日新聞』一九一〇年八月三日朝刊)。
(15)　「共進会は延期せず」(『東京朝日新聞』一九一〇年八月十七日朝刊)。
(16)　前掲註(4)『明治四十三年水害状況並施設一斑』による(前掲註(5)『群馬県議会史』第三巻、一九四七、一九六六頁)。
(17)　高媛「観戦鉄道」(旅の文化研究所編『「小さな鉄道」の記憶―軽便鉄道・森林鉄道・ケーブルカーと人びと』七月社、二〇二〇年)。
(18)　「水害にかかわりなく共進会開催の通知」(群馬県史編さん委員会編『群馬県史　資料編24　近代現代8』群馬県、一九八六年)一〇五～一〇六頁。
(19)　前掲註(12)『群馬県主催一府十四県連合共進会事務報告』二四八、二五一～二五二頁。
(20)　同前、四四六～四六一頁。
(21)　『東京朝日新聞』一九一〇年九月十八日朝刊。
(22)　前掲註(12)『群馬県主催一府十四県連合共進会事務報告』三五五頁。
(23)　「群馬県主催一府十四県連合共進会審査復命書」(農商務大臣官房文書課編『府県連合共進会審査復命書』農商務大臣官房文書課、一九一一年三月)二頁。国立国会図書館デジタルコレクションでインターネット公開。

(24) 前掲註(12)『群馬県主催一府十四県連合共進会事務報告』三五五頁。
(25) 関戸明子「明治四三年の群馬県主催連合共進会と前橋市真景図」(中西僚太郎・関戸明子編『近代日本の視覚的経験―絵地図と古写真の世界―』ナカニシヤ出版、二〇〇八年)九二～九三頁。同共進会の全般については、同論文が詳しい。
(26) 前掲註(12)『群馬県主催一府十四県連合共進会事務報告』四七一頁、「宣揚会の追弔会」(『上毛新聞』一九一〇年十月三日朝刊)。
(27) 「桂首相の賛辞　知事以下面目を施す」(『上毛新聞』一九一〇年十月六日朝刊)。
(28) 「前橋市民の覚悟」(『上毛新聞』一九一〇年十月七日朝刊)。
(29) 「神山知事の意見」(『東京朝日新聞』一九一〇年十月七日朝刊)。
(30) 前掲註(12)『群馬県主催一府十四県連合共進会事務報告』三五四、四七三～四七四頁。
(31) 「閑院宮の御同情　中野絣を買上らる」(『上毛新聞』一九一〇年十月十二日朝刊)。
(32) 前掲註(12)『群馬県主催一府十四県連合共進会事務報告』三五五、四七八～四八二頁。
(33) 「宮殿下御買上品」(『上毛新聞』一九一〇年十月十六日朝刊)。
(34) 前掲註(12)『群馬県主催一府十四県連合共進会事務報告』二六二、二八六～二八七頁。
(35) 前掲註(23)「群馬県主催一府十四県連合共進会審査復命書」二頁。
(36) 茨城県の事例については、宮間純一「地域における関東大水害の記憶―茨城県を事例に―」(土田宏成・吉田律人・西村健編著『関東大水害―忘れられた一九一〇年の大災害』日本経済評論社、二〇二三年)がある。

付記　本稿はJSPS科研費18K00971の研究成果の一部です。

Ⅲ　感染症の記録保存

日本住血吸虫症と新型コロナウイルス感染症
―山梨県立博物館の資料収集を例に―

小畑　茂雄

はじめに

新型コロナウイルスのパンデミックによってもたらされた二〇二〇年（令和二）初頭からのコロナ禍は、私たちの健康と生活、さまざまな活動に大きな脅威を与え、本稿執筆現在（二〇二二年秋）においても終息に至っておらず、まもなく三年が経とうとしている。この私たちの危機的経験は、いまだ現在進行中のもので、度重《たび》なるウイルスの変異のなかで、医学的にも社会的にも試行錯誤をしている私たちは、その全体像を俯瞰する段階には至っていないといえる。とはいえ、この私たちが感じてきた「危機」の期間を「非常時」として捉え、その記録や記憶を資料化して保存することは、地域の博物館や公文書館にとって、重要な使命だといえるだろう。

二〇二一年秋、地方史研究協議会シンポジウム「非常時の記録保存と記憶化を考える」(1)において、「非常時」をキーワードとして、新型コロナウイルス感染症のほか、地域における災害や戦争の経験の保存について議論が行われた。筆者はこのシンポジウムにおいて、筆者が勤務する山梨県立博物館（山梨県笛吹市）がコロナ禍初頭から取り組んできた新型コロナウイルス感染症資料の収集活動について紹介した。

写真１　山梨県立博物館収集の新型コロナウイルス感染症関係資料の一部

もともと山梨県立博物館は、近世のコレラや天然痘など多くの感染症関係資料を収集・収蔵しているほか、近代以前から山梨県に流行してきた感染症である日本住血吸虫症（山梨県においては「地方病」と呼ぶ）に関する資料を収集・収蔵し、展示などの普及活動をしてきた実績を持っている。つまり、山梨県には「地方病」という感染症をめぐる「非常時」の経験を語る資料と、その記録と記憶の動向という、「非常時」の参考事例が蓄積されている一面がある。

一方で、地域の博物館の普及活動として、感染症や災害といった歴史上の「非常時」の記録を展示するなかで、「地方病」以外のスペイン風邪や、関東大震災といった近代の「非常時」関係資料が、実はほとんど収集・収蔵されていなかったという問題点も明らかになっている。

筆者は、この「地方病」の資料が収集・収蔵され、逆にスペイン風邪や関東大震災の資料が収集・収蔵されなかったという対照的な問題に注意しつつ、以下、新型コロナウイルス感染症関係資料の収集についての考察を進めていきたいと思う（写真１）。

一　博物館と「非常時」資料の収集と収蔵

山梨県の感染症をめぐる特殊性として、近現代を通じて日本住血吸虫症（地方病）の流行地域であったことが挙げられる。「地方病」は寄生虫の日本住血吸虫を原因とする人畜共通感染症で、その流行の起源は不明であるが、近世初期に成立した『甲陽軍鑑』(2)に、敗走する武田勝頼に対して、「積聚《しゃくじゅ》の脹満」（「地方病」特有の腹水貯留症状か）の病が篤い小幡豊後守昌盛（『甲陽軍鑑』編者の小幡景憲の父）が暇を乞う姿が叙述されており、このエピソードが「地方病」最古の描写とされている。文化年間には、甲州市川大門（現・山梨県西八代郡市川三郷町）の医師である橋本伯寿が『断毒論』(3)において、「我甲斐の中郡ハ水腫おほくありて至て治しかたく」と記し、甲府盆地において「地方病」の流行が広がっていたことと治療が困難であったことを示している。

地域の感染症として「地方病」の対策が開始されたのは、一八八一年（明治十四）の春日居村（現・山梨県笛吹市）から提出された「御指揮願」からとされる。一九九六年（平成八）に県知事による「流行終息宣言」が発出されるに至るが（写真2）、その終息まで一一五年もの歳月を必要としたのである。その間、原因である日本住血吸虫の発見（一九〇四年［明治三十七］）やその中間宿主ミヤイリガイの発見（一九一三年［大正二］）といった究明がありつつも、医療や公衆衛生、予防啓発活動の長い努力が数十年にわたり続けられた。

長きにわたる「地方病」に対する社会的経験と関連資料の蓄積は膨大なものであったが、流行終息宣言に前後して、「地方病」対策にあたった県衛生公害研究所（現・県衛生環境研究所）や山梨地方病撲滅協力会によって資料の収集や記録集の編纂が進められた(4)。流行終息宣言後に、県の「地方病」対策（監視）事業は縮小されたが、その収集資料などの成果は、二〇〇五年に開館した山梨県立博物館に継承された（写真3）。

写真2　地方病の流行終息を広報するポスター（1996年ごろ　山梨県立博物館蔵）

この「地方病」関係資料は、県衛生公害研究所や保健所といった「地方病」医療や調査研究・普及活動の当事者団体によって収集が

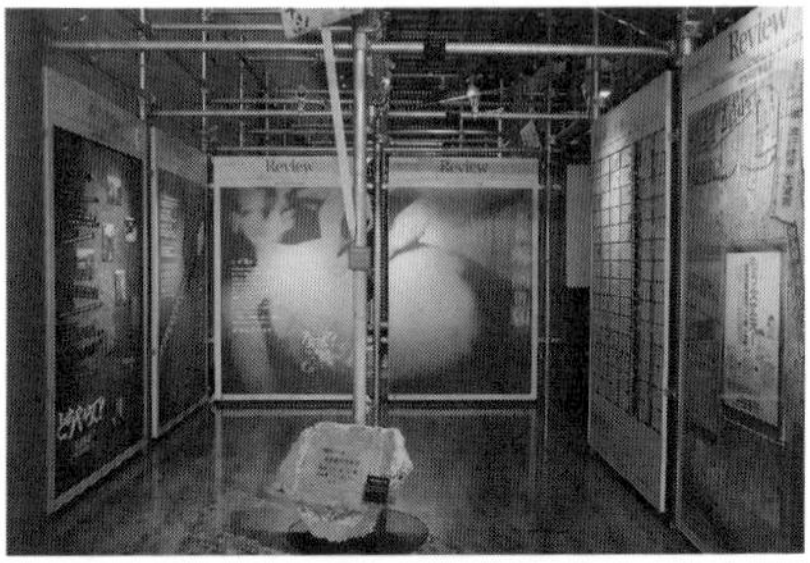

写真3　山梨県立博物館常設展示「共生する社会」の「地方病の克服」のコーナー

進められた。その結果、「地方病」医療を中心とした文献や普及・啓発および衛生関係の行政資料、実験動物調査のための用具やミヤイリガイ殺貝用具をはじめとするモノ資料など、その数は約五〇〇〇点に上り、ひとつの感染症についての知見を広い視野から語りうる一大コレクションとなっている。

このようにひとつの感染症の資料の集積が一定の成果を持ち得たのは、一地域の経験を継承しようとする当事者たちの意識と熱意の高さによるところが大きく、終息後という「非常時」後の資料の散逸を予見した措置が行われたことに他ならない。

地域の感染症の同時代の「記録」である「地方病」関係資料が、当事者らの努力によって充実した継承が行われた一方で、その「記憶」の継承に関しては危機的な状況となっている。流行終息宣言から二〇年を経過した二〇一六年、比較統合医療学会などにより、山梨県内の中学生に対して「地方病」の認識度調査が実施されたが[5]、「地方病」の感染の原因となる日本住血吸虫を知っている生徒の割合は、わずか〇・二六%という結果を示し、「非常時」の記憶の継承の困難さを浮き彫りにしたのである。

このように、山梨県と「地方病」という「非常時」をめぐる資料の保存については、散逸を危惧した関係者らによって、同時代の資料の収集・保存活動が終息前から進められたことが、功を奏する結果となっている。その一方で、「非常時」の「記憶」の継承が、地域や個人にとって困難なものであることの実例ともなっているといえる。このことは、「非常時」の「記憶」は、終息を成し遂げた関係者にとっては大きな目標の達成である一方で、「地方病」体験者や「有病地」に指定されていた地域社会にとっては、逃れるべき辛い「記憶」であることと無関係ではないだろう。

このように、「非常時」の資料の収集・保存と、「記憶」の継承やその普及活動のあり方については、「地方病」のような先行例に基づきながらも、体験者に寄り添いつつ検討する必要があるだろう。

ともあれ、山梨県において、同時代の収集活動から「地方病」という「非常時」関係資料の保存につながった前例は、新型コロナウイルス感染症のパンデミックに際して、博物館の資料収集活動に、新たな「非常時」関係資料の収集を進めるための指針と問題意識をもたらしたといえる。

では、山梨県立博物館の新型コロナウイルス感染症関係資料収集の端緒についてみていきたい。当館においては、館の設置に関わるメインテーマを「山梨の自然と人」と掲げていることから、開館当初から自然災害にまつわる小テーマ展示を各種設け、特に「地方病」を含めた「非常時」を扱う展示コーナーとして、「共生する社会」を設置している。「共生する社会」では、水害をはじめとした自然災害と戦争、および「地方病」に関する資料やテーマについて、被害や患者の写真など視覚的な展開を優先して構成し、来館者に関心を持ってもらいつつ、歴史のなかの人々がどのように「非常時」に向き合ったかを考えるきっかけを提供する手法をとっている。

これらの展示コーナーの災害関係展示は、当館が近世・近代の地域資料を多数所蔵していることから、たとえば安政のコレラについてみれば、町方・村方の古文書だけでなく、コレラの退散を祈るお札や、「ヨゲンノトリ」(6)のような資料(二二〇頁参照)など、多様な資料によりさまざまな視角から紹介することが可能だった。とりわけ「甲州文庫」は郷土史家功刀《くぬぎ》亀《き》内《ない》(7)が収集した二万点を超す地域資料のコレクションで、近世の古文書やモノ資料を中心としながらも、功刀が生きた大正・昭和戦前期にかけての同時代の印刷物に至るまで収集の対象とした資料群となっている。

筆者はこうした資料群を基礎として、二〇一一年の東日本大震災に際しては一九二三年の関東大震災に関係する資料を、コロナ禍においては大正時代のスペイン風邪に関係する資料の展示を企図して、「甲州文庫」を中心とする資料の調査を実施した。しかし、筆者の予想に反して、ふたつの「非常時」に関係する山梨県の資料は収蔵資料からほとんど見当たらないという、意外な事実に突き当たったのである(8)。

収蔵資料に対する筆者の認識の不足はまず措くとしても、ふたつの「非常時」を体験した大正時代は、山梨県において最も有力な資産家であった若尾財閥が山梨県志編纂会を主宰し、これに触発された功刀ら郷土史家らの活動が盛んとなった時期である。彼らの活動の結果、同時代の資料も数多く収集される結果となり、その成果の多くが山梨県立博物館に継承されることになる。こうした背景がありながら、大正時代の「非常時」関係資料が欠落していたという事実は、筆者にとって大きな疑問を抱く契機となるとともに、「非常時」関係資料の収集における課題として認識するに至った。

この「非常時」資料についての課題から考えられるのは、近代の地域社会において「非常時」の資料は残りづらい（残されない、流行終息後の散逸が急速であるなど）のではないかという仮説である。とはいえ、三陸地方の津波伝承のように特定地域の経験知の記録化・記憶化が行われるような事例もあり、広域な災害や今回のようなパンデミックとの比較は難しいかもしれない。また災害と信仰との関係性、近世社会と近代社会における「非常時」の記録の残され方の違いなど、これから検討していくべき課題は多くあるだろう。ともあれ、今回の新型コロナウイルスのパンデミックにおいては、こうした過去の「非常時」関係資料の残存（収集）状況の違いを検討することが、「非常時」が進行するなかでの資料収集を行う立脚点となったのである。

大震災やパンデミックといった「非常時」は、歴史的に繰り返されるものでありながら、その記録が断絶することは、地域の歴史にとってあってはならないことである。今回のパンデミックに際しては、多くの地域の博物館がさまざまな困難に直面した。通常の博物館活動が難しくなるなかで、このような時に博物館だからこそできることはなにか、そのような問いをどの館も抱いたのではないだろうか。山梨県立博物館では、博物館が今できることのひとつとして、新型コロナウイルス感染症関係資料の収集を試行することとしたのである。

二　山梨県立博物館における新型コロナウイルス感染症関係資料の収集活動

山梨県立博物館における新型コロナウイルス感染症関係資料の収集は、横浜港に停泊する客船ダイヤモンドプリンセス号のクラスター発生を通じて、国民のあいだに「非常時」の認識が深まりつつあった二〇二〇年（令和二）二月ごろ、同館勤務の歴史分野の学芸員を中心に取り組みつつ、同五月十三日には次のようなメールを館内職員へ呼び掛ける形式で開始している。

各位

学芸担当の小畑です。お疲れさまです。

いまだ新型コロナウイルスの感染拡大が続く状況下ですが、この社会的な状況や、対策に関する資料などについては、現在の私たちの社会が、感染症についてどのように向き合ったかを記録する重要なものですが、流行が終息し、困難な状況から脱することによって、これら資料もともに散逸してしまう可能性が高いと言えます。

一〇〇年あまり前のスペイン風邪における、社会的な対応や疫学的な知見は、現在の私たちにとっても重要な資料や情報であり、山梨に限って言えば、二〇年あまり前に流行終息にこぎ着けた地方病に関する資料や情報も、こうした状況下において、有益な知見を与えてくれる貴重な財産であると言えます。

現在の私たちと同様に、感染症に対する私たちの社会の経験が後世の人々に役立てられていくためには、私たちが同時代の関係する資料を収集していく必要があります。

まだまだ緊張感を持って取り組んでいかない《（ママ）》状況下ではありますが、下記の物品などについて、収集のご協力を頂ければ幸いに存じます。
・新聞をはじめとした広報物（号外など）
・行政などによる教育・啓発資料（県からのお知らせなど）
・関連する器具（マスクなど）
・学校教育関係の通知類
・対策事業や施策に関する商品・紙資料・メディア類など
色々あるかと思いますが、気になったものがありましたらご相談ください。

今回の流行によって、ひょっとすると日本史上のなかでも屈指の大きな社会的な変化が訪れる可能性がありますので、数十年後の視点で価値を見いだせそうなものがありましたら、ぜひお知らせくださいますようよろしくお願いします。

軽量、小型のものならばそのままお持ちください。

大きいものなどは、まずは情報をお寄せの上ご相談ください。

重ねてよろしくお願いいたします。


（引用にあたって改行を詰めたほか、原文の算用数字は漢数字表記に適宜改めた）

地道な活動の開始の一方で、山梨県民一般への収集の呼び掛けは、医療従事者や感染当事者・関係者への配慮、長期化し出口が見えないパンデミック下における社会的な影響を鑑みて、見送ることとした。

一般募集は、第六波が落ち着きをみせた二〇二二年春から開始した（写真4）。しかし、新型コロナウイルスに対する知見や社会の動向が日々変化を遂げていることから、「記録」としての資料はもとより、流行の初期から各時点での人々の「記憶」にまつわる証言等を収集すべきであったのではないか、また、「非常時」資料の急速な散逸が危惧されるという問題意識からすれば、十分な配慮をしたうえで、早期から一般からの募集を実施するべきだったのではないか、という後悔も感じている。

当初は、一般から広く収集することを自制した収集活動としたものの、浦幌町立博物館（北海道）の取り組みとともに紹介された新聞記事[9]を皮切りに、新聞各紙に新型コロナ関係資料の収集活動が取り上げられたことによって、結果的には山梨県内にとどまらず、東京や埼玉などの首都圏、さらに大阪など関西圏からも、多数の資料が寄せられることとなった。

写真4　一般募集の開始にともない配布された新型コロナウイルス感染症関係資料募集ちらし

当初、新型コロナウイルス感染症関係資料の収集対象として想定していたのは、新型コロナ関係報道に関する新聞をはじめとした広報物（号外など）、行政による教育・啓発資料（県からのお知らせなど）、関連する器具（マスクなど）、学校教育関係の通知類、対策事業や施策に関する商品・紙資料・メディア類などで、前述の館内職員向けメールにも例示したとおりである。

収集した資料の点数は、一般募集開始までに約二〇〇点にのぼった。おもな品目としては、パンデミック当初に市場から姿を消した消毒用アルコールに代わって登場した代用アルコールや、やはり欠乏を極めたマスク類など。そのほか、広告類、行政刊行物や、職員の子女が通う学校からの配付物などから構成された。資料の傾向としては、ワイン県山梨県らしくワイナリーが販売した代用アルコールなど地域性のあるユニークなものも収集されたものの、基本的には大量生産(印刷)されたものが多くを占め、一般募集の実施を控えたことから、個人にとっての新型コロナウイルス感染症を語れるものが少ない傾向となった。

二〇二二年春からの一般募集にあたっては、A３判二つ折(A４判四頁)の応募パンフレットと広報ポスターを作成し、モノとしての資料のほか、資料にまつわる記憶、体験談や、さまざまな立場からの証言、関係する写真についても募集対象とした。

こうした資料の整理は未着手であるが、資料の形態や材質が多様であり、また現代の著作物が多くあることから、保存管理の方法と資料情報の取り方については、まだ検討段階となっている。

三　収集した新型コロナウイルス感染症関係資料

新型コロナウイルス感染症関係資料の収集においては、モノ資料としては多様な形態を持つもの、そしてパンデミックのなかで飛び交ったさまざまなテキストを読み取ることができる資料が集まりつつある。

資料の地域性を表わすものとしては、まず、パンデミック初頭の消毒用アルコールの市場からの払底をうけ、県内の日本酒醸造元やワイナリーが発売した代用アルコールがある(写真5)。これはワイン県である山梨県らしい収集資料となった。また、アルコールとともに店頭から消失したマスクについても、政府配付の布マスク二種をはじめ、電機メーカーが製造販売したもの、行政によるマスク引換券など、コロナ禍のなかの社会現象を裏付ける多様な資料が収集された。

　その他の物品としては、後述する「ヨゲンノトリ」がパッケージにあしらわれたレトルトカレーや、県内の浅間《あさま》神社が配付した雛昇《ひながき》弊（幣）串といった、現代の「信仰」ともいえる、コロナ禍をめぐる人々の心の問題に関する資料も収集されている。また、第二波のなかで営業を再開した山梨県立博物館において、来館者の検温で使用し、ひと夏の使用で故障した非接触体温計も、廃棄物品のなかから収集対象とした。

　印刷物については、「おうちで〇〇〇」といった巣籠り需要に関するものをはじめ、政府や都県・市などの行政刊行物、二〇二〇年（令和二）春の臨時休校に関する通知類、最初の緊急事態発出に関する山梨県内地方紙の号外、各博物館や研究会からの展覧会や研究会の中止通知、館職員が受け取った特別定額給付金の通知関係、コロナ禍で実施された選挙公報や政党広報物、「ＧｏＴｏ」キャンペーン事業関係の資料、新幹線が大減便された時期の時刻表などが集まった。

写真５　山梨県内外の酒蔵やワイナリーが販売した代用アルコール

　コロナ禍の社会で出回った多様な印刷物からは、「非常時」における社会の対応状況をみることができ、掲載されているさまざまなテキストからは、世相や商業性・政治性をみることができる。

　印刷物資料は二〇二〇年収集のものが中心となるが、そこから読み取れるテキストをいくつか例示してみよう。

「今、酒蔵としてできることを。」「ありがとう。」「食べて応援！」「ともに、乗りこえよう。」「来ないでください宣言」「おうちでグルメ」「STAY HOME」「コロナはただの風邪。」など

写真6　ヨゲンノトリ（「暴瀉病流行日記」　山梨県立博物館蔵）

こうしたコロナ禍におけるキーワードとなったものには、応援や協力のメッセージもあるが、新型コロナウイルス感染症がもたらした分断を示すものもある。また、「ソーシャル・ディスタンス」（社会的距離）を普及するために、ロゴの文字間（ディスタンス）を引き延ばしたものもあった。私たちの「非常時」経験のなかでは、このようなさまざまな言葉が使われ、流行っては廃れていき、「非常時」のさまざまな段階や、人々の関係を垣間みることができるものとなっている。

新型コロナウイルス感染症をめぐる人々の心の問題、社会的心理を象徴する資料としては、「ヨゲンノトリ」の流行に関する一連の収集資料が挙げられる。「ヨゲンノトリ」は、安政のコレラ流行時の記録である山梨県立博物館所蔵「暴瀉病流行日記」の挿絵として描かれた白黒の双頭の鳥で、「我等が姿を朝夕共に仰信心者はかならず其難の（が）るべし」と、人の言葉を発したという不思議な存在である（写真6）。その「ヨゲンノトリ」の姿を同館Twitterで紹介したところ、一三万以上の「いいね」を獲得し、京都大学附属図書館所蔵の瓦版に描かれた「アマビエ」と並ぶ大きな反響を呼んだ。県の特別措置によって使用料が免除となったことから、山梨県内を中心として多数の「ヨゲンノトリ」にまつわる商品が作られることとなった。かつて疫病から逃れるために多くの人々が縋《すが》った妖怪とその不思議な力に対して、令和の世の人々も大きな関心を寄せたことは、現代におけるパンデミックのなかの社会的心理の一端をみることができる。

一般募集開始後に収集されたものとしては、コロナ禍のなかの結婚式の記録や、厳しい社会状況や閉塞感を詠んだ短歌の作品などが寄せられた。とはいえ、応募数は極めて少なく、収集状況は芳しくない状況が続いており、「非常時」関係資料の自発的な応募の難しさが突きつけられているといえる。今後、私たちの社会が新型コロナウイルス感染症がもたらしてきた「非常時」が終息していく段階を迎えるなかでは、急速な「記録」と「記憶」の散逸が進むであろうことから、私たちの体験をいかに資料として残していくかについて、広く理解を得ていくためのアプローチを検討していかなければならないと考えている。

四　「非常時」を語る資料の普及活動

新型コロナウイルス感染症関係資料の収集は、基本的には通常の博物館の現代資料の収集活動の延長上にあるものである。とはいえ、「非常時」資料の特殊性に鑑みて、意識的な収集活動を実践しようとする第一義は、「私たちの経験を百年後のために」という、博物館の後世に対する責任や使命の上に立ったものである。ただし、ここで使われる「百年後のため」というのは、私たちの「非常時」の経験が歴史的に価値のあるものだ、と現代の多くの人々にも考えてもらいたいというメッセージでもあって、博物館はタイムカプセルを埋設したいわけではないのである。そのように「非常時」関係資料の価値や意味を考えれば、博物館に収集された資料の価値は、同時代の人々にも還元されるべきであり、またコレクションの形成や評価には多くの人々が参加するべきであろう。

博物館において、新型コロナウイルス感染症関係資料を展示などの普及活動に結び付けていくためには、現代の資料であることから権利関係の問題も多く、そもそもハードルが高い。場合によっては辛さや悲しみを伴う「記録」や「記憶」を扱うことにもなるので、慎重さや配慮も必要となるだろう。さらに、コロナ禍では多様な価値観のなかで

写真7　かいじあむ＋(ぷらす)での「政府配付の布マスク」展示状況(2020年6月18日)

少なからず対立もあることから、その立脚点をどこに置くかという問題もあるだろう。そのようななかで、吹田市立博物館[10](大阪府)などにおいて先駆的な展示活動もあり、山梨県立博物館でもわずかながら新型コロナウイルス感染症関係資料の活用を試みている。

二〇二〇年(令和二)の新型コロナウイルスの感染症の流行第一波において、山梨県立博物館では春から夏にかけての三つの展覧会を中止とした。展覧会の中止だけでなく、常設展示の接触を要する機器や体験型展示の提供休止によって、提供する展示の量と質が大きく低下した。触ることが必要な展示をすべて休止したので、展示ケース内の資料や作品を鑑賞することが展示利用の中心となっていったが、引き出しケースを多数採用している当館においては、その鑑賞中心の展示対象も大幅減少となっていたのである。

こうした博物館活動の危機のなかで、鑑賞可能な展示量の補塡を企図することとなり、企画展中止で空いた展示室を活用した常設展拡大展示「かいじあむ＋(ぷらす)」[11](二〇二〇年六月十七日から九月七日まで)を開催した。その「かいじあむ＋」のなかで、同年五月に配付されたばかりの「政府配付の布製マスク」を展示した。同マスクは、安政のコレラや「地方病」、安政東海・南海地震など、歴史上の「非常時」に関する資料と並べて展示し、私たちが直面するパンデミックが歴史的な体験であることを示唆しつつ、マスクの解説キャプションには「一〇〇年後には貴重な資料になっているかもしれません。」の一文を添え、私たちの時代の「非常時」関係資料の保存の重要性について、展示利用者の理解を促す展示趣旨とした(写真7)。

二〇二二年に開催した企画展「伝える―災害の記憶―　あいおいニッセイ同和損保所蔵災害資料」[12]（三月十一日〜五月九日）においては、新型コロナウイルス感染症関係資料の展示は行わなかったが、近代の災害展示コーナーに、同資料の一般募集の広報パネルを設置した。

その他の普及活動としては、新型コロナウイルス関係資料の収集状況について、令和二年度末刊行の山梨県立博物館『研究紀要』にその一部を掲載した[13]。展覧会も含めて、いずれも館側からの情報提供であり、資料の応募を除く一般の人々や団体からの参加や連携もなく、現在のところ資料の収集数自体低調であって、普及の機能が十分に果たされているとはいえない状況である。今後、新型コロナウイルス感染症が終息へと向かうなかで、私たちの「非常時」の「記録」と「記憶」をどのようなかたちで残していけるのか、さらにこの「残す」プロセスそのものが、博物館や地域社会の人々へどのように寄与することができるのか、本稿の提起を通じて見つけていきたいところである。

五　新型コロナウイルス感染症関係資料の今後の収集と課題

ここまで述べたように、さまざまな課題はありつつ、また「非常時」関係資料ゆえの難しさもありながら、山梨県立博物館ではパンデミック一年目の二〇二〇年（令和二）を中心に、一定の資料の収集を進めることができた。関係する行政文書を所管する公文書館のほか、全国の多くの博物館も同様の収集を進めており、それぞれの課題や収集傾向と個性を持った資料群が形成されているのではないだろうか。こうした状況のなかで、今後博物館はどのように「非常時」の資料である新型コロナウイルス感染症関係資料を収集していけば良いのだろうか。

まず喫緊の課題は、「人々にとっての新型コロナウイルス感染症」という、「記憶」の記録と継承だろうか。

先に述べたとおり、山梨県が経験した「地方病」は、県の終息宣言二〇年後には、県内中学生の感染原因認知度が一％未満に下落するという、継承困難な実態が明らかになっている。長きにわたって地域の脅威であった「地方病」ですら、わずか一世代で「記憶」の継承が困難となりつつあることは、新型コロナウイルス感染症においても、モノとしての関係資料の散逸への懸念だけでなく、「非常時」の「記憶」の記録を積極的に取り組まねばならないことを示唆している。人々にとって忘れてしまいたい記憶も含まれるであろう「非常時」の「記憶」は、残す意思を持つ人々に、残す立場の人々を信頼してもらいつつ、博物館などにバトンタッチしていただくような態勢づくりが必要なのかもしれない。

写真８　「鳥より健康を」立て看板（1976年6月　山梨県立博物館蔵写真）

さらに、現在私たちが経験している「非常時」においては、新型コロナウイルス感染症に対するさまざまな価値観や立場が明るみとなり、時にさまざまな分断も引き起こされているともいえる。同時代で「非常時」を観測しつつ、その資料化の取り組みに関わる博物館の立場においては、このような多様性に注意しつつ、特に意識的に、さまざまな立場の資料や「記憶」を保存していかなければならないのではないだろうか。

山梨県の「地方病」の事例においても、顕著な価値観の対立があった。とある「有病地」内の沼地が、日本住血吸虫の中間宿主ミヤイリガイの一大生息地であったため、埋め立てなどの開発が望まれていた。ところが、その沼地が渡り鳥の営巣地であったことから、中間宿主駆除のための沼地埋め立てと、野鳥の保護をめぐる対立に発展したのである。記録写真に残る「鳥より健康を」というスローガンを掲げた立て看板（写真８）は、健康上の重大な脅威に直面する住民にとっては切実な願いであり、感染症の問題を一面的に理解することの難しさをも示している。逆説的だが、感染症などの「非常時」は、さまざまな立場の記録によってこそ、全体像の理解が進むのではないだろうか。

今後、新型コロナウイルス感染症が終息に向かうとして、この「非常時」に関係する資料は急速に散逸していくことだろう。私たちも、同時代の出来事として「非常時」を観測することも、感染に対する当事者として警戒する日常も終了していくことになる。そのようななかで、引き続き資料の収集に取り組んでいく博物館などの立場としては、これからの「風化」や「忘却」をどう捉えるかが大事なのではないだろうかと考えている。「非常時」のうち、とりわけ感染症は、経験した一個人や地域にとって、必ずしもいつまでも「記憶」に留めたいと考える対象ではなく、自発的に「記録」に残したいと思うケースは少ないのではないだろうか。だが、そのような「風化」や「忘却」が進むなかでも、「非常時」に関する資料を残し、その「記憶」を継承したいと考える何らかの当事者もいるはずである。(14)

博物館は、その「継承」と「風化」の間で、広く無闇に「散逸」の警鐘を鳴らすのではなく、残したい思いを持つ人々に届くようなメッセージを発信していくことこそが、重要になっていくのではないだろうか。

おわりに

本稿では、山梨県の「地方病」をめぐる資料保存と、スペイン風邪・関東大震災をめぐる資料が保存されていない、という実例を踏まえて、「非常時」としての新型コロナウイルス感染症の関係資料収集の課題や方向性を探った。また、「非常時」関係資料を収集する必要性について、山梨県立博物館の近代地域資料からみえた課題を、その立脚点としたことを述べてきた。いずれにせよ、個別的な事例でしかないので、他の地域の実情と照らし合わせていく機会を得ることができれば幸いである。収集している新型コロナウイルス感染症関係資料についても、紙数の都合もあって十分にその内容を伝えることができていない。これまでの研究会等でも指摘があったが、各地でどのような資料が収集され、それぞれの課題はどこにあるのかについて、広く情報や意見を交換する機会があれば、わが国における新型コロナウイルス感染症関係資料の輪郭が摑めると思うので、今後の議論の発展を望みたい。

これらの資料によって、できるだけ遠い将来のパンデミックにおいて、どのように二〇二〇年からの新型コロナウイルス感染症の体験が語られるのかは想像もつかないことだが、行政文書やビッグデータだけでなく、多くの博物館が地域に寄り添いつつ残した多種多様な資料が、その理解において重要な意味を持つことを期待したい。

註

（1）「小特集　シンポジウム　非常時の記録保存と記憶化を考える」（『地方史研究』四一五、二〇二一年）。
（2）『甲陽軍鑑』二〇（一六九九年）。
（3）橋本伯寿『翻訳断毒論』（一八一一年）。
（4）地方病記念誌編集委員会編『地方病とのたたかい—地方病流行終息へのあゆみ—』（山梨地方病撲滅協力会、二〇〇三年）。
（5）「毎日新聞」（二〇一七年四月二十九日付）。
（6）中野賢治「甲斐国における安政のコレラ流行と「ヨゲンノトリ」」（山梨県立博物館編『研究紀要』一五、二〇二一年）。
（7）小畑茂雄「功刀亀内と宮武外骨—南アルプス市ふるさと人物室第六回展示「功刀亀内　遺—のこす—」に寄せて—」（山梨県立博物館編『研究紀要』一四、二〇二〇年）。
（8）小畑茂雄「災害・パンデミックに関する資料収集に向けて—新型コロナウイルス感染拡大と緊急事態に際して—」（山

梨県立博物館編『研究紀要』一五、二〇二一年）。

地震関係資料について補足すると、山梨県立博物館の近世以前の資料においては、安政東海・南海地震の山梨県内資料は所蔵しており、関東大震災も東京市内の被害状況に関するものの所蔵はあるが、山梨県下においても、同震災によって中央線の寸断や二〇人の死者を出しているにも拘わらず、県内の被害についてまとまった記述のある資料は、新聞などのほかは確認できていない。

（9）「読売新聞」（二〇二〇年七月十一日付夕刊）など。

（10）吹田市立博物館　令和三年度ミニ巡回展「流行病（はやりやまい）と新型コロナ～100年後の人たちへ～」（バーチャル・ミュージアム）など。

（11）山梨県立博物館編『かいじあむ＋（ぷらす）展示解説リーフレット』（インターネット上での配付、二〇二一年）、http://www.museum.pref.yamanashi.jp/pdfdata/2020kaiseumplus_leaf.pdf

（12）あいおいニッセイ同和損保所蔵資料は、あいおいニッセイ同和損害保険の前身の一つである同和火災海上保険の初代社長　廣瀬鋮太郎が、関東大震災をきっかけに自ら収集し、その後会社に寄贈したもので、一八世紀から二〇世紀初頭にかけてわが国で発生した災害にまつわる約一四〇〇点の資料。

（13）小畑前掲註（8）論考。

（14）『中学生が伝える　恐ろしいやまい・地方病』（きのくに子どもの村学園　南アルプス子どもの村中学校　ゆきほたる荘編、二〇二二年）は、若い世代による自主的な関係機関への取材や文献の調査に基づいて製作された成果として注目された。

一九六四年のコレラと二〇二〇年のコロナ
―「非常時」の千葉県における公文書―

飯島　渉

はじめに―非常時に作成される公文書―

「非常時」が続いている。新型コロナウイルスの感染拡大により、私たちの生活にさまざまな影響が出始めてきたのが、二〇二〇年（令和二）三月。それ以降、非常事態のなかでの生活が続いている。そのようななかでも、公文書は作成され、記録が蓄積されている。通常時の作成される公文書にプラスしてコロナウイルス感染症関係の公文書が作成されることになるため、より多くの公文書が作成されている。それに伴い、後世に伝えるべき歴史的価値の高い公文書も多くなってくることは当然であろう。

今回のコロナ禍で作成された公文書のうち、後世に伝えるべき、いわゆる歴史的公文書をどのように残すのか、文書館に与えられた課題である。残される歴史的公文書からコロナをどう伝えていくのかを考えていきたい。

一　過去に発生した感染症の事例—昭和三十九年のコレラ—

コロナウイルス感染症に関する公文書をどう伝えるのかを考えるため、過去に千葉県で発生した感染症の事例を見てみたい。

それは、一九六四年（昭和三十九）八月に千葉県習志野市で発生したコレラの事例である。最初に、このコレラ事件の経緯を追ってみる。(1)

八月二十四日

・国立習志野病院に入院していた患者がコレラらしい病状で死亡する。

・検体を国立衛生研究所に移送し、細菌検査を実施。

八月二十五日

・県衛生民生部予防課が、習志野市大久保の旅館に宿泊中の男性が真性コレラにより死亡したと発表。

・「コレラ対策本部」（本部長：北原衛生民生部長）を県予防課内に設置する。

・WHO（世界保健機構）が習志野市大久保地区を「コレラ汚染地区」に指定する。

八月二十六日

・感染者が立ち寄った場所の消毒、近隣住民への予防接種、接触者の禁足、検便等の対策を開始。

・習志野市議会が緊急招集される。

・コレラ緊急対策協議会を開催。

八月二十七日
・コレラ防疫対策本部を船橋保健所に移し、友納知事が本部長になる。
八月二十八日
・友納知事、記者会見で「一万人の検便実施」を明言する。
八月二十九日
・一般住民の一斉検便を実施（三十一日まで）。
九月一日
・対策本部を解散し、終息宣言。

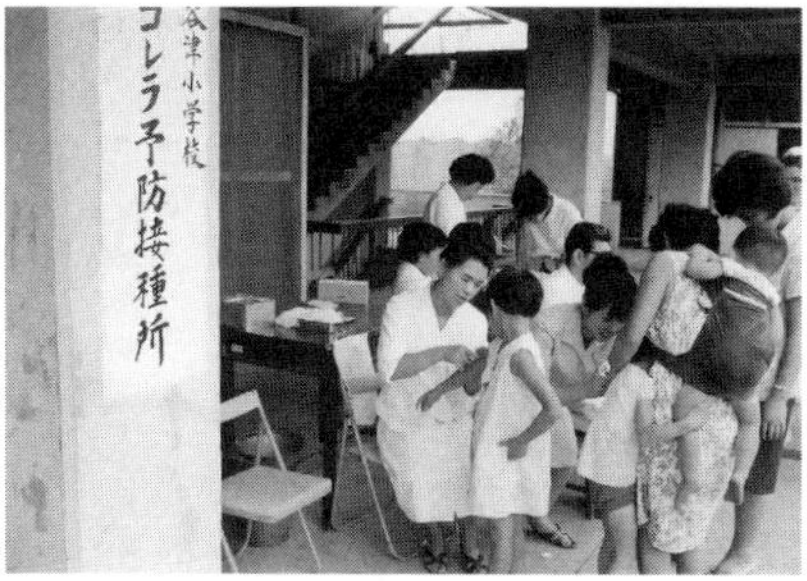

写真１　習志野市立谷津小学校におけるコレラ予防接種（千葉県文書館所蔵写真）

八月二十五日にコレラ患者の死亡が発表されたことから事件は始まった。同日に対策本部を設置し、消毒・予防接種の実施（写真1）、接触者の隔離など迅速に対策を打っていった。その結果、コレラ事件は発表から八日目の九月一日に終息宣言が出されることになった。短期間のうちに終息を迎えることになったが、コレラの感染源・感染ルートを解明することはできなかった。患者・保菌者が確認された習志野市大久保地区の住民に対して検便を行った結果が全員陰性であったので、当地区にコレラ菌はないものと判断しての終息宣言であった。

この一九六四年は、十月に東京オリンピックの開催を控えた時期であった。この状況は二〇二〇年（令和二）の東京オリンピック・パラリンピック前に新型コロナウイルス感染症が拡大した状況に似ている。

二　コレラ関係の公文書

このコレラ事件に関する公文書が文書館に残っているのか。答えは、簿冊としてまとまっているものはない、のである。残っている記録は、関連する文書が一点「昭和三十九年度　職員表彰綴」に綴られているだけである(2)（写真2）。

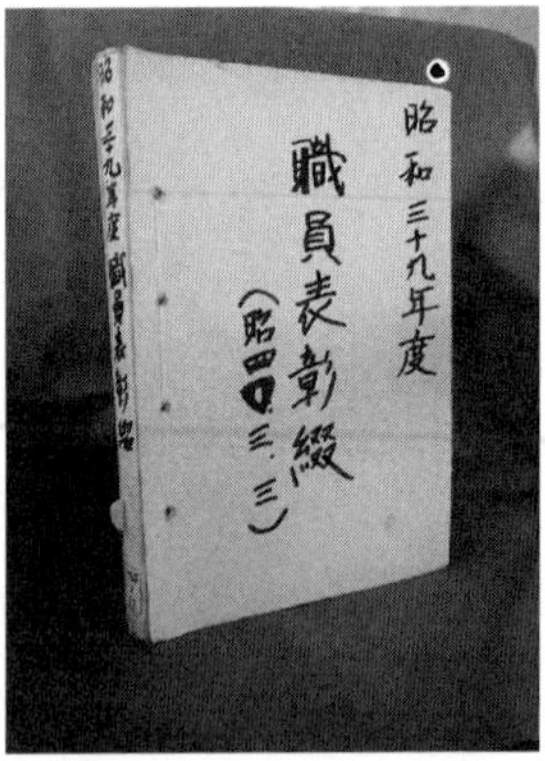

写真2　昭和39年度　職員表彰綴（千葉県文書館所蔵）

簿冊名からもわかるように、業務で成果をあげた職員に対して行われる表彰に関する一連の文書が綴られている簿冊である。一九六四年（昭和三十九）度の表彰職員等は、個人が四人、団体が三団体であった。習志野のコレラ発生に関する件で、血清研究所臨時コレラ菌検索班と衛生研究所細菌室の二団体が表彰されている。

千葉県文書館で所蔵する公文書のうち、唯一のコレラ事件を記録した資料となっている。血清研究所の功績調書には、次のように記載されている。

本年八月二十五日突如として本県習志野市大久保地区に真性コレラ発生に際し、コレラ権威者で最近これらの実際を東南アジアで検分して来た越後貫所長は直ちに同所内に自主的な臨時コレラ菌検索班を設置しコレラ知識の豊富な職員三〇名のスタッフをもって、コレラ最大の防御と云われるワクチン六八〇〇本の確保、数量検査のほか、大久保地区に職員を派遣しハイジェッター（引用者註：無針注射器）による予防接種の指導並びに直接実施した。

さらに感染経路追及と防疫の両面から汚染地区並びに一般住民と習志野、船橋両市の食品業者一万一一一八名に対し防疫史上空前といわれる検便検査を一手に引受け、昼夜兼行の作業を実施した。その結果、習志野市には一人の保菌者もなく無菌宣言をし九月一日には終結を見た訳でこのことは東京オリンピックを目前に控え国際的に憂慮すべき状態からだっし、さらに県民の不安解消に大なる役割を果たし、この功績は誠に顕著である。

功績調書中の臨時コレラ菌検索班のスタッフ数は三〇人となっているが、添付されている名簿には二二人の氏名が挙げられている。内訳は、血清研究所一五人、衛生研究所三人、銚子・茂原・野田・館山の各保健所から各一人となっている。

また、衛生研究所細菌室は、国立習志野病院からヒ素の検出依頼を受けた際、コレラ菌の培養検査の必要性をいち早く看破して検出に努めたことにより、最短時間でのコレラ菌検出、その後の適切な防疫活動を行う端緒を開き、コレラ蔓延の防止となったことが功績として挙げられている。

しかし、感染症対策の主務課である予防課の文書が残っていないのである。コレラ発生に際して、総指揮を取った予防課では、対策本部の設置に関する文書や予防接種の状況、防疫対策の実施状況、習志野市や国（厚生省）との交渉に関する文書など作成されていたと思われる。残っていない原因として考えられるのは、コレラ関係の文書の保存期間が、一〇年または五年に設定されていたからであろう。当時の最も長い保存期間は、「永年」であったので、永年保存にされていれば、現在も目にすることができたはずである。

三　公文書以外で残された資料

公文書で残された資料は一点のみであったが、公文書以外に県が発行した行政資料にいくつか記録が残されている。

写真3　コレラ関連の行政資料（千葉県文書館所蔵）

そのなかで最も詳細なものは、衛生民生部が発行した八八頁にわたる報告書「習志野に発生したエルトール・コレラとその防疫」である（写真3）。

報告書の冒頭で事件の概略に触れ、患者・保菌者に対する検査等の実施状況、防疫体制、感染経路の追求、関係市町村や他の都県で行われた防疫措置についても言及している。防疫体制については、コレラであることが濃厚となった八月二十五日の午後に「コレラ防疫対策本部設置要綱」を定め、対策本部の設置のほか、特別疫学調査班の設置、疫学的・臨床的な調査が実施された[3]。

また、「地元住民の協力、批判」や「反省資料」といった項目もある。「地元住民の協力、批判」には、一九六五年（昭和四十）二月三日に習志野市役所において、県（各保健所・衛生研究所・血清研究所）、習志野市役所、県議・市議、医師会、発生地区町内会代表者など六三人が出席して、「自治体におけるコレラ予防対策は如何にあるべきか」というテーマで行われた討論会の記録が掲載されている。「発生初期の防疫体制に混乱があったのは、防疫体制の不確立」のためであり、「住民に不安と動揺を与えた」などの意見のほか、市町村の衛生主管課の人員不足なども指摘されている。

巻末には「参考資料」として、予算、防疫日誌、知事名で発した通知書、写真集などが掲載されている。

報告書の内容は多岐にわたり、詳細であることから、報告書作成にあたり資料となった文書は相当数あったと思われる。想像でしかないが、この報告書を作成したので、公文書を廃棄したのではないかとも考えられる。

この他に、コレラ事件に携わった職員の回顧録がある。

そのひとつが『習志野コレラの記憶』である。(4) 加地信（当時：衛生研究所長）、池田武夫（当時：細菌室長）の連名で、初発患者のコレラの陽性決定に至るまで行った検査、接触者等に対する検査等についての記述がある。コレラ発生の発端が、八月二十四日の、国立習志野病院から衛生研究所へ、ヒ素中毒の疑いがある患者の検査依頼であったと書かれている。(5)

また、「習志野市に発生したエルトール・コレラの防疫写真集　予防課予防係」と表題のついたスクラップブック（写真4）と、「コレラ予防接種（習志野）」とメモ書きされた写真のネガが残っている。ネガは、報道広報課から移管されたうちの一本である。モノクロ・ネガで、「昭和三十九年八月二十八日撮影」のメモがある。防疫写真集や報告書の巻末にある写真集に使われている写真の原版である。ネガにない写真もあることから、他にも複数のネガがあったと思われる。撮影されているカットは、医師等による接種の様子、コレラ予防接種所（谷津三丁目公民館・谷津小学校）の様子、千葉県コレラ防疫対策本部入口（船橋保健所）、消毒散布の状況（場所不詳）、発生源となった旅館内部の様子などである。

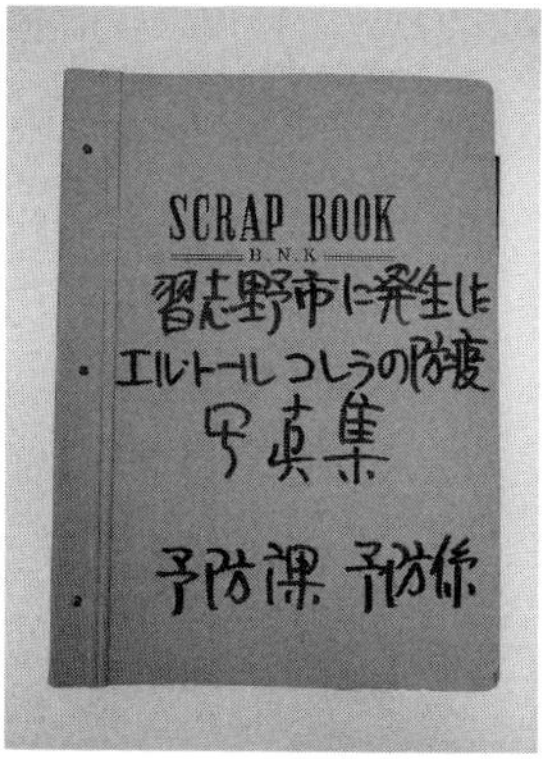

写真4　コレラ防疫写真集
（千葉県文書館所蔵）

四　公文書を残す意味

一九六四年（昭和三十九）に発生したコレラ感染症に関する記録は報告書が作成されていたので、その経緯や県の対応等、その状況を知ることができた。しかし、その記録は「行政資料＝編纂されたもの」であり、一次資料ではない。編纂物である以上、編集者（ここでは千葉県衛生民生部）の意図が反映されていると思わざるを得ない。

たとえば、関係市町村や厚生省とのやり取りは記録があるが、オリンピック開催の直前という時期を考えれば、日本オリンピック委員会からも何らかの通知・通達があったのではないだろうか。しかし、報告書では触れていない。日本政府としても、日本初のオリンピックに水を差すようなことがあってはならないし、成功は絶対条件であったはずである。「コレラが発生した国に選手団は派遣できない」と申し出る国が出てしまうような事態は避けなければならなかったと思われる。

オリンピックの直前という時期を考え合わせると、一刻も早くコレラを終息させて、オリンピックを迎えなければならない、という事情により、わずか八日での終息宣言となった、とも考えられる。終息宣言から約三週間後の九月二十四日には、千葉県内の聖火リレーの練習が行われ、習志野市内も三人のランナーが走っている。

しかし、真相は千葉県文書館の資料からは導き出せない。それは、少なくともコレラに関する一次資料である公文書が残っていないからである。改めて、「習志野に発生したエルトール・コレラとその防疫」をみると、〝きれいに整理されている〟ように見える。『報告書』という体裁をとっている以上、事項を整理して記述する、ということは当然であるが、この報告書に書かれていない記録が多々あったと思われる。編集段階で意図的に削除したのかどうかは不明であるが、やはり一次資料の重要性を感じざるを得ない。

五　コロナ禍の千葉県文書館

千葉県文書館におけるコロナ禍での館の運営状況の概略を記しておこう。

コロナウイルス感染拡大に伴い、二〇二〇年（令和二）三月三日から館の利用を一部制限し、資料閲覧は事前予約制により継続した。同年四月七日に緊急事態宣言が出されると、十四日から正面玄関を閉鎖するとともに、事前予約制での資料閲覧も休止し、臨時休館となった。五月二十五日に緊急事態宣言が解除されると、翌二十六日から事前予約による資料閲覧を再開した。七月一日には事前予約制も解除し、ほぼ通常時の状態に戻ったが、翌年一月八日に一都三県に緊急事態宣言が再び発出されると、同日に正面玄関を閉鎖し、再び臨時休館となり、三月二十二日まで続いた。開館以来初めて長期間にわたり休館した。

休館と制限利用を繰り返してきたが、この間、来館者にはマスクの着用、手指の消毒、来館票の記入をお願いするポスターを掲示し、来館票の記入にあたっては、氏名・連絡先等の個人情報の記入をお願いした（写真5）。「受付マニュアル」を作成し、記入の目的等を来館者に説明するとともに、個人情報については適切に管理し、廃棄簿の作成と廃棄方法を決めている。来館者用の消毒用アルコールや検温器を用意するのに時間がかかるなど、館としても、初めての対応でスムーズに運ばないこともあった。

写真5　館内の状況　利用者受付

六　コロナ文書の移管方針

千葉県では、現在、渦中のコロナ感染による諸相を後世に伝えるための対応を、二〇二〇年（令和二）度からはじめている。(6)

先に紹介したコロナ禍における文書館の運営状況が記録された文書は、歴史的価値のあるものと考えているが、同様に県の各所属で作成されたコロナウイルス感染に関する文書は、歴史的公文書として残すべきものに値する。そのため、適切に文書館へ移管できるよう、その対策・方法を、保存期間が満了し廃棄される前までに決めておく必要があるのではないか、ということが話題としてあがってきた。

そこで、行政文書管理の主管課である政策法務課と文書館を中心に、コロナウイルス感染症に関する文書の対応について話し合いを開始した。その結果、コロナウイルス感染症に関する文書は、歴史的に重要な文書（歴史的公文書）にあたるものであることを周知させ、適切に文書館に移管されるべきものであるとし、県庁各所属あてにコロナウイルス感染症に関する文書について、軽率に廃棄をしないよう注意喚起の文書を発出する必要があるという結論に至った。これまでに三回注意喚起の文書を発出している。

一回目が令和二年五月一日付けで、政策法務課長名で「新型コロナウイルス感染症に関係する文書の作成及び保存について」という文書を発出した。続いて二回目が令和三年二月九日付け、政策法務課長と文書館長の連名で「新型コロナウイルス感染に関係する文書の取扱いについて」という文書を発出している。三回目は令和四年三月七日付けで二回目と同内容の文書を発出している。

一回目の二〇二〇年五月一日付けの文書で通知した内容は、次の二点である。

(一)　新型コロナウイルス感染症に関する文書を適切に作成し、保存すること。

(二)　保存期間は千葉県文書管理規則の別表に定める基準に基づき適切に設定し、業務の煩雑さのなかで文書が作成されない、記録が残らないような事態が無いようにすること。

さらに、二回目（令和三年二月九日付け）、三回目（令和四年三月七日付け）の文書では、より具体的に対応について通知した。内容は、コロナ関連文書の整理方法と保存期間満了後の措置の二つであった。

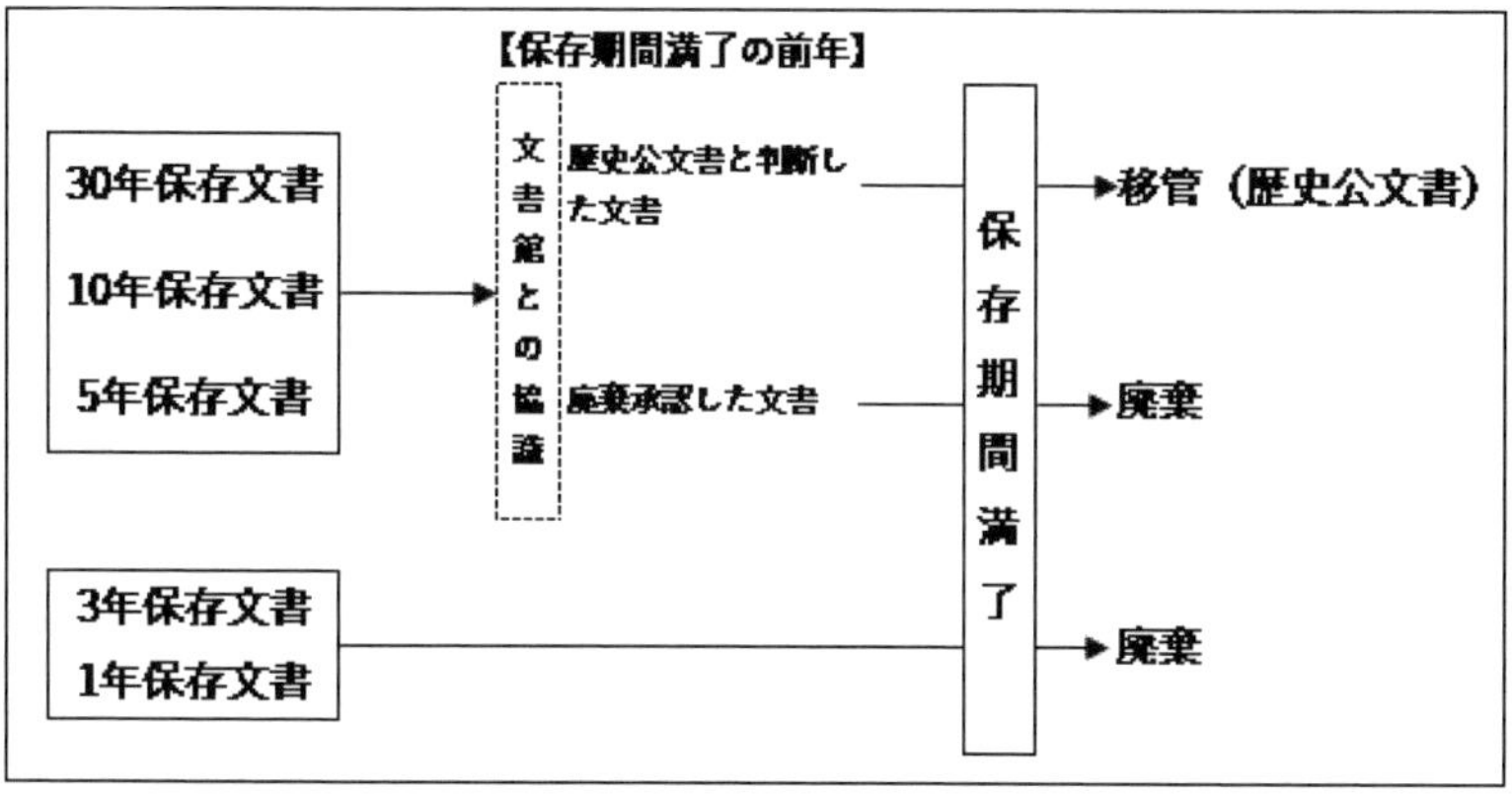

図1　行政文書移管フロー略図

（一）新型コロナウイルス感染症に関係する文書の整理方法について

ア　通常の文書と区別し、「コロナ関係」の文書が綴られていることがわかる簿冊名を付すこと

イ　保存期間は「五年以上」を設定すること

ウ　文書整理に伴う処理として、コロナ関係の文書を簿冊に綴り直す場合は、総合文書管理システム上でも文書移動をすること

エ　共有フォルダの整理

・通常の業務用フォルダと別に分けること

・フォルダの整理を行う職員は、各所属の文書管理責任者又は文書主任とすること

・バックアップを実施すること

（二）保存期間満了時の措置について

・原則として、保存期間満了後に「歴史公文書」として文書館に移管すること（図1）

千葉県では、「千葉県行政文書管理規則」において、保存期間が満了した文書を廃棄する際には、文書館長に協議し同意を得て廃棄すること、と定めている。その協議対象となる文書は、保存期間が五年以上のものとしている。そのため、保存期間が三年または一年に設定されたものは文書館

への協議の必要がなく、文書館の「目」が通ることなく廃棄されてしまうことになる。それを回避するために、コロナ関係の文書の保存期間は五年以上に設定することとした。これにより、コロナ関係の文書は、保存期間が満了し廃棄される前に文書館に協議されることになる。

七　コロナ文書の実態

「コロナ関連文書は歴史的公文書に該当する」としているが問題点もある。そのひとつは「量」に関する問題である。

「どのくらいの量があるのか」現段階では、予想がつかない状況であるが、「大量」であることだけは容易に想像できる。すでに、保健所からは「机の脇に文書が山積みで困っている」という連絡があった。書棚に収まりきれないほどの文書が作成されているのである。コロナ対策の最前線である保健所で作成された文書には、感染者対応に関する文書（発生届、患者の経過観察、入院勧告、就業制限、公費負担など）、感染防止に関する文書（クラスター対策、ＰＣＲ検査の実施など）、患者の安全確保に関する文書（医療機関への受診調整、病院への搬送調整など）などが考えられる。その他にも、報道対応に関する文書なども作成されていると思われる。

健康福祉関係以外でも、商工労働関係では、持続化給付金などの飲食店等への支援に関する文書、飲食店の感染防止対策認証制度に関する文書、教育関係には県立高校の休校に関する文書や、入試対策、授業のオンライン化に向けた取り組みに関する文書など、後世に伝えるべき記録は数多い。また、千葉県は二〇二〇オリンピック・パラリンピック東京大会の一部競技の会場があり、オリンピック・パラリンピック推進局も設置されていたことから、その実施や延期に対応する記録も注目される文書である。文書館にも、先に例示した臨時休館した際の文書や古文書講座などのイベント中止に関する文書があることから考えると、全所属にコロナ関連の文書はあるといえる。

八　選別の必要性

先の通知では、基本的には「コロナ関係の文書は歴史的公文書に当たる」としているが、すべてを歴史公文書として移管することは、書庫のキャパシティーの面から考えても不可能である。そのため、実際には、文書館への協議があった時点で選別をしなければならないと考えている。

現在、歴史的公文書の選別にあたっては、「歴史公文書の判断基準に関する要綱」を定めて行っている。コロナ関係の文書は、「県民を取り巻く社会環境、自然環境等に関する重要な情報が記録された文書」に該当するとして選別されることになると思われるが、軽易なものや複数の各所属で重複する文書は、廃棄の対象となると考えている。

たとえば、宴会等飲食の機会が増える年末になると、総務課から全所属に対して、飲酒運転厳禁の旨の文書が発出されるが、昨年の通知には「コロナウイルス感染拡大防止のため、複数人での飲食はしてはいけない」という趣旨の一文が加えられた。このような文書もコロナ関連文書といえるが、ここでは少なくとも発出元の文書を保存しておき、各所属で収受したものは廃棄可能とするような例である。全点収集も考えていたが、コロナ関係文書の各所属での作成状況がわかってきて、断念せざるを得ないと判断している。

また、現在、文書館が選別すべき対象となる通常時の文書は、知事部局の他に、行政委員会・公営企業・千葉県警の文書も対象となっている。コロナ禍以前においては、保存期間が五年以上の簿冊は、知事部局で二万五〇〇〇〜二万七〇〇〇冊、教育委員会・公営企業などの行政機関で一万八〇〇〇～二万冊、千葉県警で約一万五〇〇〇冊、合計で約六万冊であったが、これにコロナ関係の文書が加わった量の簿冊を選別することになる。

選別作業を効率的に行わなければ、公開に間に合わないことも予想されるため、コロナ関係の文書については、事前調査を行うことを考えている。どのような文書があるのかを事前に把握できれば、選別の方針を決めておくことができ、選別作業にかかる時間が短縮できるのではないかと考えている。

おわりに―「コロナ」を伝える―

千葉県では、一九六四年（昭和三十九）に発生したコレラ関連文書が残されていないことを例示したが、一〇〇年前のスペイン風邪に関する文書も残っていない。つまり、感染症に関するまとまった記録が残っていないのである。この反省を踏まえると、コロナ関連の文書については、確実に後世に伝える必要がある。「一次資料の重要性」を認識し、公文書を残すことが必須である。すべての文書を保存することは物理上できないため、選別には慎重に臨む姿勢が求められよう。コロナ感染症が県民の生活に与えた影響、県が行った感染者への対や感染防止策、元の生活を取り戻すための施策、コロナ後の県民生活の変化など、一連の公文書は歴史的公文書として保存し、後世に伝えていきたい。

公文書ではないが「コロナを伝える」ということで、街中に掲示されていたポスター類も残せないか。県が店舗等に配布したポスターであるならば、その作成に関する文書が残り、ポスターそのものは残る。しかし、ひとつ気になったものがあった。それは、飲食店の休業期間の延長を知らせるポスターである。緊急事態宣言が出され、県からの休業要請の期間が延長されるたびに、それにあわせて飲食店が休業期間を延長していくことになった。休業の要請・延長に関する公文書は、「○月○日までの休業期間を○月○日まで延長する」という一文で済んでしまっていると思われるが、写真6を見ていただきたい。休業期間の延長要請があるたびに日付を書き直している。県が発出した公文書は事務的であるが、ポスターを書き直す飲食店の無念さ、脱力感のようなものが感じられた。これは、公文書では伝えきれない記録である。

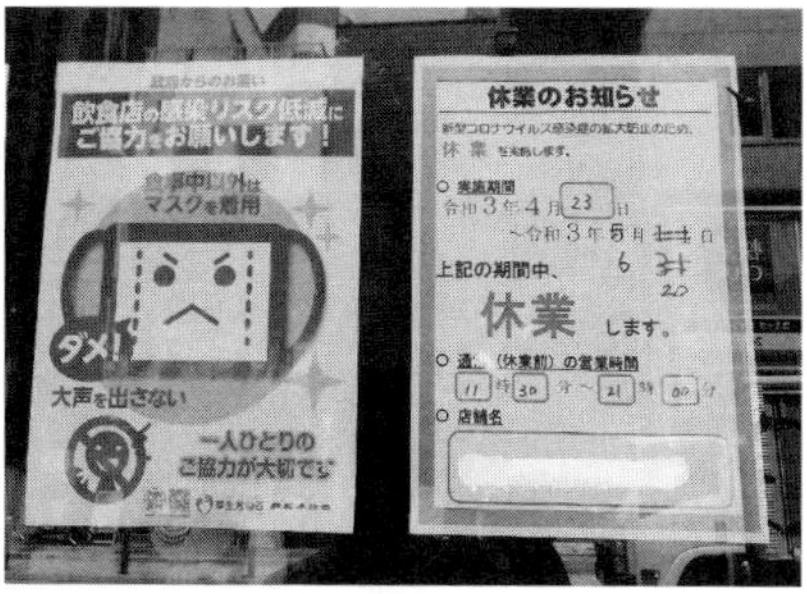

写真6　休業延長を知らせるポスター

コロナによって生じた社会の変化や、制限がつきまとう生活は、マイナスなイメージが強いが、一方でコロナによりそれまでの生活スタイルに変化をもたらすきっかけになっている。テレワークの普及や学校でのオンライン授業の一般化などは、コロナがもたらした社会変化の一面であろう。これらを考え合わせると、コロナは時代の画期となる重要な事件だといえる。

今後、コロナ感染も終息に向かい、通常の生活が戻ってくると、コロナ感染症の記憶は、徐々に人々の記憶のなかから薄れていくだろう。それは私たちが平穏な生活ができている証拠である。しかし、五〇年後、一〇〇年後、新たな感染症の脅威に襲われた時、今回残したコロナ感染症の記録が人々の記憶を呼び戻すきっかけとなり、感染症対策の一助となれば、適切な選別ができたといえるのではないだろうか。

註

（1）　飯島渉「昭和三十九年八月　コレラ発生と防疫に関する資料」（『千葉県の文書

館』二五、二〇二〇年）。

（2）『昭和三十九年度　職員表彰綴』（千葉県文書館所蔵、簿冊番号一九六四-二-九三）。

（3）千葉県衛生民生部編『昭和三十九年八月　習志野に発生したエルトール・コレラとその防疫』（千葉県、一九六五年）。

（4）『習志野コレラの記憶』（千葉県衛生研究所編『千葉県衛生研究所年報』一二、一九六四年）。

（5）この他に、記念誌編集委員会編『千葉血清のあゆみ―創立三〇周年記念―』（千葉県血清研究所、一九七七年）、千葉県衛生民生部薬務課編『千葉県衛生年報　昭和三十九年』（千葉県衛生民生部薬務課、一九六四年）などがある。また、県以外から発行されたものに、習志野市役所編『広報習志野』一一六（習志野市役所、一九六四年）、『週刊朝日』九月十一日号（朝日新聞出版、一九六四年）などがある。

（6）コロナ関係文書の対応については、飯島渉「非常時に作成された公文書の移管―千葉県文書館の場合―」（『地方史研究』四一五、二〇二一年）を参照されたい。

地域博物館におけるコロナ関係資料の収集
―北海道浦幌町立博物館の試み―

持田　誠

一　コロナ関係資料収集と地域博物館

1　コロナ関係資料とは？

街角の電柱に貼られた「ぜいたくは敵だ！」と書かれた貼り紙の写真を目にして、私たちが第二次世界大戦中の世相を感じることが出来るのは、当時その貼り紙を記録した人がいるからである。同じように、いま、コロナな時代をつぶさに観察し、歴史を記録するモノを収集する最前線に立つのは、いまを生きる博物館人であり、学芸員である。(1)（持田「コロナ関係資料収集の意義と必要性」）

右のような考え方にもとづき、新型コロナウイルス感染症の大流行によって、社会にどのような変化が起きたのかを示す「コロナ関係資料」の収集に、全国の博物館や図書館・文書館・大学などが取り組んでいる。(2)私が勤務する北海道の浦幌町立博物館《うらほろちょう》もそのひとつである。

五〇年後や一〇〇年後、「あの時代はこんなだった」と、振り返ることができる資料を残すこと。博物館が、歴史を「モノ」で残し伝える第一の意味はそこにある。さらに、当館のような地域博物館にとっては、国や自治体が公文書や町史などで書き記した「公式の」記録ではなく、そこからは洩れてしまう市井の人々の「素の日常」を記録した資料こそ、かき集めて残す使命があるはずだ。

そして、収集した資料からみえてくる社会の姿というものを、同時代的に展示・公開するということが、第二の意味といえる。

津波や地震と異なり、感染症は、日常の街並みなどに変化はない。変化は街の外観ではなく、人々の暮らしのなかに現れる。政府の発表、巷に流れる風説、それに翻弄される人々の暮らしをどう記録するかが、私たちの役割であろう。

また、元吹田市立博物館学芸員の五月女は、「新型コロナ関係の資料や経験・証言の収集は、後世の人々に私たちの教訓を伝えるだけでなく、現在の私たちにも示唆を与えるものである」[3]と述べている。たしかにこの間の急速な生活様式の変化は、いまを生きる私たち自身にも、さまざまな示唆・教訓を与えるものである。

本稿では、浦幌町立博物館を事例に、地域博物館が行うコロナ関係資料の収集活動について報告する。なお、本書の内容については、すでに発表済みの内容を含んでいる[4]。また、紙幅の関係から、具体的な収集資料の紹介は一部に留めた。収集の経緯や資料の概要については、既報を参照いただきたい。

2　コロナ禍の最中に収集する意義

小樽市総合博物館学芸員の石川は、「「今」を記録する地域博物館」について報告するなかで、小樽市の歴史的光景を語るうえで欠かせない「ガンガン」に触れている[5]。戦後、ブリキの一斗缶(ガンガン)などを利用して、主に魚などの生鮮食料品を港町小樽から周辺の産炭地へ運ぶ人たちがいた。早朝に仕立てられた国鉄の行商専用車両に列をなす人々は「ガンガン部隊」と呼ばれ、港町小樽の戦後を代表する光景であった。

だが、この「ガンガン」が、博物館資料として収集されていない。石川は、これを資料収集の失敗事例として紹介している。小樽に限らず、同時期に使用されていた冷蔵庫などの家電製品に比べ、「ガンガン」のような消耗品を収集対象とする意識が、当時の博物館では低かったのが原因と考えられる。もちろん、地域博物館の収蔵庫の物理的な容量や予算などからの、現実的な側面による収集対象の取捨選択も背景にあるだろう。しかしここでは、資料が「歴史化」する以前の状態、すなわち「現代の消耗品とどう向き合うか？」についての視点を重視したい。

浦幌町立博物館が収集しているコロナ関係資料の大半は、行事中止のお知らせ、自粛の呼びかけなどの一過性のお知らせや貼り紙といった「エフェメラ資料」[6]である。日常の折り込みチラシ収集から派生したエフェメラ資料は、まさしく「現代の消耗品」であり、感染症の渦中にある「今」収集しなければ、告知の役割を終えるとすぐに捨てられてしまう。小樽の「ガンガン」と同じく、誰かがそこに「資料性」を指摘し、意識的な収集を行わなければ「モノ」は残らない。

「コロナな時代」において、『不登校新聞』の記事内容を経時的に観察することで、不登校問題に関する新たな課題を見出そうとした論考に、貴戸の報告[7]がある。このように、すでにコロナ時代の渦中における変化に対する研究が、さまざまな分野で進行しつつあるが、そのためにも、コロナ禍が進行している渦中の変化を記録できるモノを、学芸員は見出し、確保しておく必要がある。選別・廃棄は後世でもできる。まずは、渦中にモノを残しておくことが、私たちの使命であるはずだと考える。

二　コロナ関係資料から見えてくる世相

収集した資料が記録する「コロナな時代」の世相をいくつか紹介する。

1　冠婚葬祭や宗教・民俗への影響

新型コロナウイルスの感染拡大は、民俗や宗教へも影響を及ぼした。八月中旬の盆時期に集中する寺院の納骨堂への参拝は、密室空間への人の密集が懸念された。このため、寺院から各檀家に対して、お参りの日程を分散するよう求める注意などが出された(写真1)。「三密」の言葉も、コロナ禍で広まったといえるだろう。

冠婚葬祭の形にも大きな影響を与えた。深刻なのは葬儀で、通夜・告別式への人の密集を防ぐため、会葬の自粛が求められるようになった(写真2)。葬儀は、コロナ収束後もコンパクト化の流れが継続していくのではないかと言われている。家族葬を済ませてから、のちに死亡公告を出すケースも多く見られるようになった。従来型の葬儀が変貌していくきっかけを作った感染症の時代を、こうした葬儀の告知は伝えている。

神社の春や秋の祭りは、関係者による非公開の神事のみとなった(写真3)。祭りで特に課題となったのは、神輿渡御の中止、獅子舞演舞の中止である。これらは担い手の不足という、コロナ以前の段階で抱えていた課題に、さらに拍車をかけた。

神社については、特に地方の過疎化が進行しているなかで、神社そのものの存続が懸念される状況が報告されている。特に、高知県高岡郡の神社実態調査を踏まえ、過疎地神社の現状を、氏子の実態、神社の運営形態、神社の将来

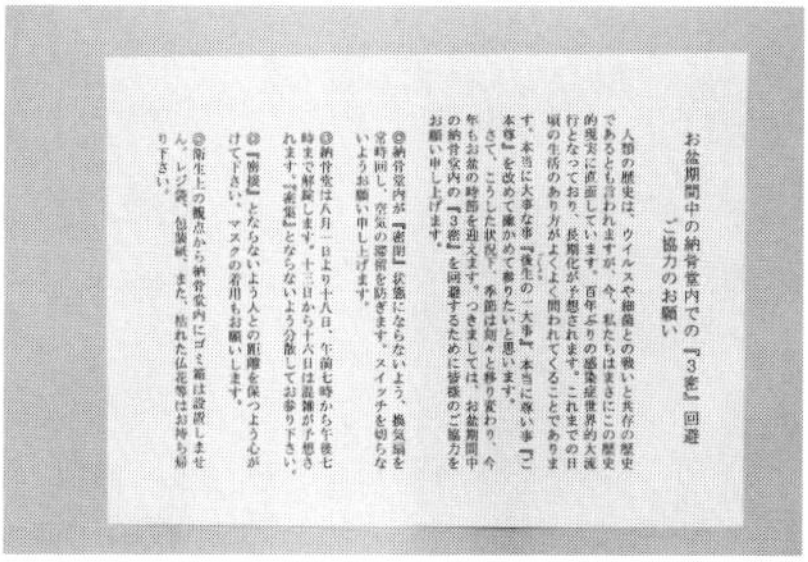

写真１　納骨堂での「３密回避」を呼び掛ける寺院のチラシ（浦幌町立博物館所蔵）

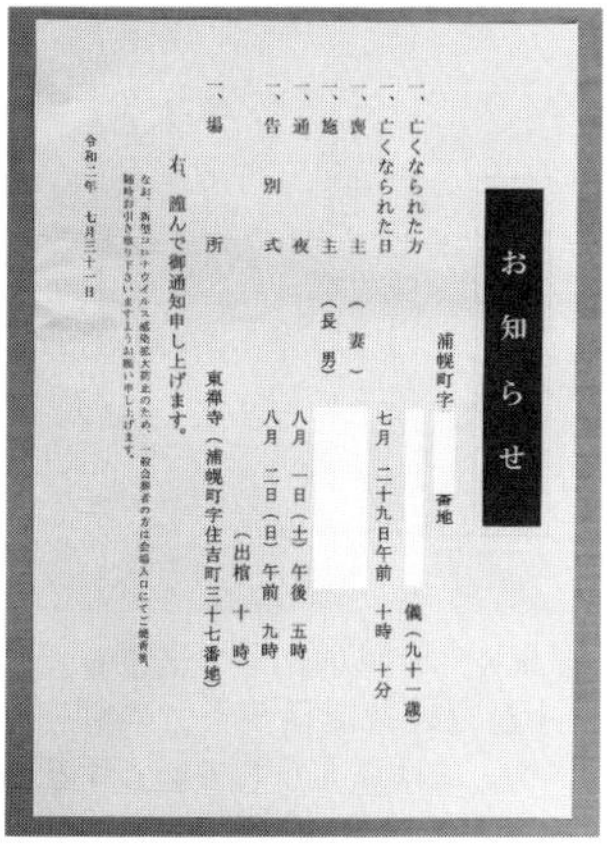

写真２　「一般会葬者の方は会場入口で焼香後、随時お引き取りを」と書かれた葬儀の告知（浦幌町立博物館所蔵）

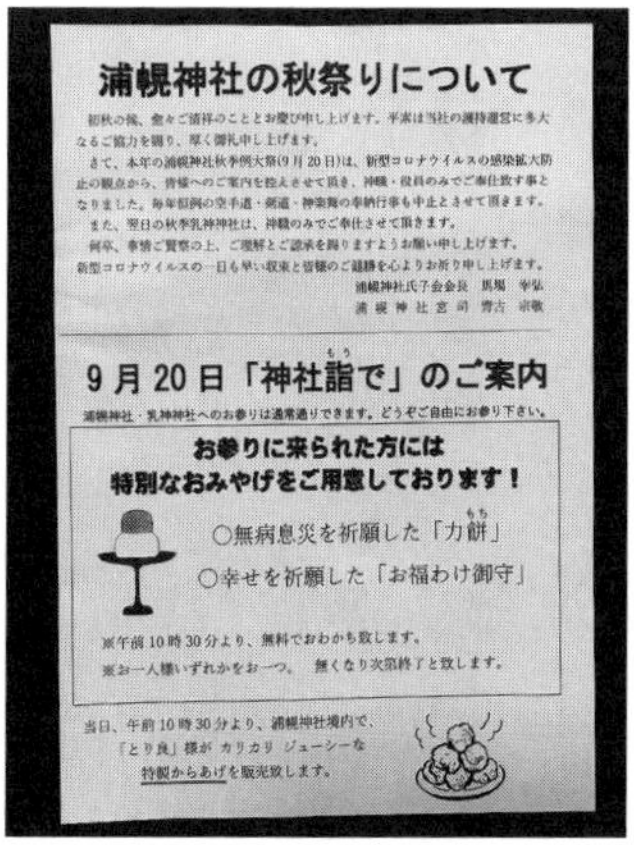

写真３　秋季例大祭を関係者のみの神事とする旨の神社のお知らせ（浦幌町立博物館所蔵）

という観点から検討し類型化している冬月の報告(8)は興味深い。ここで指摘されている重要な点は、神社の維持にとって、祭礼などの神社行事への人々の参加（集まること）が、大きな核となっていることである。

新型コロナウイルスの感染拡大による祭りや神輿渡御の中止は、神社を取り巻く人々の結びつきを薄れさせてしまうという重大な事態を生み、従前より維持の将来性が不安化していた過疎地の神社にとって、より深刻な事態を生み出していることが予想されるのである。

関連して、祭礼を活躍の場としてきた獅子舞の中止は、こうした伝統芸能の継続という、無形文化財の保護の観点からも問題視されている。東京文化財研究所は、「無形文化遺産における新型コロナ禍の影響」を継続的に調査しており、伝統芸能

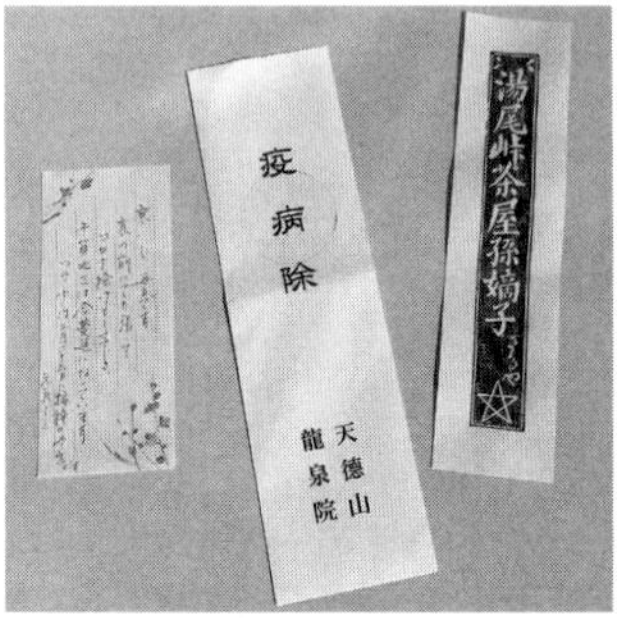

写真4　母親が息子へ送付した「湯尾峠茶屋孫嫡子」の御守り。左は添えられている手紙（浦幌町立博物館所蔵、椎名宏智氏寄託資料）

関係者へ与える影響は深刻であると報告している[9]。

失われる民俗風習がある一方で、半ば忘れられていた信仰が復活するケースも見られる。写真4は、北海道に暮らす息子へ、千葉県に在住する母親が、コロナ感染を心配して仕送りの物資のなかへ同封してきた、福井県の「湯尾峠の御守り札」である。

御守り札の包みに記されている説明によると、伝承は以下のとおりで「孫嫡子《まごちゃくし》伝説」と呼ばれている。九九八年（長徳四）、福井県の湯尾《ゆのお》峠の茶屋で、疱瘡神（天然痘をつかさどる神）と、陰陽師の安倍晴明が出会い、論争をした。論争に負けた晴明が疱瘡神に対して「これからは、人々が疱瘡を患っても軽症で済むように守りたい」と申し出ると、疱瘡神は一枚の御守り札を手渡して「このお札を持つ家は、今後疱瘡にかかっても軽症で済む」と告げて、姿を消した。以来、湯尾峠に四軒ある茶屋では、「湯尾峠御孫嫡子」と刷られた御守り札を発行するようになった。版の右下に記された「さる屋」は、この四軒の茶店のひとつである（なお、写真の資料は千葉県柏市の曹洞宗寺院天徳山龍泉院に伝わる版木から刷ったもの）。

注目すべきは、所有者の母親が息子へ贈ったという点である。地域に細々と伝わってきた厄除け信仰が、コロナ禍によって蘇り、息子の身を案じての同封物として活用されている。こうした、コロナ禍によって忘れかけていた民間信仰が復活したケースとしては、他にも「アマビエ（熊本県）」や「ヨゲンノトリ（山梨県）[10]」などがある。全国各地の厄除け神が、眠りから覚めて大活躍している現象である。

浦幌町では、町指定無形文化財となっている「浦幌開拓獅子舞」の動画撮影が実施された。コロナ禍によって、動画撮影と番組配信というスタイルでの行事運営がさまざまな分野で広まった。浦幌開拓獅子舞の撮影も、動画をインターネット経由で配信することが目的だが、同時に、獅子舞の演舞を動画として記録保存するという側面からの重要な意義もある。

また、人々が集まれないことから、行事自体をインターネット配信による形態へ大きく転換する試みもみられた。浦幌町では、夏の盆踊りや冬の「しゃっこいフェス」といった、若者を中心とする各種イベントで行事形態の転換が実施された。夏休みのラジオ体操も、集合して実施する形態から、各家庭でオンライン配信の番組をみながら実施する方法が試みられ、町長自らが体操をする映像が配信されている。

このように、伝統的な祭礼や無形文化財の舞台となる神社などの組織の継続性が問題となるいっぽう、インターネットを活用した新たな技術を併用しながら、これまでの伝統的な行事形態を現代的な方法へ転換しようという試みもみられたことは、コロナな時代の世相のひとつとして特筆される。博物館では、オンライン配信イベントの動画をＤＶＤで保存するなどの方法で、これらに関連する資料収集を進めている。

2　スペイン風邪流行時のキリスト教会とコロナ禍の現在

一〇〇年前のスペイン風邪流行時、日本のキリスト教会は、死者をも出しているスペイン風邪の大流行にほとんど関心を払っていなかったことが報告されている⑾。日本のキリスト教会各派のスペイン風邪流行時の状況について、掘り下げた調査をまとめた『１００年前のパンデミック：日本のキリスト教はスペイン風邪とどう向き合ったか⑿』のなかで、三好は「スペイン風邪と日本のカトリック教会」と題して、当時の日本のカトリック系刊行物の記述を調査している。それによると、各地の教会や修道院で、信徒や神父などがスペイン風邪の影響で亡くなっている様子が報じ

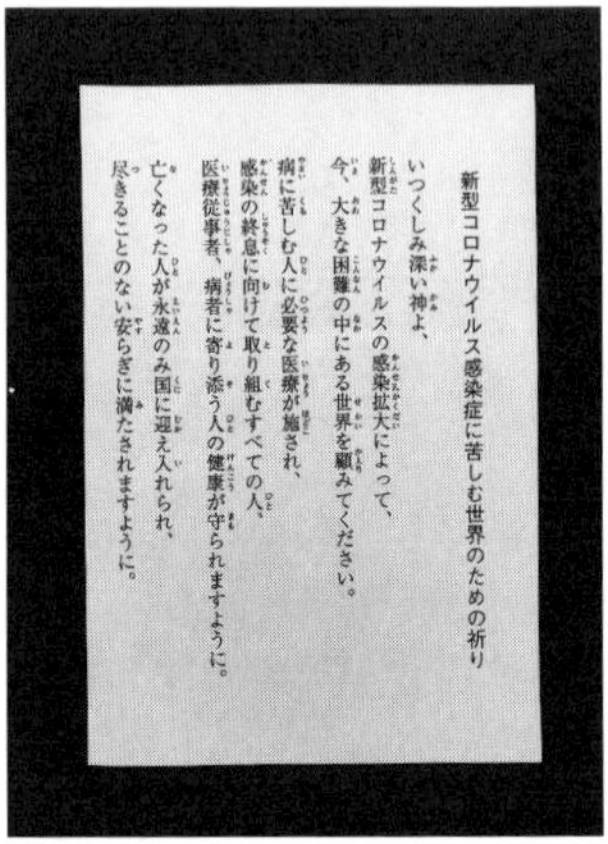

写真5　カトリック教会の「新型コロナウイルス感染症に苦しむ世界のための祈り」(浦幌町立博物館所蔵)

られているが、教会としてこの状況にどう立ち向かっているかの記述は、具体的には見られない⑬。

これに対して、現代のコロナ禍におけるカトリック教会の姿勢を示している資料が写真5である。これは、日本のカトリック教会が、全国共通でミサのときに唱えている「新型コロナウイルス感染症に苦しむ世界のための祈り」という祈禱文である。

少なくとも、三好の調査をみる限り、スペイン風邪の流行時に、カトリック教会が「祈り」という教会の本質的な働きとして、具体的な取り組みをした事例は見られない。これに対して、現代のカトリック教会は、新型コロナウイルスに苦しむ感染者や医療関係者のために、日常とは異なる「祈り」を通じて、直接に向き合っているということができる。

三好の調査⑭では他にも興味深い記述がみられる。それは、スペイン風邪が流行する以前から、北海道函館市の天使園(トラピスチヌ修道院)が製造していた「タンニョール」というクルミエキスの飲料について、東京でこれを取次販売していた谷口健次郎という人物が着目し、スペイン風邪が流行する一九一九年(大正八)十二月から翌年二月にかけて、教会機関紙『声』に都合三回にわたって広告を出したというものである。この広告では、スペイン風邪予防には滋養のある食物を摂取して抵抗力をつけるためにタンニョールが最適であると述べており、今日でも通用する免疫力向上のための健康補助食品(サプリメント)として普及に努めていたことがうかがえる。

類似の現象が、やはりスペイン風邪流行時の新聞記事にみられる。一九二〇年一月十一日付の『東京朝日新聞』には、「マスクを売る救世軍」の写真が掲載されている⑮。救世軍は、イギリスに万国本営を置くメソジスト系のプロテ

写真６「オンライン社会鍋」を呼びかける救世軍のサイト（左）とリーフレット（右）
（浦幌町立博物館所蔵）

スタント教会で、軍隊形式で社会事業を世界展開していることで知られる。マスクが公衆衛生用品として一般家庭へ普及するきっかけとなったのが、スペイン風邪の流行であることはよく知られている。救世軍もいちはやくその効果を認め、普及に努めていたことがうかがえる。

天使園のタンニョールも、救世軍のマスクも、「信仰」という宗教団体本来の活動から派生した社会活動である。しかし、こうした社会活動の側面で、スペイン風邪と向き合っていたことを示す良い記録が残されていたというべきだろう。では、今日のキリスト教会が社会事業の面でどのようにコロナ禍と向き合っているのだろうか。

前出の救世軍は、年末になると街頭に鍋を吊した三脚を立て、ラッパなどの楽器を鳴らしながら募金を呼びかける「社会鍋」でも広く知られている。「社会鍋」は歳末助け合い運動の走りとも言われており、俳句の季語にもなっている。しかし、コロナ禍で、伝統的な街頭での社会鍋が困難となった。そこで、インターネットを活用した「オンライン社会鍋」が実施された（写真６）。救世軍の社会鍋で集まった募金は、各種社会事業へ寄付される。ここにも、伝統的な方法から現代的な手法へ転換しての取り組みに挑戦する姿がうかがえ、コロナ禍におけるキリスト教会の社会事業として、記録されるべき出来事と言えるだろう。

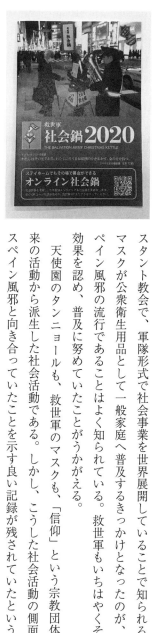

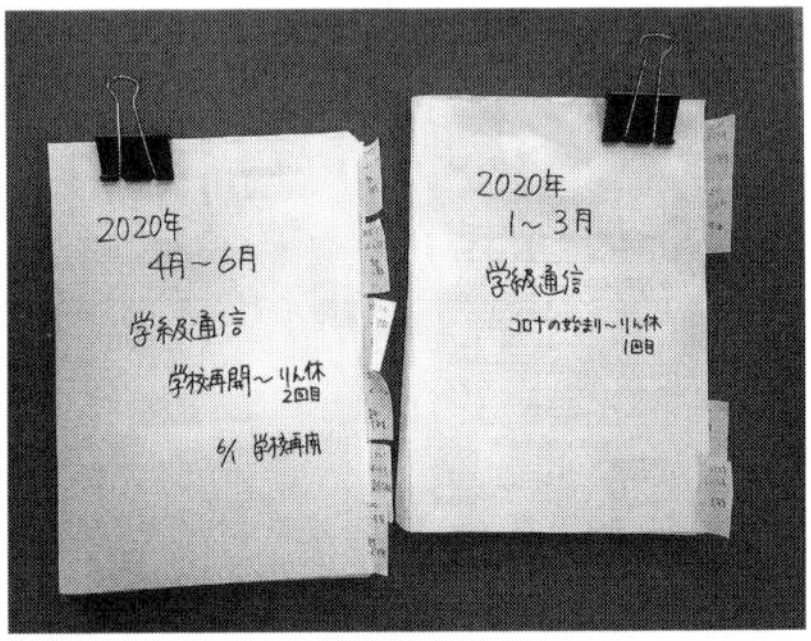

写真7　コロナ禍初期における小学校の学級通信の束(浦幌町立博物館所蔵)

3　学校生活の記録を収集する

コロナ関係資料の収集を始めて以降、当館がなかなか集められなかった資料がある。ひとつは、学校が休校している間の子どもたちの勉強や暮らしに関する資料である。

学校の先生方に個別に協力要請をしたり、教育委員会の校長会を通じて文書で要請もしたが、当初はこれがうまく収集できなかった。どうも、子どもたちの情報が残るということを学校は危惧しているようである。

学校は、子どもたちの名前が載っているもの、個人が特定できるものは、資料として提供したがらない。一方で博物館としては、子どもの名前が載っている作文や日記など、個人の特定ができるものの方が記録性があり、資料性が高いと考える。

これについては、当初から博物館として、あえてどういう活用をするかということを決めずに収集していたことが、完全に裏目に出た。子どもたちに関する資料を、「何に使うのかわからない」といわれて黙って渡すことは、当然学校としてはできないだろう。この資料の意義について、活用可能性を含めていかに丁寧に説明し理解を得ていくかがポイントなのだろうと考え、粘り強く呼びかけを行うと共に、展示や「博物館だより」を通じた資料の事例紹介などを続けてきた。

すると、二〇二二年(令和四)の春、出前授業に訪れた浦幌小学校で、ひとりの教諭から「学校のコロナ関係資料、ひととおり集めてみたのですが、どうでしょうか?」と、段ボール一箱分の資料が提供された。この間の取り組みをみていた先生方が、学校関係のコロナ関係資料が収集できていないことを知り、任意で呼び掛けて集めてくれたのであった。

提供された資料は、どれも「コロナな世相」を反映した、臨場感あるものである。写真7は、二〇二〇年度当初の「時間割作成のための資料」である。「昨年度未履修内容の学習を行っていることを、通信の文面や時間割の学習内容で表記して、保護者へお知らせください」という記述や、いったん作成した時間割が、急な再休校により不要となり「りん休」と大書きされた資料など、臨時休校が繰り返されるとは考えていなかったコロナ禍初期の時代の、学校現場の混乱ぶりがよく表れている。

学級通信もコロナ禍における学校の様子が伝わる資料である。二〇二〇年五月の通信では、「またしても臨休延長です。」の見出しのもと、不安や心配ごとがあったら個別面談などで対応するので、いつでも学校へ問い合わせるようにとの記述がみられる。状況がコロコロと変わり、友達にも自由に会うことができない状況下で、生徒たちのストレスが増していることを危惧している様子が伝わってくる。

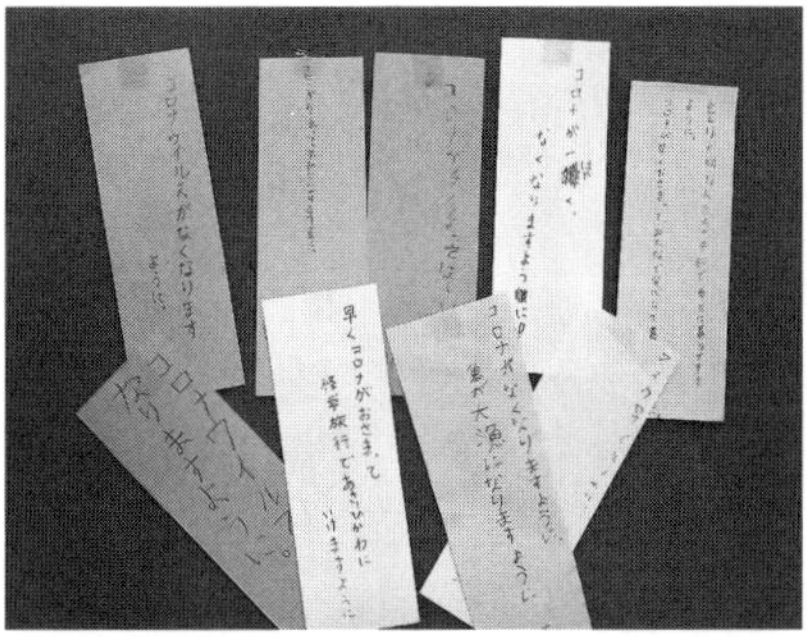

写真8　小学生たちが願い事を書いた七夕まつりの短冊（浦幌町立博物館所蔵）

実際の子どもたちの想いを反映した資料として、二〇二一年に学校行事としての七夕まつりで書かれた短冊がある（写真8）。

「コロナウイルスがなくなりますように」

「マスクを早くはずして話せるようになりますように」

「早くコロナがおさまって修学旅行であさひかわにいけますように」

といった、まさに時代を反映した生徒たちの願い事が、たどたどしい文字で綴られている。

自宅学習のときの教材も興味深い。

「ちょっとのがまんは、みんなのしあわせ☆　ステイホーム　パート2　しゅくだいにゃー☆」と書かれた表紙が、時代背景を現している。この表紙の下には、漢字の書き取りや算数の計算問題などが何枚も綴られている。

授業参観の資料には、

「リモート参観とし、児童は、自教室で学習活動。（教室にカメラを設置）」

「保護者は、体育館で教室の様子を参観する。（体育館にプロジェクター・TVを設置）」

とある。撮影した学習の様子は録画しておき、後日、期間を決めて配信も考える、と記されている点も興味深い。

この他にも、「濃厚接触のため二週間出席停止になった期間の課題メモ」「保健室の手洗いの掲示物」「学校再開後における今後の方向性について」など、さまざまな資料が、コロナ禍に翻弄される学校現場の実情を伝えている。

先述したとおり、これらの学校関係資料は、当初なかなか収集できなかった。教育委員会を通じて公式に要請をしてみても反応がなかった。しかし、博物館として、コロナ関係資料の収集の意義や実際の資料情報についての継続的な発信をしてきたことが、結果として先生方の理解を得て、こうして無事に資料収集に結びついたものといえる。収集と継続して適宜展示を実施したり、広報で情報発信することは重要だと、あらためて実感した。

収集↓保存↓調査↓研究↓展示↓教育↓収集…というサイクルが、博物館の基本としてよく説明される。収集した資料について調査をし、展示をとおして広く知ってもらうことで、新たな資料収集へと結びついていく。そうした博物館活動の基本サイクルが、実際に機能して新たな資料収集へ結びついた瞬間だったと言えるだろう。

三　モノの収集から声の収集へ

1 モノだけでは記録できない世相

感染症は、さまざまな偏見や差別も生みやすい⒃。流行初期の頃は、新型コロナウイルス感染症への感染は、「感染症下に不用意に外出をした」「対策を怠った」といった目で見られ、非難や攻撃の的になりやすかった。特に外出に対する目は厳しかったことを示す資料が残っている。写真9は、北海道函館市で販売されていた「函館在住ステッカー」である。

函館市に在住しているにも拘わらず、さまざまな事情で自動車やバイクのナンバープレートが他都市名である車両に対する、嫌がらせなどが横行したため、ナンバープレートの近くに「函館在住」のステッカーを貼り、嫌がらせを防止した。

写真9　差別防止の「函館在住ステッカー」（浦幌町立博物館所蔵）

だが、現在に至るまで、当館で思うように収集が進んでいないものが、この差別に関する資料である。浦幌という小さな町では、なかなか「モノ」としてそうした資料が集まってこないのである。

ただし、考えてみると、こういった差別とか偏見に関する資料には、もともと形がないものが多いという事情もある。差別を経験した人々の辛い思いや言葉というものは、昔ならば日記や手紙のような紙媒体に記されて、後世に日記帳とか手紙という物理的な形態で残ることがあった。しかし、いまの時代はメールやSNSといったデジタル媒体で思いが発信される。人々の思いというものを固定化するのが、たいへん難しい時代になったということを、あらためて痛感している。

全国には、ツイッター上にあらわれた差別的な言動をスクリーンショットで画面保存するといったことを、細々とやっている方もいると聞くが、当館では実行できていない。しかし、こうした新しい形の言葉の残し方を併用していかないと、なかなかモノだけでは記録に残しづらいのは事実だろう。

こうなると、学芸員が直接出かけていって、そういった経験をした方から聞き取りをするしかない。実際、町内外の方に直接お話しを聞くと、「コロナ差別」に関係していると思われる事例があった。

「妻が亡くなってからは店をひとりで切り盛りしている。前は東京にいる娘が月に一度は帰ってきて、店を手伝ってくれたりした。しかし、しばらくは帰ってくること自体が難しかった。／最近は、様子をみながら帰ってくる。だが、東京の娘が帰ってきていると知れると、いまの時代、変な噂になるので、夜遅くにこっそりと帰ってくるようにしている。店の方も、奥で手伝って、表には出さないようにしている。まだ、しばらくはそんな感じが続くんじゃないでしょうかね。」(二〇二〇年・浦幌町)

浦幌町のような過疎の町では、自立した子どもたちが、札幌や東京など遠い都心部に暮らしているケースが多い。町に残る親が自営業の場合、子どもたちは親の健康状態を気にして、自営業を手伝いに、頻繁に帰省する。しかし、コロナ禍の影響で、都道府県を跨いでの移動を自粛する動きが強まると、こうした帰省も攻撃の対象となりかねない。特に小さな町では、そうした目を気にする傾向が強い。感染拡大初期の二〇二〇年頃に採集されたこの話は、コロナ差別とこの町が、決して無関係ではないということと、モノではない声の収集が「世相」の記録では不可欠であることの、両方を示していると言える。

2「コロナな時代」に生きる人々の「声」を集める

聞き取りの有効性は明らかとなったが、人員と時間の制約があり、効率的に実施するには難しい。そこで、二〇二二年から、常設展示室のコロナ関係資料の仮設展示コーナーに、「聞かせて下さい　あなたのコロナ時代」というアンケートＢＯＸを設置した（写真10）。来館者から、直接、「コロナな時代」に生きて感じることを寄せてもらおうという取り組みである。回答はまだそんなに多くはないが、集まってきた声のなかから、いくつかを紹介する。

「北海道が大好きで、年に一・二回は遊びに来ていた友だちが新型コロナが出た年から一度も北海道に遊びに行けないと、とても残念がっています。今の時代はインターネットが普及していて、ネット上ではお話などができるので、直接会えなくても、それほどはなれているとは感じないのですが、不思議ですごい時代だなと感じます。」（属性無記入）

「新型コロナウイルスがニュースで報道され始めた二〇一九年十二月から二〇二〇年初頭のころ、高校一年生でした。コンビニエンスストアでアルバイトをしていたのですが、二〇二〇年ころにマスクを買い求める人が多くなり、しまいには売り切れ、商品の入荷も無くなりました。学校生活では、高校一年の冬、全国が一斉休校、そのまま学校が再開されることもなく、高校一年生が終わりました。休校は五月中旬まで続き、それからは学校に行くことができるようになりましたが、月・水・金もしくは火・木と隔日登校でした。今すぐにコロナ前の生活に戻ることは難しいと思いますが、少しずつもとのくらしができるように願っています。」（栃木県宇都宮市）

写真10　現在の常設展示室におけるコロナ関係資料コーナー（浦幌町立博物館撮影）

「二〇二〇年の春に引っ越して来て、二〇二一年三月現在一度も、実家に帰省することなく過ごしています。母からも、まだ、浦幌の新築を一度も見ていないので、落ち着いたら来たいなと言われていますが、実現していない状況です。出身地が人の多い所なので、お互い往き来を控えています。いつ会えるかな。外出時はマスクをずっとつけているので、顔の肌あれ、ニキビがいつも以上にひどくなっています[17]。マスクなしの生活に戻りたいです。」（北海道浦幌町）

「イオン（帯広店）では酸素濃度の表示がされ、買い物でもコロナを感じさせられるようになった。マスクは体の一部になった。行（ゆき）のパックツアーはＰＣＲ検査かワクチン接種の証明を提示しなければならなくなった。」（北海道帯広市）

「わたしは今、小学五年生なのですが、コロナ時代になってから、学校のことで、学校全体や学年全体の大きな行事がなくなったり、えんちょうしたりして、とてもできることがすくないです。そんなじょうたいで、行事をおこなっていたりしているので、そこがとてもくるしいとおもいます。」（北海道釧路市）

「私は、趣味で百人一首（下の句かるた）をしています。このたび北海道遺産に選ばれた[18]ことを嬉しく思いますが、コロナの影響を強く受け、毎年開催される各地での大会はもとより、町内外での練習（例会）も、全くできていません。かるたは、指先の微妙なタッチで勝負するので、手袋不可。対面する相手との接触を避けることもできず、一時間以上、締め切った室内で読手の声に集中します。気合いの声も張り上げます。／北海道の協会も危機感をもちながら、ずっと解決策を模索している状態です。／町の子ども会でも練習・大会ができず、とても残念です。このままでは、競技人口も減少し、すたれていく一方です。」（北海道本別町）

最後の本別町の事例は、先に述べた伝統芸能の継承困難と共通する問題と言える。競技カルタという、密閉空間で体を接して行う伝統文化が、いま存続の危機にあるという実情を示す、貴重な証言である。

四　コロナ関係資料の未来を考える

1　コロナ禍三年間の変化

コロナ関係資料の収集も、二〇二三年（令和五）二月で丸三年を迎えることになる。冬としては四回目の冬を越した。感染拡大初期の二〇二〇年は、コロナ関係資料というと、即席の貼り紙やチラシなどが多かった。応急的に手作りしたマスクやカラフルな布マスクも、この時代特有であった。これらは、いかにも混乱した世のなかを示す資料として説得力があり、ある意味で特徴的な資料として収集の対象となった。

しかし、一年もすると、「新生活様式」が政府や自治体によってさまざまな形で様式化されるようになった。「コロナな時代」の長期化にともない、市民生活に「コロナな世相」が完全に定着してしまったと言える。このため、コロナ関係資料についても、あまり特徴的なものが無くなり、市民からの提供もほぼ無くなっているのが現状である。また、これには「飽き」もあるだろう。長引くコロナな時代に、人々はすっかり飽きてしまい、いまさら「コロナ関係資料の提供を」と呼び掛けても、当初のような反応が無くなってしまっているのである。

そうしたなか、当初は想定していなかった資料も入って来ている。たとえば、初期にコロナに感染し、病院へ入院された方の資料である。

二〇二一年二月から二か月間ほど、当館ではコロナ関係資料に関する企画展を開催した。それを知った帯広市在住の方から、「私は実は初期に感染し、入院していた。そのときの資料が、何かの役に立つようなら提供したい」という申し出をいただいた。

こうした資料は、コロナ感染に対する差別や偏見、その他さまざまな社会状況を考えると、取扱いに非常に留意が必要である。コロナ関係資料については、こうした個人情報への配慮が必要なケースが、今後ますます出てくるのではないかと考えている。

また、「ワクチン接種」が回を重ねるに連れ、「反ワクチン運動」も盛んになっている。マスクの効用に疑問を持つ人たちの「反マスク運動」は、当初から見られたものである。

こうした、ワクチンやマスクに疑問を抱く人々に関する資料は、当初収集していなかった。しかし、コロナ禍が長期化するにともない、こうした社会運動の存在を歴史として記録しておく必要性を感じ、いまでは博物館から申し入れて、ビラやポスターなどを提供いただいている。

二〇二二年になると、新型コロナウイルスへ「感染した」という人の数が非常に多くなり、弱毒化の実態もあって、人々が感染を公に口にすることに抵抗がなくなってきた。筆者自身も二〇二二年八月下旬に感染し、その際の医療手続きなどの書類を、資料として収蔵している。

当初は、感染拡大防止を第一に考えていた政府も、停滞する経済活動への影響を優先するようになった。二〇二二年初頭には、ロシアがウクライナへ侵攻し、国際経済を取り巻く環境が大きく変化したこともあり、政府の政策はなおいっそう経済対策に振り向けられている。感染拡大防止対策は市民の自主的な判断に委ねられ、社会規制は低くなり、コロナ関係資料も従来のような性質のものは少なくなってきているのが現状である。

だが、市民生活がコロナ禍の前に完全に戻ったわけではない。地域を眺めていると、いまも間違い無く、コロナ禍によって変化を余儀なくされた姿がそこにある。

そして、人々はすでに、二〇二〇年以来のコロナ禍初期の出来事を忘れつつある。なかには、意識的に忘れようと努めている姿さえもうかがえる。当館が最初の見本展示を始めたとき、来館した方から次のような指摘を受けたことがある。

「どちらかというと辛い歴史、嫌なことがあったので早く忘れてしまいたいような出来事なのに、それをあえて町の博物館で記録をするっていうのが、考え方としてわからない。そんなのは早く忘れてしまった方が良い。」

これに関連して、第六八回全国博物館大会における、山梨県立博物館の森原による次の指摘(19)が興味深い。

「「スペイン風邪」に代表される感染症に関する資料や情報は風化しやすい。特に生活に密着した情報はそれが顕著である。好ましい出来事ではないため、「忘れたい」意識が働くこともその一因か？」

嫌なことを忘れるということは、人が健全に生きていくうえで大切な心理的機能である。だが、博物館としては、これらの指摘から、すでに現在の段階でコロナ禍における生活の記憶が、人々のなかから消し去られつつあるという危機感を感じるのである。

したがって、当館では今後も「声」を含むコロナ関係資料の収集に取り組んでいく。

2　合同企画展の開催で課題の共有を

実は、収集を始めた二〇二〇年(令和二)当初、全国の地域博物館は自然とコロナ関係資料の収集を始めるだろうと考えていた。しかし、実際には公式にコロナ関係資料を収集していると表明している博物館は、それほど増えなかった。

これには、各館の抱えている事情があり、それはどれも正当なものである。なかでも、収集方針が明確に決められている博物館ほど、コロナ関係資料の収蔵は難しいと思われる。

たとえば、ある城下町の地域博物館では、収集資料の範囲を近世までの資料と決めている。限られた収蔵スペースと人員で、質の高い資料保存や展示を行うには、ターゲットとする資料を明確にしておくことは重要である。

浦幌町立博物館は、学芸員が筆者一人だけであり、地域に関する歴史・文化・自然に関する記録となるような資料は、特に収集範囲を定めていないこともあって、比較的簡単にコロナ関係資料収集の方針を立てることができた。しかし、全国的にはこうした博物館の方が稀であり、簡単に資料の収集範囲を拡大することはできないだろう[20]。

このため、当館は、当初は浦幌の資料だけを集めようと考えていたが、他館の実状を知り、現在は全国どこの資料でも、送られてきたものは受け入れるようにしている。ただし、それらは永久的に当館で収蔵しようとは考えていない。散逸や廃棄を防ぐため、いまはあえて地域を限定せずに収集し、今後、コロナ禍がひととおり収束した段階などを見計らって各地方の博物館と交渉し、保存先の振り分けを行うことを考えているのである。

いま全国で、どれくらいの博物館や図書館がコロナ関係資料を集めているのか、はっきりとしたリストはない。これを解消するため、コロナ禍の記録に関するシンポジウムなどを開催した際、コロナ関係資料収集機関のネットワークの形成を呼びかけた。幸い、アート・ドキュメンテーション学会の関係者などが中心になり、メーリングリストやフェイスブックが立ち上げられたが、現在、情報交換が活発に行われているとは言えない状況にある。

浦幌のような、北海道の僻地の町立博物館では、収集可能な範囲に限界がある。地域資料としてはそれで十分かもしれないが、地域の範囲を北海道、東日本、日本列島と拡大してみた場合、はたして「日本のコロナ時代」の世相を振り返られる資料がどのくらい集まっているのだろうか。

そう考えると、当館や吹田市立博物館など、すでにコロナ関係資料の収集を実施している博物館同士が連携し、全国の博物館で現在収集しているコロナ関係資料を総覧する企画展を、そろそろ一度開催しておくべきタイミングではないかと考えている。どの博物館も同じような資料を集めていないか、分野に偏りが無いか、どのような資料に世相の地域性が表れているか、など、現状の収集資料を俯瞰したうえで、今後の収集方針や整理方針を全体で検討する機会が必要な時期に来ていると思う。コロナ関係資料の収集を通じて、地域博物館の役割や資料収集の意義などについて、市民に広く理解を得る機会にもなるだろう。

企画展の会場としては、千葉県の国立歴史民俗博物館や、神奈川県の神奈川大学常民文化研究所あたりが適しているのではないか。収集した資料について、歴史学や民俗学・社会学その他さまざまな分野の関係者が集まり、資料の特性や活用性について議論するのに適した環境に思う。

大阪市立自然史博物館学芸員の佐久間は「こうした通常ではない事態は様々な検討の良い機会である(21)」として、「博物館の受けた損失」「周辺の文化コミュニティに及ぶ影響」「休館を機に考える博物館の多面的な価値」という三点から、博物館の現状を考察している。ここに資料の収集・保存という角度からの現状分析を加え、コロナ禍における博物館の多面的な価値の一機能として、全国の博物館が連携して将来像を構築していくことが求められているのではないだろうか。

また、国立歴史民俗博物館の後藤は次のように指摘している。

「博物館自身もこの「災害」をいかに乗り越え、歴史と文化と資料を未来に継承していくか、そしてどのように乗り越えたかということ自体まで含めて未来に継承していくかが、改めて問われている(22)。」

コロナ関係資料の収集は、まだ始まったばかりで未知なことや課題が多い。これからも多くの専門家を巻き込み、収集・保存の輪を広げていきたい。

註

（1）持田誠「コロナ関係資料収集の意義と必要性」（『博物館研究』五五―一一、二〇二〇年）。

（2）菊地信彦「コロナ禍の記憶と記録を収集する「コロナアーカイブ@関西大学」の諸実践」（『阡陵（関西大学博物館彙報）』八二、二〇二一年）。

後藤隆基「演劇が失われた時間―コロナ禍による中止・延期公演の調査と資料収集―」（『博物館研究』五五―一一、二〇二〇年）。

後藤真「コロナ禍と博物館②新型コロナウイルス蔓延下における博物館の諸活動と今後―オンライン・現代資料・パブリック―」（『日本史研究』七〇六、二〇二一年）。

五月女賢治「吹田市立博物館における新型コロナ資料の収集と展示」（『デジタルアーカイブ学会誌』五―一、二〇二一年）。

五月女賢治「コロナ禍と博物館①コロナの記憶を残す―吹田市立博物館の取り組みとその課題・展望―」（『日本史研究』七〇五、二〇二一年）。

堀井美里・小川歩美・寺尾承子・堀井洋・高橋和孝・野坂昇平・川邊咲子・後藤真「コロナ禍における地域資料の調査と情報共有・公開―岩手県奥州市を事例として―」（『情報知識学会誌』三〇―四、二〇二一年）。

福島幸宏「文化施設とCOVID-19アーカイブ」（『デジタルアーカイブ学会誌』五―一、二〇二一年）。

（3）五月女註（2）「コロナ禍と博物館」論文。

（4）持田註（1）論文。

持田誠「コロナ関係資料からみえてくるもの」（『デジタルアーカイブ学会誌』五―一、二〇二一年）。

持田誠「地域博物館におけるコロナ関係資料の収集」（『COVID-19の下で、記録に向き合う』東北大学災害科学国際研究所歴史文化遺産保全学分野、二〇二二年）。

持田誠「コロナ関係資料の収集と博物館の役割」（『全科協ニュース』五二―六、二〇二二年）。

（5）石川直章「「今」を記録する地域博物館」（『博物館研究』四七―九、二〇一二年）。
（6）フライヤーやポスターといった告知用の配付物は、一過性の印刷物で、告知期間を経過すると処分される。こうした一過性資料を「エフェメラ」と呼び、美術館では従来より収集対象とされてきた（川口雅子「美術館アーカイブズが守るべき記録とは何か：カナダ国立美術館の事例を中心に」『国文学研究資料館紀要　アーカイブズ研究編』八、二〇一二年）。
（7）貴戸理恵「『不登校新聞』のコロナ関係記事に見る「休校による不利益」の不可視性」（『現代思想』四八―一〇、二〇二〇年）。
（8）冬月律『過疎地神社の研究―人口減少社会と神社神道』（北海道大学出版会、二〇一九年）。
（9）伝統芸能における新型コロナウイルス禍の影響（東京文化財研究所無形文化部、https://www.tobunken.go.jp/ich/vscovid19/influence/ 二〇二二年八月三十日閲覧）。
（10）森原明廣「江戸時代の古文書に再注目：コロナの時代とヨゲンノトリ」（『博物館研究』五五―一一、二〇二〇年）。
小畑茂雄本書所収「日本住血吸虫症と新型コロナウイルス感染症」。
（11）戒能信生「スペイン風邪と日本の教会：一〇〇年前の教会はどう対応したのか」（『福音と世界』七五―一一、二〇二〇年）。

（12）富坂キリスト教センター編『１００年前のパンデミック―日本のキリスト教はスペイン風邪とどう向き合ったか―』（新教出版社、二〇二一年）。

（13）三好千春「スペイン風邪と日本カトリック教会―カトリック系逐次刊行物史料を中心に―」（『１００年前のパンデミック―日本のキリスト教はスペイン風邪とどう向き合ったか―』新教出版社、二〇二一年）。

（14）三好註（13）論文。

（15）「マスクを賣る救世軍（写真）」（『東京朝日新聞』一九二〇年一月十一日付）。

（16）日本心理学会による感染症による偏見や差別に対する呼びかけ「新型コロナウイルス（COVID-19）に関わる偏見や差別に立ち向かう」（https://psych.or.jp/special/covid19/combating_bias_and_stigma/ 二〇二〇年十月一日最終閲覧）。

（17）すでに二〇〇〇年夏には、薬局の店頭で、マスクによる肌荒れに関する注意広告が配布されていた（写真11）。

（18）北海道の「下の句カルタ」は、木札を用いた独特のもので、明治期に入植者が持ち込み、道内各地で定着したとされる。毎年全道大会が開催されているほか、二〇二二年には「北海道遺産」に指定された（http://www.hokkaidoisan.org/hokkaido_karuta.html）。

（19）森原明廣「博物館は新型コロナウイルスの何を伝えるか：関連資料の収集・保存・活用」（『第六十八回全国博物館大会資料Ⅱレジュメ』二〇二〇年）。

（20）仙台市博物館はコロナ関係資料の収集を実施していないが、他館から送付されてきた展覧会延期などの広報物や文書は、現用文書と

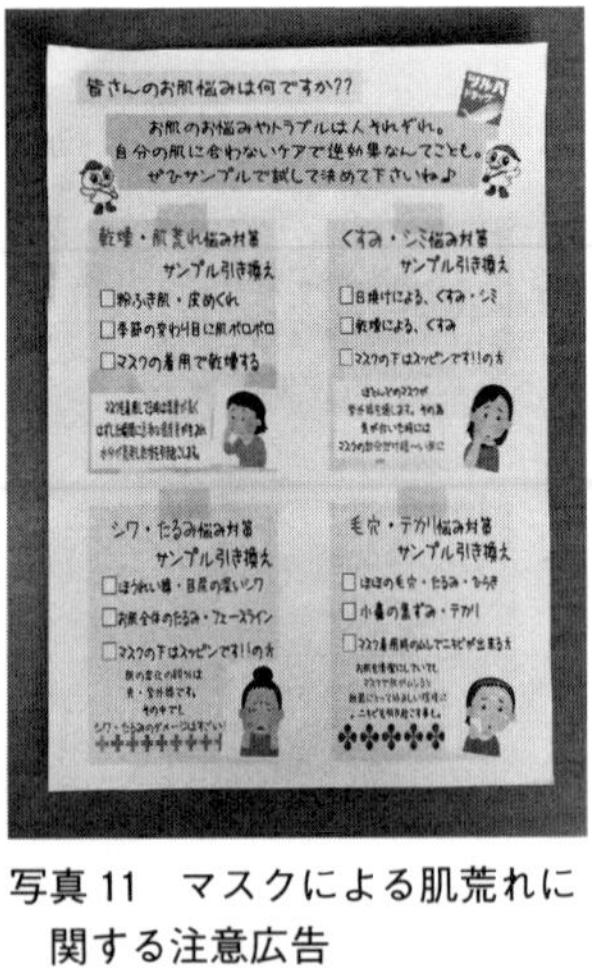

写真11　マスクによる肌荒れに関する注意広告

して保存しているという（黒田風花「仙台市博物館の新型コロナウイルス感染症への対応」『COVID-19の下で、記録に向き合う』東北大学災害科学国際研究所歴史文化遺産保全学分野、二〇二二年、一〇〜二〇頁）。

このほか、公式の博物館資料として収集するには至っていないが、後世のため、学芸員が個人的に収集を実施しているという話は、多くの学芸員から伝え聞いている。

（21）佐久間大輔「コロナ禍で博物館の受けた影響、見えてきた価値」（『文化経済学』一七—二、二〇二〇年）。

（22）後藤真註（2）論文。

あとがき

地方史研究協議会は、地域史研究の発展と、多様な地域の歴史資料の保存の促進を活動の両輪としてきた。特に地域の歴史資料の保存については、文書館・博物館などの資料保存施設や、文化財行政の果たす役割を重視し、その充実を求める運動を展開してきた。常任委員会内に学術体制小委員会を設置し、資料保存施設の専門職や機能・活動の諸問題を検討する文書館問題検討委員会、博物館・資料館問題検討委員会を組織して、研究・企画総務・編集の各小委員会と連携しながら活動を進めてきたところである。

二〇〇〇年代以降、本会で刊行した『二一世紀の文化行政—地域史料の保存と活用—』(雄山閣、二〇〇一年)や『歴史資料の保存と地方史研究』(岩田書院、二〇〇九年)、『学校資料の未来—地域資料としての保存と活用—』(岩田書院、二〇一九年)は、国の研究機関・資料保存機関の独立行政法人化や、公の施設における指定管理者制度の導入、学校の統廃合といった、国の施策や社会の情勢が地域の歴史資料の調査研究と保存活動へ大きく影響を与えることに対する、本会の危機感があらわれたものである。詳細は各書に譲るが、それぞれシンポジウムや会誌での特集企画などにより事例の報告と議論を蓄積し、かつ諸方面への提言・要望・アピール等の実績を踏まえて結実した本である。

さて、そうした中で二〇一一年三月十一日の東日本大震災発生とそれ以降の資料保存の諸動向は、現在でも継続しているものであり、加えて近年の台風・集中豪雨ほか異常気象による災害、二〇二〇年以降の新型コロナウイルスのパンデミックについても、研究や資料保存の現場へ対し大きな影響を及ぼしている。本会では、例えば東日本大震災について、会誌において「復興への声」(三五二号・三五三号)をいち早く会員の皆さんへ届け、小特集「東日本大震災と地方史研究」(三七〇号)、小特集「東日本大震災これまでの一〇年、これからの一〇年―現場からの発信―」(四一四号)等々を継続的に企画している。また、二〇一二年にはシンポジウム「災害と歴史資料の保存―何のため・誰のために遺すのか―」、二〇一六年にはシンポジウム「大震災からの復興と歴史・文化の継承」をそれぞれ開催し、震災の記録と記憶の継承について議論した。直近のパンデミックについては、会誌にて「コロナ禍の地方史研究、地方史研究者の日常と挑戦」(四一二号、四一七号)の企画や本会及び各地の研究会動向を掲載している。

このように、個別の災害事象に対応しながら本会の活動を続けてきた中で、より大きな視野から、地域の歴史資料や歴史的事実を滅失させかねない諸災害を「非常時」の事象として捉え、パンデミックの渦中にある現時点において、日常の備えや被災時の対応、記憶の継承などの問題を考えてみたいとの機運が、文書館問題検討委員会において生まれた。二〇二一年九月十八日(土)にオンラインで開催したシンポジウム「非常時の記録保存と記憶化を考える―コロナ禍の〈いま〉、地域社会をどう伝えるか―」はその具体的な試みであり、さまざまな資料保存に関わる立場の方々から多様な実践に基づく貴重な報告とコメントをいただき、議論することができた。

シンポジウムにおける報告・コメントは左のとおりである(所属は当時)。

【報告】

①「福島県双葉町における震災資料の保全について」（前福島県双葉町教育委員会）吉野高光氏

②「地域に残された戦後社会事業史関係資料の価値」（横浜開港資料館）西村　健氏

③「新型コロナウイルス感染症に関する資料収集について」（山梨県立博物館）小畑茂雄氏

【コメント】

①「非常時に作成された公文書の移管―千葉県文書館の場合―」
（千葉県文書館）飯島　渉氏

②「図書館は非常時の記録をどう生かせるか―「令和元年房総半島台風」の経験から―」
（神奈川県立図書館）飯田朋子氏

シンポジウムの詳細は、会誌『地方史研究』四一五号（二〇二二年二月）に「小特集　シンポジウム　非常時の記録保存と記憶化を考える」として掲載されているので、本書とあわせてご覧いただきたい。なお、本書に収録した報告者による論考は、同誌掲載の報告要旨に加筆・修正を加えて論文の形式に改めたものである。

本書の作成にあたっては、シンポジウムの成果を踏まえつつも、より内容の充実をはかるため、関連する活動・研究に第一線で取り組んでいる研究者・学芸員など六名に依頼し、執筆陣に加わっていただいた。

本書は、近年の「保存」から「保全」への動きも見据えながら、戦争や災害、感染症等の様々な要因による資料滅失の危機を「非常時」の危機として捉えて、文書館・博物館図書館等々資料保存施設や組織による多様な実践を紹介し、展望を見出そうとしたものである。結論的に述べれば、日常的な資料保存や資料調査の活動が「非常時」の歴史資料の保全につながるということであり、隣接諸科学・諸分野の援用、市民の参加、デジタル技術の活用など、今日的なファクターを踏まえつつ、今後も資料保存施設の充実を求めていくことが重要であるという点は変わりない。本会でも資料保存の運動を継続していくとともに、地域史研究の充実により、広く地域住民にその成果を示していき、研究者や資料保存の関係者と地域住民との協業や相互支援の関係を築いていく必要があろう。

本書の企画・編集は、シンポジウムを企画した文書館問題検討委員会のメンバーを中心に、関連が深いメンバーの応援も得て行った。編集作業は新井浩文、荒木仁朗、髙木謙一、長沼秀明、宮坂新、宮間純一があたり、宮間純一が全体の進行と編集取りまとめにあたった。

最後に、執筆者の方々には日常お忙しい中、快く執筆を受諾され御寄稿いただいたことを厚くお礼申し上げたい。また本書の刊行をお引き受けいただいた岩田書院の岩田博氏に深く感謝申し上げる。

地方史研究協議会　学術体制小委員会

（文責　実松幸男）

吉野　高光（よしの　たかみつ）1960年生
福島県富岡町教育委員会(とみおかアーカイブ・ミュージアム学芸員)
元双葉町教育委員会
「双葉町における文化財レスキューの現状と課題」
（阿部編『ふくしま再生と歴史・文化遺産』山川出版社、2013年）
「福島県浜通り地方を中心とした文化遺産継承の取り組み」(『文化財科学と自然災害
ふくしまの被災文化遺産の継承』日本文化財科学会、2016年）
「線刻画を有する稲荷迫横穴墓群」(西村・泉田編『大字誌　両竹』3、2021年）
飯田　朋子（いいだ　ともこ）1975年生
神奈川県立図書館　元館山市図書館
土田　宏成（つちだ　ひろしげ）1970年生
聖心女子大学現代教養学部
『近代日本の「国民防空」体制』(神田外語大学出版局、2010年）
『帝都防衛―戦争・災害・テロ』(吉川弘文館、2017年）
『関東大水害―忘れられた1910年の大災害』(共編著、日本経済評論社、2023年）
小畑　茂雄（おばた　しげお）1975年生
山梨県立博物館
「白瀬南極探検隊員村松進の足跡」(山梨県立博物館編『研究紀要』17、2023年）
「「地下鉄の父」早川徳次の滞英中の動向」(山梨県立博物館編『研究紀要』13、2019年）
『こうふ開府500年記念誌　甲府歴史ものがたり』(共著、2019年）
飯島　渉（いいじま　わたる）1965年生
千葉県文書館
「田畑百貨店火災―千葉県初の高層建物火災の経緯について―」
（『千葉県の文書館』23、2018年）
「昭和39年8月コレラ発生と防疫に関する資料」(『千葉県の文書館』25、2020年）
持田　誠（もちだ　まこと）1973年生
浦幌町立博物館学芸員　北海道大学総合博物館資料部研究員
「いま市町村の博物館紀要が直面している課題」(『日本生態学会誌』66、2016年）
「福音ルーテル釧路教会の終焉と釧路市内のキリスト教会」
（『釧路市立博物館館報』423、2019年）
「十勝地方における自然保護問題の一例」(『北海道の自然』60、2022年）

【執筆者紹介】掲載順

宮間　純一（みやま　じゅんいち）1982年生
　中央大学文学部
　『戊辰内乱期の社会―佐幕と勤王のあいだ―』（思文閣出版、2015年）
　『歴史資源としての城・城下町』（編著、岩田書院、2021年）
　『公文書管理法時代の自治体と文書管理』（編著、勉誠出版、2022年）

井上　弘（いのうえ　ひろし）1955年生
　戦時下の小田原地方を記録する会
　『小田原空襲』（夢工房、2002年）
　「空襲体験の記録運動」（粟屋編『近現代日本の戦争と平和』現代史料出版、2011年）
　『知られざる小田原地方の戦争』（夢工房、2015年）

楠瀬　慶太（くすのせ　けいた）1984年生
　高知新聞社
　『新韮生槇山風土記―高知県香美市域120人に聞いた村の歴史・生活・民俗』（花書院、2008年）
　「地名から探る高知県梼原町神在居の開発」（『棚田学会誌』21、2020年）
　「中世・吸江庵領の歴史的景観」（『高知県立歴史民俗資料館研究紀要』24、2020年）

西村　健（にしむら　たける）1979年生
　横浜都市発展記念館　横浜開港資料館
　『関東大水害―忘れられた1910年の大災害』（共編著、日本経済評論社、2023年）
　『新狛江市史』（共著、狛江市、2021年）
　「戦後横浜の「混血孤児」問題と聖母愛児園の活動」（『横浜都市発展記念館紀要』17、2022年）

高野　宏峰（たかの　ひろみね）1970年生
　中央大学大学院博士後期課程在学　立川市地域文化課市史編さん専門員
　『長野県　栄村誌』　歴史編（共著、長野県下水内郡栄村、2022年）
　「災害復旧にみる往還の御普請と利用」（中央大学山村研究会編『山村は災害をどう乗り越えてきたか』小さ子社、2023年）
　「関東大水害時の鉄道被害と復旧：山梨県域を中心に」（土田・吉田・西村編著『関東大水害―忘れられた1910年の大災害』日本経済評論社、2023年）

筑波　匡介（つくば　ただすけ）1973年生
　福島県立博物館
　「震災遺産を考える―次の10年へつなぐために」（福島県立博物館　2020年度企画展）
　「そなえの芽―災害から考えるあしたの暮らし」（福島県立博物館　2021年度特集展）
　「震災遺産から考えたこと」（『現代の図書館』59-1、2021年）

「非常時」の記録保存と記憶化

2023年(令和5年)5月　第1刷　900部発行　　定価[本体3200円＋税]

編　者　地方史研究協議会(会長：久保田昌希)

発行所　有限会社岩田書院　代表：岩田　博　　http://www.iwata-shoin.co.jp
〒157-0062　東京都世田谷区南烏山4-25-6-103　電話03-3326-3757　FAX03-3326-6788

組版・印刷・製本：株式会社　三陽社

ISBN978-4-86602-155-3　C3021　￥3200E